Grazyna Fosar

Franz Bludorf

Fehler in der Matrix

Leben Sie nur, oder wissen Sie schon?

Gestaltung und Layout: Grazyna Fosar und Franz Bludorf
Titelgestaltung: Grazyna Fosar und Franz Bludorf

ISBN-10: 3-89539-236-7
ISBN-13: 978-3-89539-236-8

3. Auflage April 2006

Michaels Verlag
Ammergauer Str. 80
D-86971 Peiting
Tel.: 08861-59018, Fax: 08861-67091
www.michaelsverlag.de
E-mail: mvv@michaelsverlag.de

Grazyna Fosar
Franz Bludorf

Fehler in der Matrix

Leben Sie nur, oder wissen Sie schon?

mit 44 Fotos, 19 Zeichnungen
und einem Dokument

Bildquellennachweis

Archiv der Autoren: 3, 4, 5, 6, 7, 8, 9, 10, 23, 36; Warner Bros.: 1; Wojciech Urbański: 2; Alaska State Library: 11; NASA: 12; Ewa B.: 13, 14; Weizmann Institute of Science: 15; Nature: 16; Fachhochschule für Technik Esslingen: 17; Raëlian Movement: 18, 19; Ovnis Terra.cl: 20, 21, 22; Universität Arizona: 24; History Channel: 25; Natick Solcier Systems Center: 29; BBC News: 30; Prawda: 31, 32, 33, 34, 35; Federation of American Scientists: 37, 38, 39, 40, 41, 43; FEMA: 42; Albert LaFrance: 44; Sonstige Internet-Quellen: 26, 27, 28;

Abbildungen im Text:

Archiv der Autoren:2, 3, 4, 5, 8, 9, 12, 13, 14, 15, 16, 17, 18, 19, 20; Brian Greene: 1; Ehud Shapiro: 6, 7; Global Consciousness Project: 10; John G. Cramer: 11;

Quelle der Einstein-Karikatur ist die Northwestern University in Chicago.

Inhalt

Für unseren Freund *Czesław Sołtys*, der schon sein ganzes Leben lang unermüdlich, mit viel Humor und kritischer Distanz, nach den Fehlern in der Matrix sucht

– und sie auch findet!

Vergessen Sie alles,
was Sie bisher geglaubt haben...

„Du fühlst dich im Moment sicher wie Alice im Wunderland, während sie in den Kaninchenbau stürzt“, sagt Morpheus zu Neo, nachdem sie am Kamin Platz genommen haben.
„Ja, so ähnlich.“
„Ich kann es in deinen Augen lesen. Du siehst aus wie ein Mensch, der das, was er sieht, hinnimmt, weil er damit rechnet, dass er wieder aufwacht. Ironischerweise ist das nahe an der Wahrheit. Glaubst du an das Schicksal, Neo?“
„Nein.“
„Warum nicht?“
„Mir missfällt der Gedanke, mein Leben nicht unter Kontrolle zu haben.“
„Ich weiß ganz genau, was du meinst. ... Du bist hier, weil du etwas weißt, etwas, was du nicht erklären kannst. Aber du fühlst es. Du fühlst es schon dein ganzes Leben lang, dass mit der Welt etwas nicht stimmt. ... Dieses Gefühl hat dich zu mir geführt. Weißt du, wovon ich spreche?“
„Von der Matrix?“
„Möchtest du wissen, was genau sie ist?“
Neo nickt.
„Die Matrix ist allgegenwärtig. Sie umgibt uns. Selbst hier ist sie, in diesem Zimmer. Du siehst sie, wenn du aus dem Fenster guckst oder den Fernseher anmachst. Du kannst sie spüren, wenn du zur Arbeit gehst, oder in die Kirche, und wenn du deine Steuern zahlst. Es ist eine Scheinwelt, die man dir vorgaukelt, um dich von der Wahrheit abzulenken.“
„Welche Wahrheit?“
„Dass du ein Sklave bist, Neo. Du wurdest wie alle in die

Sklaverei geboren und lebst in einem Gefängnis, das du weder anfassen noch riechen kannst. Ein Gefängnis für deinen Verstand. Dummerweise ist es schwer, jemandem zu erklären, was die Matrix ist. Jeder muss sie selbst erleben."
Morpheus nimmt aus einer Schachtel eine rote und eine blaue Kapsel und bietet sie Neo zur Auswahl an.
„Dies ist deine letzte Chance. Danach gibt es kein Zurück. Schluckst du die blaue Kapsel, ist alles aus. Du wachst in deiner Welt auf und glaubst, was du glauben willst. Schluckst du die rote Kapsel, bleibst du im Wunderland, und ich führe dich in die tiefsten Tiefen des Kaninchenbaus."
Neo zögert einen Moment und greift dann nach der roten Kapsel.
„Bedenke", sagt Morpheus, „alles, was ich dir anbiete, ist die Wahrheit, nicht mehr."
Neo nimmt die rote Kapsel und schluckt sie. Darauf steht Morpheus auf und sagt: „Folge mir."

In dem gewaltigen und düsteren Science-Fiction-Opus „Matrix" wird der junge Computerexperte Thomas Anderson (Hackername „Neo") von dem geheimnisvollen Rebellen Morpheus mit einer schockierenden Wahrheit konfrontiert: Die Welt, in der er bisher lebte, ist nicht real. Sie ist nur eine Scheinwelt, eine Illusion, aufgebaut von der allgegenwärtigen „Matrix". Nur einige wenige Menschen haben dies erkannt und konnten der Illusionswelt entfliehen.
Wir wollen nicht unbedingt behaupten, dass auch unsere Realität nur eine „Welt am Draht" irgendwelcher Maschinen wäre. Doch an der Kernaussage des Films – *dass mit unserer Welt, die wir alle Tag für Tag erleben, etwas nicht stimmt* – kann kein Zweifel bestehen.
Vermutlich werden Sie diesem Satz auf den ersten Blick sogar zustimmen. Schließlich gibt es in der Welt ungelöste

Probleme zu Hauf, und niemand scheint wirklich praktikable Lösungen parat zu haben.

Aber das ist es immer noch nicht, was wir meinen. Wir fangen ja auch gerade erst an, Sie in den „Kaninchenbau" zu führen.

Worum es uns geht: *Unsere Welt ist so, wie wir sie kennen, nicht real. Sie ist eine Scheinwelt, aufgebaut von einer Matrix.* Sollte Ihnen dieser Gedanke abwegig oder absurd erscheinen – kein Problem! Die „blaue Kapsel" liegt zu Ihrer freien Verfügung „auf dem Tisch". Niemand wird Ihnen einen Vorwurf machen, wenn Sie sie nehmen und so weiterleben wie bisher.

Wir wollen die Frage, *wer* diese Matrix unserer Realität aufgebaut hat und wie das möglich ist, vorerst einmal zurückstellen, denn worum es hier geht, ist vor allem, Ihnen zu ermöglichen, die Matrix zu *erleben – zu erkennen, dass sie existiert*.

Der Begriff „Matrix" ist seit dem gleichnamigen Film so etwas wie ein Modebegriff geworden, obwohl eigentlich kaum jemand wirklich weiß, was er bedeutet.

Mathematiker verstehen unter einer Matrix so etwas wie ein mathematisches Schema, eine Art Blaupause, mit der eine *Transformation*, ein *Projektionsvorgang,* beschrieben wird.

Klingt kompliziert? Machen wir es etwas anschaulicher. Wenn Sie eine zu kleine Schrift lesen wollen, benutzen Sie im allgemeinen eine Lupe, durch die Sie hindurchsehen und die Ihnen ein vergrößertes Abbild des Textes erkennbar macht.

Dieser Projektionsvorgang lässt sich mathematisch beschreiben und z. B. auch in einem Computerprogramm künstlich nachvollziehen – mit Hilfe einer *Matrix*.

Beachten Sie bitte auch, dass Sie, so lange Sie durch die Lupe sehen, nicht mehr den realen Text betrachten, sondern nur ein Abbild von ihm. Er erscheint Ihnen nicht nur größer, als er wirklich ist, denn wenn Sie zum Beispiel Ihre Augen zum Rand der Lupe wandern lassen, wird das Bild auch verzerrt. *Die Matrix hat also Fehler*. Nicht, weil der Hersteller der

Lupe schlampig gearbeitet hätte. Es ist *unvermeidlich*, dass sich durch einen Projektionsvorgang immer auch Verzerrungen und Verfälschungen in das projizierte Bild einschleichen. Jedes Abbild der Realität ist also fehlerhaft und weniger real als das Original. Diese wichtige Tatsache müssen wir im Hinterkopf behalten, denn sie wird uns helfen, die Matrix, die unsere „Realität" aufbaut, zu entlarven.
Im Fall der Lupe ist das kein Problem. Wir wissen schließlich, dass wir durch sie hindurchsehen und dass der Text in Wahrheit viel kleiner ist. Wir wissen auch, dass das, was uns eigentlich interessiert, der Inhalt des Textes, durch den Projektionsvorgang der Lupe nicht verfälscht wird.
Warum aber wissen wir das alles? *Weil wir in der Lage sind, das Blatt Papier mit dem kleingedruckten Text auch ohne Lupe zu betrachten.*
Im Fall der Realität, die wir Tag für Tag erleben, geht das leider nicht so einfach. Wir haben keinen „Morpheus", der uns mal eben aus der Matrix heraus in die „richtige" Realität holt, von der aus wir dann distanzierter auf all das schauen können, was wir früher für „real" hielten. Vielleicht ist das auch besser so.
Wir haben also keine Wahl. Wenn wir die Matrix erkennen wollen, müssen wir das von innen heraus, also von der Scheinrealität aus tun. Das macht unsere Aufgabe natürlich nicht leichter. Aber auch wesentlich interessanter!
Es ist klar, dass zwischen einer so einfachen Matrix (wie etwa für die Projektion mit Hilfe einer Lupe) und der allgegenwärtigen Matrix, die unsere Realität aufbaut, gravierende Unterschiede bestehen. Nicht nur, dass „die" Matrix wesentlich komplexer und auch komplizierter sein muss.
Die Matrix der Lupe ist auch statisch. Egal, wie oft wir durch die Lupe hindurch auf das gleiche Blatt Papier sehen, wir werden immer wieder dasselbe erkennen. Die Matrix unserer

Realität hingegen ist dynamisch. Unsere Welt, die wir erleben, ist nicht statisch, sondern verändert sich ununterbrochen. Auch dies ist zunächst eine lapidare Feststellung, die jedem von uns bewusst ist. Natürlich verändert sich die Welt Tag für Tag, zum Beispiel durch das Denken und Handeln der Menschen, die in ihr leben. Die Nachrichtenredaktionen in aller Welt leben von dieser Tatsache.

Wer auch immer die „Macher" der Matrix sein mögen – sie sind intelligent und haben alle Vorkehrungen getroffen, uns in Sicherheit zu wiegen, damit wir die projizierte Welt, die uns vorgegaukelt wird, für die Realität halten.

Aber aufgepasst: diese Veränderungen, die uns allen vertraut sind (auch wenn wir sie nicht immer gutheißen mögen), haben eine wichtige Eigenschaft: *sie verlaufen kontinuierlich.* Sie folgen einer bestimmten Logik – ein Ereignis zieht das andere nach sich, das Heute folgt dem Gestern –, die unserem Denken zu eigen ist und im Grunde den normalen Ablauf innerhalb der Matrix ausmachen.

Doch das ist nicht immer so. Auch die allgegenwärtige Matrix hat Fehler. Um dies zu verdeutlichen, müssen wir uns noch einmal in die Handlung des Films begeben.

Neo ist mit Morpheus, Trinity und einigen anderen Kameraden in der Matrix unterwegs. Auf dem Rückweg in ihre eigentliche Welt betreten sie ein Treppenhaus und kommen an einer offenen Tür vorbei. Neo sieht eine schwarze Katze vorbeilaufen. Nur Sekunden später wiederholt sich dieses Ereignis. Neo ist erstaunt und ruft: „Wow! Ein Déjà-vu!"

Die anderen bleiben wie erstarrt stehen „Was hast du gerade gesagt?" fragt Trinity.

„Nichts. Ich hatte nur ein kleines Déjà-vu."

„Was hast du gesehen?"

„Da kam gerade eine schwarze Katze vorbei und danach noch eine, die genau so aussah."

„Genau so? War es dieselbe Katze?"
„Möglich. Ich bin nicht sicher. Was ist denn?"
„Déjà-vus sind oft Fehler in der Matrix. Das kann passieren, wenn sie etwas ändern."

Die „Fehler in der Matrix" sind es also, die es uns erlauben, die Matrix zu erkennen, selbst wenn wir uns in ihr befinden. Ob „sie" das verursacht haben (wer immer das sein mag), oder ob sie einfach dadurch entstehen, dass die Matrix nicht perfekt ist (nicht perfekt sein kann), ist eine andere Frage. Wir werden später sehen, dass vermutlich sogar beide Möglichkeiten existieren.
Wir werden Ihnen Ereignisse schildern, die jedenfalls mit unserer herkömmlichen Weltsicht, nach der alles logisch hübsch nacheinander geschieht, nicht erklärbar sind. Déjà-vu-Erlebnisse wie im Film gehören da noch zu den harmlosesten Beispielen. Die Geschehnisse, die Sie im Verlauf dieses Buches kennen lernen werden, sind um vieles bizarrer.
Sie zeigen uns, dass tatsächlich mit unserer Welt, wie wir sie kennen, etwas nicht stimmt. Genauer: Es ist nicht die Welt, mit der etwas nicht stimmt, sondern nur das bequeme Bild, das wir alle uns von ihr gemacht haben.
Unsere heutige Wissenschaft hat nämlich für viele dieser bizarren Ereignisse schon Erklärungsmodelle parat. Der Preis für diese Erklärungen ist jedoch hoch: man muss dafür eine umfassende Wirklichkeit akzeptieren, die hinter unserer Alltagsrealität steht. Das, was wir unser Leben lang für real gehalten haben, entpuppt sich als nur eine Projektion dieser umfassenden Realität, geschaffen einzig und allein zu dem Zweck, von uns wahrgenommen zu werden.
Und damit ist für Sie der Moment der Entscheidung gekommen.

Vielleicht denken Sie so wie Cypher, der Gegenspieler von Morpheus im Film „Matrix“, der in einer Szene sagte: *„Unwissenheit ist ein Segen.“*
An dieser Haltung ist im Grunde nichts auszusetzen. In diesem Falle nehmen Sie ganz einfach die „blaue Kapsel“, d. h. Sie klappen das Buch wieder zu und leben weiter wie bisher.
Wenn Sie aber jetzt in sich etwas spüren, was mehr als Neugier ist...
wenn Sie das Bedürfnis haben, hinter die Kulissen zu schauen, weil unsere Bemerkungen in diesem Kapitel in Ihnen etwas berührt haben, was auch Sie schon Ihr Leben lang spürten...
wenn Sie also nicht nur leben, sondern wissen wollen...
dann bieten auch wir Ihnen die „rote Kapsel“ an und laden Sie ein, jetzt umzublättern und weiterzulesen.
Wir wollen nicht so vermessen sein und mit Morpheus' Worten versprechen, Ihnen „die Wahrheit“ zu bieten.
Doch das, was Sie jetzt lesen werden, wird zumindest Ihr Bild von dem, was „real“ ist, einschneidend verändern. Es wird Sie neue Zusammenhänge erkennen lassen.
Um ein letztes Mal Morpheus zu zitieren: *Wir können Ihnen nur die Tür zeigen.*
Hindurchgehen müssen Sie allein.

Noch auf ein Wort, bevor es losgeht...

Dieses Buch behandelt eine sehr ungewöhnliche Thematik. Sie erforderte von uns – den Autoren – auch eine neue, ungewöhnliche Vorgehensweise beim Schreiben.
Sie – unsere Leser – können daher auch neue, ungewöhnliche Formen des Lesens erproben.
Natürlich können Sie, wenn Sie möchten, das Buch auf ganz herkömmliche Weise, Seite für Seite, Satz für Satz, linear durchlesen.
Sie können aber auch „Zeitsprünge“ beim Lesen erproben.
So werden Sie z. B. an einigen Stellen im Text solche grauen Inserts finden:

Wonach Einstein noch fragen würde...

Diese Inserts enthalten zusätzliche Informationen, die Sie, wenn Sie wollen, beim Lesen ganz einfach überspringen können – es sei denn, Sie sind neugierig darauf, wonach Einstein an dieser Stelle noch gefragt hätte.
Aber Vorsicht! Der pflegte an den unmöglichsten Stellen dazwischen zu fragen, denn er wollte immer alles ganz genau wissen... ☺

I

Sounds of Silence

Tore zum Anderswo

Eigentlich war es ein ganz normaler Adventssonntag. Draußen war es bitter kalt, und es lag Schnee. Ein Ehepaar, das anonym bleiben möchte, hatte einige Verwandte zum Adventskaffee eingeladen. Die Kaffeegesellschaft saß fröhlich mit reich gedeckten Kuchentellern am Tisch, die Tür zum etwa acht Meter langen Korridor stand offen. An der gegenüberliegenden Wand gab es keine Tür zu einem anderen Zimmer. Die Beleuchtung auf dem Korridor war eingeschaltet, aber durch einen Dimmer etwas gedämpft.
Plötzlich kam mitten aus der Korridorwand ein Mann. Er war mittleren Alters, mit sportlicher Figur, braungebrannt und hatte Haare, die für sein Alter ungewöhnlich stark ergraut waren. Bekleidet war er nur mit Shorts und T-Shirt, was angesichts der Jahreszeit natürlich seltsam wirkte. In der Hand trug er eine kleine Schüssel, aus der er beim Gehen irgendetwas löffelte. Er ging ein paar Schritte über den Korridor, drehte sich dann um und verschwand an einer anderen Stelle wieder in der Wand.
Alle Anwesenden hatten den seltsamen Gast gesehen und waren so konsterniert, dass sie kein Wort herausbrachten.
Noch bevor einer von ihnen die Fassung zurückgewinnen konnte, erschien die Gestalt wieder an der Stelle, wo sie zuletzt verschwunden war, aber jetzt ohne die Schüssel in der Hand. Der Mann ging wieder einige Schritte über den Korridor, schaute aber diesmal kurz ins Wohnzimmer.

In diesem Moment erstarrte sein Gesicht vor Schreck. Er stieß einen lauten Schrei aus und rannte schnell auf die Stelle der Wand zu, wo er zuerst erschienen war, und verschwand.
Später diskutierte die Familie über die ganze Begebenheit, nachdem man sich einigermaßen von diesem Schreck erholt hatte. Die Wohnungsinhaber gaben zu, dass sie den Mann kannten. Sie hatten ihn schon öfter in ihrem Korridor gesehen, aber noch nie zuvor unter Zeugen. Sie waren sozusagen schon an ihn gewöhnt, aber hatten noch niemals jemandem davon erzählt.
Der fremde Mann aber schien sie bis zu diesem Tag niemals wahrgenommen zu haben.

Was ist von dieser Geschichte zu halten – vorausgesetzt natürlich, dass sie wahr ist, wovon man allerdings angesichts der zahlreichen Augenzeugen ausgehen muss? Selbst einem Menschen, der dem Ungewöhnlichen gegenüber aufgeschlossen ist, fällt die Interpretation dessen, was da geschehen ist, nicht leicht.
War der fremde Mann ein Eindringling, also ein ganz gewöhnlicher Einbrecher? Diese Deutung kann sofort ausgeschlossen werden, denn er kam ja nicht durch die Tür, sondern mitten durch die Wand.
Also war es vielleicht ein Geist? Egal, ob man nun an Geister glaubt oder nicht, auch diese Erklärung ist eher unwahrscheinlich. Die Gestalt machte nicht den Eindruck einer „ruhelosen Seele“, die nach dem Tod keinen Frieden finden konnte, sondern eher den eines ganz normalen Menschen, der zu Hause seiner normalen Beschäftigung nachging. Und – was das stärkste Argument ist – *das Erlebnis beruhte auf Gegenseitigkeit.* Der Mann „spukte“ nicht in der Wohnung unserer Adventskaffeegesellschaft herum, sondern erschrak seinerseits nicht minder darüber, dass er plötzlich im Zimmer eine ihm fremde Familie beim Kaffeetrinken sah.

Kurz gesagt, wenn man einmal den Standpunkt des Mannes in den Shorts einnimmt, so waren er, seine Schüssel usw. für ihn real, die Leute an der Kaffeetafel dagegen eine seltsame Erscheinung.
Damit kristallisiert sich als Erklärung heraus: Der Mann lief ganz einfach deshalb mit seinem Joghurt den Korridor entlang, *weil er dort wohnte!*
Klingt das absurd? Sehr gut. Gerade das Paradoxe ist es ja, das uns die Fehler in der Matrix erkennbar macht.
Der Mann auf dem Korridor dieser Familie liefert uns in der Tat erste Indizien für die Existenz einer umfassenderen Realität, von der unsere eigene nur eine Projektion ist, hervorgerufen durch die Matrix. Wenn er wirklich real existierte, musste er sich irgendwo befinden, und dieses Irgendwo – zumindest im Normalfall – wäre außerhalb unserer Realität, außerhalb unserer Matrix. Innerhalb unserer Matrix befand sich an dieser Stelle ja nicht *seine* Wohnung, sondern *die Wohnung der Familie* mit der Adventsfeier.
Stellen Sie sich einmal unsere Realität als ein Blatt Papier vor. Alles, was zu unserer Welt gehört, befindet sich auf diesem Blatt, das vor Ihnen auf dem Tisch liegt. Das Blatt repräsentiert unsere von der Matrix erzeugte Realität.
Nun können Sie sich doch ohne weiteres vorstellen, dass Sie auf dieses Blatt Papier ein weiteres legen. Dieses steht dann für eine andere, parallele Realität, die von einer anderen Matrix erzeugt wird.
Denken Sie sich nun die beiden Blätter exakt übereinanderliegend, und markieren Sie in Gedanken auf dem unteren Blatt die Stelle, wo die Familie ihren Adventskaffee trinkt. Dieser Stelle entspricht auf dem zweiten Blatt natürlich ebenfalls eine ganz bestimmte Position. *Hier wohnt der Mann mit der Schüssel!*
Seine Welt ist von der unseren vollkommen getrennt – jedenfalls normalerweise. Vielleicht heißt die Stadt, die er be-

wohnt, genauso wie die, in der die Familie wohnt. Es muss aber nicht so sein. Vielleicht bewohnt er dort sogar die gleiche Wohnung im gleichen Haus. Es kann aber auch in seiner Realität dort ein ganz anderes Haus stehen – *sein Haus*. Es muss in seiner Welt auch nicht das gleiche Datum herrschen wie bei der Familie. Ganz offenbar war ja bei ihm Sommer, während die Familie Advent feierte.

Die beiden Welten sind insofern ähnlich, dass es in der anderen Welt auch Menschen gibt, die so aussehen wie wir und sich auch ähnlich kleiden. Dies deutet darauf hin, dass sie irgendwann einmal aus einer gemeinsamen Vergangenheit hervorgegangen sind und sich dann sukzessive auseinanderentwickelt haben.

Keine der beiden Welten weiß von der Existenz der anderen. Normalerweise.

Stellen Sie sich jetzt vor, dass in einem der beiden Papierblätter ein kleines Loch ist. Kann ja passieren. Das Loch befindet sich exakt an der Stelle, wo die Familie aus unserer Geschichte ihren Korridor hat. Der Mann in den Shorts hat dort auch seinen Korridor, er geht dort entlang und löffelt dabei nichtsahnend seinen Joghurt. Was passiert wohl, wenn er an die Stelle mit dem Loch kommt?

Richtig. Er wird beim Weitergehen unvermittelt in der Wohnung der Familie landen oder zumindest dort hineinsehen können. Die unüberwindliche Barriere zwischen den beiden Welten ist auf einmal durchlässig geworden, und das nur, weil eine von beiden ein kleines Loch hat. Einen *Fehler in der Matrix*.

Dieses Loch muss nicht immer existieren. Vielleicht öffnet es sich für einen kurzen Moment und schließt sich dann dauerhaft wieder. Vielleicht öffnet und schließt es sich aber auch von Zeit zu Zeit immer wieder, so wie in unserem Beispiel. Die Wohnungsinhaber sagten ja ihren Verwandten, sie seien dem seltsamen Herrn schon öfter begegnet.

Warum aber war dies dann dem Mann mit der Schüssel niemals aufgefallen, so dass er erst an diesem Tage erstmals die anderen Leute sah und sich fast zu Tode erschreckte?
Weil unsere Welten eben keine Papierblätter und die Berührungsstellen zwischen ihnen keine herkömmlichen Löcher sind. Sie können manchmal nur in einer Richtung offen sein, ein anderes Mal in beiden, oder sie sind überhaupt keine Löcher, sondern nur halbtransparente Fenster, so wie in folgendem Erlebnis, von dem eine Leserin erzählte:

„Ich bin jetzt 56 Jahre alt, doch ein Ereignis, das ich als 14jähriges Mädchen hatte, kehrt in meinen Gedanken immer wieder zu mir zurück, und ich empfinde dabei ein Gefühl ungewöhnlicher Rührung.
Es geschah an einem Tag, als mein Vater und mein Onkel sich entschlossen, den Geburtsort meines Großvaters zu besuchen. Beide kannten diesen Ort aus der Vergangenheit, da sie als Kinder dort gelebt hatten.
Auf unsere Bitte haben sie mich und meinen kleinen Bruder mitgenommen. Wir beide waren gespannt, da wir noch nie an diesem Ort gewesen waren.
Im Haus meines Großvaters wohnte jetzt eine Cousine mit ihrer Familie. Sie hatte schon Kinder. Ihre älteste Tochter war auch 14 Jahre alt, so wie ich, und ich freute mich, sie endlich kennenzulernen.
Mein Vater und mein Onkel schlugen der ganzen Familie einen kleinen Spaziergang vor. Sie wollten dabei ihre Kindheitserinnerungen auffrischen und sich Geschichten aus der Vergangenheit erzählen.
Im Moment, als wir das Haus und den Garten verließen, fing ich plötzlich an, Doppelbilder zu sehen. Ich sah die normale jetzige Realität und gleichzeitig eine andere, die sich mit der ersten überlappte.

Zur selben Zeit hörte ich auch Geräusche aus der anderen Realität, zuerst nur das Rauschen eines Baumes, aber es war gar kein Baum in der Nähe.

Ich sagte laut, dass an dieser Stelle einmal ein großer Baum gestanden hatte und dass ich sein Rauschen hören könne.

Alle wurden still, und meine Cousine sagte, dass sie sich tatsächlich noch daran erinnern konnte, dass ein sehr alter Birnbaum hier gestanden hatte. Er war gefällt worden, als sie noch ein kleines Kind war.

Die anderen fingen an, über mich Scherze zu machen, was für komische Halluzinationen ich hätte, also sagte ich schon nichts mehr, aber ich ging nun mit Absicht etwas langsamer als sie und blieb etwas mehr abseits der Gruppe.

Weiterhin konnte ich zur gleichen Zeit zwei Realitäten wahrnehmen.

In der zweiten Realität sah ich plötzlich ein kleines, etwa siebenjähriges Mädchen. Es war hübsch gekleidet. Ich fing an, in der anderen Realität dem Mädchen zu folgen.

Es traf einen kleinen Jungen im gleichen Alter, und sie gingen gemeinsam durch eine schöne Wiese. Von den in der Nähe stehenden Häusern hörte ich leise Musik, und ich wusste, dass die Kleinen zusammen mit den Eltern hierher zu einer Hochzeitsfeier gekommen waren.

Die beiden gingen in Richtung eines kleinen Flusses. Ich konnte ganz deutlich die Unterschiede in der Landschaft von heute und damals gleichzeitig beobachten.

Die Kinder erreichten den Fluss und wollten ihn auf einem umgestürzten Baum, der im Wasser lag, überqueren.

Ich hörte, wie die Kinder miteinander sprachen. Der Junge ging zuerst auf die andere Seite des Flusses, und das Mädchen folgte ihm.

Aber plötzlich rutschte das Mädchen aus und fiel ins Wasser. Sein Kleidchen verhedderte sich in den Ästen des Baumes,

und so steckte das Mädchen in der Falle. Es konnte sich nicht befreien und blieb schließlich mit dem Kopf unter Wasser.
Dann sah ich das Mädchen über der Landschaft schweben. In einem Moment erfasste mich eine große Leere und Stille. Ich sah, wie der kleine Junge zu dem Bauernhof eilte, um Hilfe zu holen. Es kamen mehrere Menschen. Aber es war zu spät.
Das Mädchen lag leblos auf der Wiese, und eine Frau saß verzweifelt weinend neben dem kleinen Körper.
Das Mädchen aber, das darüber schwebte, staunte: Wer ist das? Ich dachte mir: Das ist bestimmt ihre Mutter.
Ich wusste, dass das Mädchen sehr deprimiert war und sich entschloss, die Gegend schnell zu verlassen. Es schaute auf alle noch einmal von oben und hatte dabei ein Gefühl, dass alle diese Menschen ihm vollkommen fremd waren.
Dann ging es immer höher und höher, und ich dachte nur, wie schön der Himmel ist, in den es fliegt.
Ich schaute rund um mich herum.
Meine Familie – aus meiner gegenwärtigen Realität – war inzwischen etwas weiter spaziert, und keiner hatte sich in der Zwischenzeit um mich gekümmert.“[1]

Diese geheimnisvolle Geschichte zeigt sehr schön, wie ein solches paralleles Wahrnehmen mehrerer Realitäten ablaufen kann. Es ist nicht einfach so, dass die Frau damals als Vierzehnjährige während des Spazierganges vor sich hingeträumt hätte. Sie wusste während der ganzen Zeit, wo sie in Wirklichkeit war, und konnte diese Realität auch wahrnehmen. Gleichzeitig empfing sie die Bilder und Geräusche aus der anderen Szenerie.
Es fand also eine Teilung der Aufmerksamkeit im Bewusstsein der Frau statt, die uns deutlich zeigt, zu welch immensen Leistungen unser Gehirn fähig ist und wie wenig davon wir im normalen Tageserleben überhaupt ausnutzen.

Was war diese andere Realität? War es nur eine lebhafte Phantasie, oder nahm die Frau ein authentisches Geschehen aus der Vergangenheit wahr? Wenn es nur eine Phantasie gewesen wäre, woher hätte sie dann von dem Birnbaum wissen können, der schon lange vor ihrer Geburt gefällt worden war?

Während des seltsamen Erlebnisses fiel ihr auch auf, dass in der vergangenen Realität noch weitere Details der Landschaft nicht mit der Gegenwart übereinstimmten. Sie schildert die merkwürdige Erfahrung, wie sie beide – nicht ganz aufeinanderpassende – Szenerien gleichzeitig wahrnehmen konnte, so als ob sie auf ein vierdimensionales Super-Hologramm schauen würde.

Am bewegendsten ist natürlich die Szene, in der das andere kleine Mädchen aus der Vergangenheit im Fluss ertrinkt und von seinen Angehörigen gefunden wird. Erinnerte sich die Frau hier möglicherweise spontan an ihren eigenen Tod in einem früheren Leben? Oder war sie nur Zeuge eines tragischen Ereignisses, das in der Vergangenheit einer anderen Person widerfahren war?

Diese Frage wird sich natürlich nie restlos klären lassen.

Inwieweit das Erlebnis aus der Vergangenheit auf Wahrheit beruht, ist ebenfalls unbekannt, da die Frau damals als junges Mädchen mit niemandem über ihre Erfahrung gesprochen hatte, nachdem ihre Angehörigen sie dafür verspottet hatten, dass sie den nicht mehr existierenden Baum sah und hörte.

Jedenfalls konnte niemand ihrer Familienangehörigen diese Realitätsverdoppelung ebenfalls wahrnehmen. Das Erlebnis betraf nur sie allein.

Interessant sind auch die unterschiedlich wahrgenommenen Emotionen und Gedanken, bei ihr als Beobachter und bei dem kleinen Mädchen, dessen Bewusstsein nach dem Tod durch Ertrinken über seinem Körper schwebte, so wie es ja aus zahllosen Nahtoderfahrungen auch ganz ähnlich berichtet wurde.

Während das kleine Mädchen Anzeichen von Depression und auch Desorientiertheit zeigte – es schien weder zu wissen, wo es war, noch wer die Menschen waren, die sich über seinen Körper beugten –, stellte die Beobachterin logisch wirkende Überlegungen an („das ist bestimmt die Mutter des Kindes“) und empfand angesichts des Aufstiegs des Bewusstseins des toten Kindes „in den Himmel“ positive Gefühle von Schönheit und Glück.
Offenbar konnte sie nicht nur zwei Realitäten gleichzeitig sehen und hören, sondern auch ihr Empfinden und die Fähigkeit zu denken – also im Prinzip ihr ganzes Bewusstsein – waren zweigeteilt. Ein Vorgang, der für unser herkömmliches Denken nur schwer vorstellbar ist.
Es stellt sich natürlich nun die Frage, was dieses Erlebnis ausgelöst hat. Hierüber sind nur Vermutungen möglich. An einen konkreten äußeren Auslöser kann sich die Frau nicht erinnern.
Hatte ihr Bewusstsein einfach eine seltsame Fähigkeit, andere Realitäten zu sehen, oder war es eher der Ort, an dem sie sich befand, der die Erfahrung begünstigte oder sogar hervorrief, möglicherweise aufgrund geophysikalischer Besonderheiten?
Die Tatsache, dass niemand außer ihr die parallele Realität wahrnehmen konnte, scheint eher für die erste Alternative zu sprechen. Doch gleichzeitig erwähnt die Frau mit keinem Wort, dass sie – abgesehen von diesem Erlebnis – über irgendwelche besonderen Fähigkeiten zur außersinnlichen Wahrnehmung verfügen würde oder gar später nochmals etwas Ähnliches erlebt hätte.
Auf jeden Fall war es ein Erlebnis, das nur durch die Existenz paralleler Realitäten erklärbar ist – ein Fehler in der Matrix.
Die interessante Tatsache, dass das Mädchen beide Realitäten gleichzeitig überlappend wahrnahm, legt nahe, dass sie nicht einfach durch ein „Loch“ von der einen in die andere übergewechselt war.

„Matrix“ – im Buch:

Ein Gerüst oder Schema, das die Realität aufbaut und erhält und ihr die Möglichkeit gibt, multidimensional zu funktionieren.
Dies ist natürlich ein populärer, anschaulicher Begriff, der – noch – nicht den Anspruch erhebt, hundertprozentig mit dem wissenschaftlichen Matrixbegriff übereinzustimmen. Gleichzeitig relativiert diese Definition den Begriff der Realität, die nichts Absolutes mehr darstellt. Es gibt noch etwas hinter der Realität.

„Fehler in der Matrix“:

Gewisse Störungen in unserer Realität, die uns erlauben, die Existenz der Matrix zu erkennen. Sie können natürlicher Art sein, mit der Qualität des Ortes zusammenhängen, sie sind oft paradox, können aber auch gezielt gemacht werden.

„Matrix“ im Film:

Im Film wird der Begriff „Matrix“ nicht nur für die Transformation (die Software), sondern auch für die von ihr erzeugte Scheinwelt verwendet. Dies ist zwar eine populäre Vereinfachung, aber mathematisch durchaus zulässig.

„Matrix“ in der Wissenschaft:

Ein rechteckiges Schema aus Zahlen, physikalischen Größen oder Operatoren, angeordnet in Zeilen und Spalten. Eine Matrix definiert eine Transformation bzw. Projektion. Für das Rechnen mit Matrizen gelten ganz spezielle Regeln.

Statt dessen schien ihr Bewusstsein von einer höheren Warte aus auf beide Realitäten zu schauen, also von einem Ort außerhalb der Matrix, so wie Morpheus und seine Kameraden im Film von der realen Welt aus auf ihren Computerbildschirmen die unterschiedlichen Bilder innerhalb der Matrix gleichzeitig beobachten konnten.
Es ist nun an der Zeit, dass wir unser Versprechen einlösen, das wir Ihnen gaben, als wir Ihnen die blaue und die rote Kapsel zur Auswahl vorlegten. Damals sagten wir, es gäbe für die „Fehler in der Matrix" bereits wissenschaftliche Erklärungsmodelle, die sich natürlich nicht auf so einfache Vergleiche wie mit den zwei Papierblättern beschränken können.
Wissenschaftliche Vorstellungen über die Existenz von Parallelwelten bestehen schon seit einigen Jahrzehnten. Das erste Konzept stammt von den Quantenphysikern *Hugh Everett* und *John Wheeler*. Sie hatten sich, wie viele ihrer Kollegen, mit der merkwürdigen Tatsache auseinandergesetzt, dass aufgrund der Theorie bei quantenphysikalischen Vorgängen immer mehrere Alternativen existieren, wie ein Experiment ablaufen kann. Und doch wird ein Wissenschaftler, der ein solches Experiment wirklich durchführt, nur eine dieser Alternativen beobachten.
Bereits seit den dreißiger Jahren war die vorherrschende Deutung dieses merkwürdigen Effekts, dass die Auswahl des Ergebnisses, das wir wirklich beobachten können, vom „Zufall" getroffen wird. Es war dies nur eine aus der Not geborene Erklärung, mit der die Wissenschaftler keineswegs glücklich waren. *Albert Einstein* protestierte dagegen vehement mit seinem berühmten Ausspruch: *„Gott würfelt nicht!"*
Wenn aber Gott wirklich nicht würfelt, wer trifft dann die Auswahl, wer bestimmt, welches von mehreren möglichen Ereignissen wirklich eintrifft?

Als sich diese Frage mehr und mehr als unlösbar herauskristallisierte, kamen schließlich Everett und Wheeler zu der kühnen Antwort: „Niemand trifft irgendeine Auswahl."
Genauer bedeutet ihre *Vielweltenhypothese*, dass in einem solchen Moment *alle möglichen Ereignisse* auch wirklich *gleichzeitig stattfinden*. Dies widerspricht natürlich der unmittelbaren Anschauung, da wir ja nur eines dieser Ereignisse beobachten können. Everett und Wheeler nahmen daher an, dass sich in diesem Moment das Universum in mehrere identische Kopien aufspaltet, genau so viele, wie es mögliche Alternativen gibt, und in jedem dieser Universen läuft genau eine dieser Alternativen ab.
Was zunächst nur nach einem theoretischen Konzept zur Erklärung physikalischer Vorgänge in der Welt der Atome und Elementarteilchen aussieht, hat natürlich einschneidende Konsequenzen auch für unsere makroskopische Welt. Es entstehen ja nicht Kopien einzelner Teilchen, sondern des gesamten Universums, und jedes dieser Universen ist im ersten Moment identisch zu den anderen Kopien. Es gibt in ihnen allen ein Sonnensystem mit der Erde und den darauf lebenden Menschen. Der einzige Unterschied ist, dass der eine mikroskopische Quantenprozess, der die Aufspaltung auslöste, in jeder dieser Kopien ein anderes Resultat geliefert hat.
Von da an sind diese Universen voneinander vollkommen getrennt, und jedes entwickelt sich unabhängig von den anderen weiter. Und da in jeder Sekunde Millionen und Abermillionen solcher Quantenprozesse allein in unserem Universum ablaufen, können wir uns die Zahl paralleler Universen kaum noch vorstellen.
Wo befinden sich alle diese Parallelwelten? Es ist klar, dass wir hierzu nicht ohne die Inanspruchnahme höherer Dimensionen auskommen werden. Dadurch erst werden parallel existierende Realitäten überhaupt denkbar.

So wie wir mehrere zweidimensionale Blätter Papier in Richtung der dritten Dimension (also „aufeinander“) stapeln können, so können nach modernen wissenschaftlichen Modellvorstellungen in einem höherdimensionalen *Hyperraum* mehrere Universen nach Art unseres eigenen existieren, vorausgesetzt, dass der Hyperraum mindestens fünf Dimensionen hat, denn drei benötigen wir ja schon für unseren Raum und eine vierte für unsere Zeit.
Aber das ist kein Problem, denn die Physiker haben längst herausgefunden, dass die Erkenntnisse der neuen Superstring-Theorie nur dann sinnvoll sind, wenn der Hyperraum sogar mindestens elf Dimensionen besitzt. Wir berichteten darüber in unserem Buch „Vernetzte Intelligenz“.
Die höheren Dimensionen des Hyperraumes liegen dann aber auch jenseits von Raum und Zeit, so wie wir sie kennen, so dass „dort“ im Prinzip sogar unsere eigene Vergangenheit, Gegenwart und Zukunft wie parallele Welten „gleichzeitig“ koexistieren. *Jede einzelne dieser parallelen Welten ist dann eine vierdimensionale, raum-zeitliche Projektion dieses Hyperraums, hervorgebracht durch ihre eigene Matrix.*
Es stellt sich nun die Frage, warum wir dann eigentlich nur eine einzige dieser zahllosen parallelen Welten wahrnehmen. Das ist der Effekt der Matrix, und es ist sicher sinnvoll so, denn wir haben ja in der Regel genug Probleme, uns mit dieser einen Welt zurechtzufinden. Es dürfte also in unserem Gehirn einen Regelmechanismus geben, der dafür sorgt, dass wir uns immer nur dieser einen Realität bewusst werden.
Damit haben wir aber die Fragestellung schon wieder in unsere vertraute vierdimensionale Raumzeit der Matrix, genauer: In den Bereich unseres Gehirns, zurückverlagert. Es könnte dann nämlich sein, dass aufgrund bestimmter örtlicher Gegebenheiten, durch bestimmte Frequenzen, Anomalien der Schwerkraft etc., diese Fähigkeit des Gehirns zum Herausfiltern unserer Realität gestört würde.

Wonach Einstein noch fragen würde...

Was sind eigentlich Superstrings?

Seit Jahrzehnten sind die Physiker auf der Suche nach der vereinheitlichten Feldtheorie, also nach einer Theorie, die alle vier bekannten Naturkräfte Gravitation, Elektromagnetismus, starke und schwache Kernkraft unter einem gemeinsamen Dach vereinigt.
Dabei gibt es aber ein Problem: Elektromagnetismus und schwache Kernkraft sind bereits durch die Quantenfeldtheorie vereinigt. Diese ist jedoch unvereinbar mit der Gravitation bzw. Einsteins Allgemeiner Relativitätstheorie. Der Grund liegt in den Singularitäten: die Gravitation wird unendlich, wenn der Abstand gegen Null geht.
Mit Hilfe der String-Theorie hat man dieses Problem überwunden. Man stellt sich Elementarteilchen nicht mehr als punktförmig vor, sondern als kleine geschlossene Schleifen (Strings). Da dieser String immer eine endliche Ausdehnung hat, kann es nie zu einem Abstand Null und damit auch zu keinen Singularitäten mehr kommen.

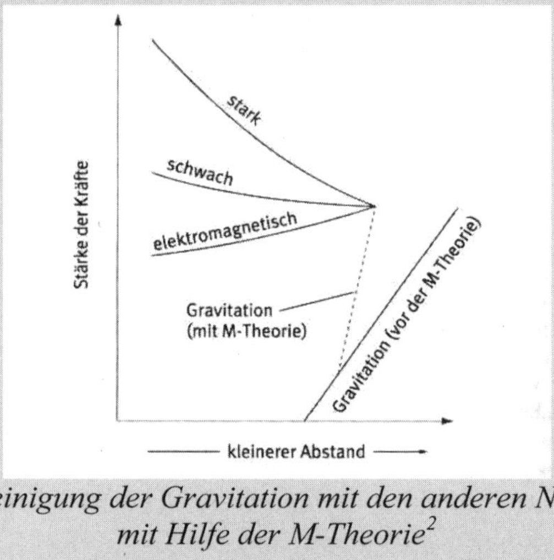

Abb. 1: Vereinigung der Gravitation mit den anderen Naturkräften mit Hilfe der M-Theorie[2]

Ein String hat mehrere harmonische Eigenschwingungen, die zu den einzelnen Elementarteilchen führen: Protonen, Elektronen, aber auch zu den Gravitonen.

So weit, so gut. Die Superstring-Theorie hat aber auch einen hohen Preis. Sie erfordert die Existenz eines *elfdimensionalen Hyperraums*, von dem unsere Realität nur eine Projektion ist. Dabei sind die zusätzlichen Dimensionen („Fermi-Dimensionen") θ^{α} in unserer Realität kompaktifiziert, also mikroskopisch klein aufgerollt.
Es gibt auch ein zusätzliches Unschärfeprinzip für Superstrings. Während man in der normalen Quantenphysik „nur" nicht genau weiß, wo ein Teilchen ist bzw. wie schnell es ist, unterliegt jetzt die *Raumzeit selbst* einer Unschärfe $\alpha' \approx (10^{-32}\ \text{cm})^2$. Wir wissen also nicht mehr genau, was Raumzeit eigentlich ist. [3]
Heute gibt es insgesamt fünf etwas unterschiedliche String-Theorien, die sich aber alle als Grenzfälle einer gemeinsamen M-Theorie erweisen. Das „M" steht dabei nach *Edward Witten* für *„Magic, Mystery or Matrix"* – je nach Geschmack.

Dadurch können auch Eindrücke aus anderen Realitäten einfließen, so wie wir es etwa von Überreichweiten im Fernsehen kennen, wenn sich zwei Sender teilweise überlagern.
Noch etwas bizarrer klingt ein anderes Erklärungsmodell, das auf neuesten Erkenntnissen der Kosmologie und String-Theorie basiert, wie sie gerade kürzlich von *Paul Steinhardt, Justin Khoury, Neil Turok* und anderen veröffentlicht worden sind.[4] Danach sind die parallelen Universen Objekte im elfdimensionalen Hyperraum (sogenannte „Branen"), die sich relativ zueinander bewegen können, so als ob wir Papierblätter auf dem Schreibtisch aufwirbeln und herumtanzen lassen würden.
Dabei wirkt auf diese Branen (eine Verballhornung des Wortes *Membranen*) sogar eine Art elfdimensionaler „Super-Gravitation", die natürlich nicht mit der normalen Gravitation innerhalb unserer Raumzeit identisch ist, sondern dafür sorgt, *dass sich parallele Universen gegenseitig anziehen* (eine geradezu gigantische Vorstellung!). Alle paar Billionen Jahre stoßen zwei von ihnen zusammen und erschaffen in einem gewaltigen Urknall ein neues Universum. In der Zwischenzeit sorgt die Super-Gravitation dafür, dass eine Wechselwirkung

zwischen parallelen Welten ständig stattfindet, was natürlich auch in irgendeiner Form in unsere Dimensionen durchschlagen kann.
Durch ihre Matrizen, ihren Projektionsvorgang, sind die einzelnen parallelen Welten also nicht vollkommen voneinander abgeschirmt.
Die „Fehler in der Matrix" wären dann nichts anderes als die bei uns sichtbaren Auswirkungen dieser Wechselwirkung zwischen den Universen im Hyperraum.
Wenn aber die Fehler in der Matrix sich vorrangig durch Anomalien von Naturkräften wie der Schwerkraft äußern, die dann ihrerseits die Wahrnehmungsfähigkeit unseres Gehirns steigern (wodurch wir dann in die Lage versetzt werden, diese Fehler wahrzunehmen), dann müsste es Orte geben, an denen solche Fehler in der Matrix häufiger auftreten als anderswo.
Tatsächlich ist dies der Fall, wie wir anhand einiger Beispiele zeigen wollen. Einige von ihnen sind gar nicht weit von uns entfernt. Folgen Sie uns jetzt bitte zuerst in die Ruine der *Schauenburg* im Schwarzwald.
Die Schauenburg liegt oberhalb von Oberkirch im Renchtal und wurde um 1050 durch Herzog *Berthold II. von Zähringen* erbaut und mit seinen Dienstmannen besetzt. Sie diente als Wach- und Schutzburg, um die Region vor feindlichen Eindringlingen zu schützen. Im 12. Jahrhundert ging sie dann in den Besitz derer von Schauenburg über. Während des Dreißigjährigen Krieges wurde sie bereits stark beschädigt. In der zweiten Hälfte des 17. Jahrhunderts war übrigens auch *Johann Jakob Christoffel von Grimmelshausen,* der Dichter des *„Abenteuerlichen Simplicissimus",* hier als Burggraf ansässig. Seit dem 18. Jahrhundert liegt die Burg vollständig in Ruinen und ist auch heute unbewohnt. Bei schönem Wetter ist sie das Ziel zahlloser Wanderer und Touristen.
Auch *Martina* und *Paul K.* hatten sich auf die kleine Wanderung von Oberkirch hinauf zur Burgruine begeben. Es war

schon früher Abend, und die Wanderwege zur Burg waren fast menschenleer. Im Burgrestaurant, das etwas tiefer gelegen ist, waren die Kellner schon dabei, die Stühle auf die Tische zu stellen. Die tiefstehende Sonne warf ein warmes, goldenes Licht auf die Burgruine und die umliegenden Wälder.
Was dann geschah, schildert uns Martina K. selbst:

„Nachdem wir einen ersten Rundgang um den ganzen Burghof hinter uns gebracht und einen ersten Eindruck von dem mächtigen Gemäuer gewonnen hatten, machten wir kurz Halt in der Nähe eines großen alten Baumes (s. Abbildungsteil, Bild 4). Von dieser Stelle hat man einen wunderbaren Panoramablick über Oberkirch und das Renchtal.
Plötzlich spürte ich in mir eine große Kälte und ein Gefühl, dass ich die Burgruine so schnell wie möglich verlassen sollte.
Wir machten also kehrt und wollten durch einen kleinen Bogengang das Burggelände verlassen. Paul wusste nicht, warum ich mich dabei so beeilte. In diesem engen Gang hörte ich ganz deutlich Menschen sprechen, obwohl außer uns niemand mehr oben auf der Burg war. Es schien ein mittelhochdeutscher Dialekt zu sein, von dem ich nicht viel verstand. Ein Satz kam aber recht deutlich: ‚Luise, gib mir den Hocker.'
Die Stimmen waren auch nicht lokalisierbar. Sie schienen aus allen Richtungen zu kommen, und ich hatte ein Gefühl, als ob sich meine Wahrnehmung verschoben hätte. Das betraf aber nicht das Sehen, sondern nur das Gehör. Die Töne erschienen mir unnatürlich gedämpft, wie verklingende Sprachfetzen aus unendlich fernen Zeiten.
Da außer uns eindeutig niemand mehr dort oben war, rannte ich, so schnell ich konnte, fort, so lange, bis ich an unserem Auto auf dem Parkplatz angekommen war. Erst dort erklärte ich Paul, was geschehen war.

Das Erlebnis war für mich höchst unheimlich. Alle diese Stimmenfetzen klangen so, als ob diese Menschen hier und heute dort leben und miteinander sprechen würden."

Im Gegensatz zur vorigen Geschichte kam es bei dem hier geschilderten Erlebnis nur zu einer akustischen Überlappung der Realitäten, so als ob Menschen hinter den Mauern miteinander gesprochen hätten, für die Spaziergänger draußen aber nicht sichtbar gewesen wären. Aber so kann es nicht gewesen sein, da die Burg nicht mehr bewohnbar ist. Außerdem würde heute kein Mensch mehr eine so mittelalterliche Sprache verwenden.
Später erfuhren Martina und Paul von Ortskundigen, dass in früherer Zeit auf dieser Burg tatsächlich einmal eine „Luise" gewohnt haben soll. Sie war ihrem Vater gegenüber ungehorsam gewesen und dafür in ein dunkles Verlies gesperrt worden, das sich gerade in der Nähe jenes Bogenganges befunden hatte...
Sollte man die Ruine nicht besser „Schauerburg" nennen?

Ein anderes Beispiel führt uns ins südöstliche Polen. Dort, im Karpatenvorland, liegt nur wenige Kilometer östlich der Provinzhauptstadt Rzeszów die kleine Stadt *Łańcut.* Hauptattraktion der Stadt ist das prachtvolle Barockschloss.
Schloss Łańcut wurde im 17. Jahrhundert durch den Wojewoden von Krakau, *Stanisław Lubomirski,* als Wehranlage mit *pentagrammförmigem Grundriss* errichtet und in späteren Jahrhunderten mehrfach umgebaut. Im 19. Jahrhundert ging das Schloss durch Verschwägerung in den Besitz der Potockis über, einer anderen bedeutenden polnischen Adelsfamilie. Von den Zerstörungen des zweiten Weltkrieges blieb es vollkommen verschont.
Heute ist Schloss Łańcut eines der wichtigsten historischen Baudenkmäler Polens. Im Innern befindet sich ein bedeuten-

des Museum, und jedes Jahr im Mai findet im großen Ballsaal des Schlosses ein internationales Musikfestival statt.
Grazyna ist seit ihrer frühesten Kindheit eng mit Schloss Łańcut verbunden, obwohl sie nicht in dieser Stadt wohnte. Sie besuchte das Schloss regelmäßig mit ihren Eltern, ging alljährlich zum Musikfestival und debütierte dort auch im großen Ballsaal (s. Abbildungsteil, Bild 8) bei ihrem ersten Silvesterball. Sie kennt Schloss Łańcut sozusagen in- und auswendig.
Da es natürlich auch viele Legenden in und um Schloss Łańcut gibt, hatte sie sich immer gewünscht, irgendwo auf den endlosen Korridoren jemanden aus der Vergangenheit zu treffen, leider vergeblich. Die „Geister" von Łańcut sind sehr dezent!
Was ihr nicht vergönnt war, geschah einem unserer Bekannten, dem Journalisten *Kazimierz Bzowski* aus Warschau, im Jahre 1972.[5] Er kam nach Łańcut mit einer kleinen Touristengruppe, die auch im Schlosshotel übernachtete. Während die Gruppe das Schloss am späten Nachmittag noch besichtigte, sonderte er sich mit einem Freund von der Gruppe ab, um sich die Bibliothek genauer anzuschauen. Dieser Raum wird den Touristen nur sehr selten gezeigt (s. Abbildungsteil, Bild 9).
Der ganze Raum der Bibliothek war strahlend erleuchtet von der untergehenden Sonne, aber außer Kazimierz Bzowski und seinem Begleiter gab es dort keinen Menschen. Noch wenige Stunden zuvor war ein Filmteam im Schloss gewesen, um Filmaufnahmen mit Schauspielern in historischen Kostümen zu machen. Jetzt aber war dort alles leer und still.
Weiter erzählt Kazimierz Bzowski: „Wir gingen langsam, und in Gedanken versunken betrachteten wir die uralten Buchrücken in den Glasvitrinen. In einem Moment bemerkten wir, dass auf einem der Sofas in lässiger Position eine attraktive Frau saß, in einem schönen elfenbeinfarbenen Kleid, reich bestickt mit Perlen und Spitzen, nach der Mode des 18. Jahr-

hunderts. Das Kleid hatte ein tiefes Dekolleté, und man konnte die Schönheit der Frau gut erkennen. Ihre Augen waren in ein kleines Büchlein vertieft, welches in weißes Leder gebunden war und das sie in ihren Händen hielt. Sie beachtete uns überhaupt nicht.
Die Stimmung der Szene war so harmonisch, dass wir beide sicher waren, hier eine der Schauspielerinnen zu sehen, die vermutlich zwischen den Aufnahmen eine kleine Ruhepause eingelegt hatte. Als ich an ihr vorbeiging, warf ich einen kurzen Blick auf das Büchlein und erkannte den Titel, der in verblassten Goldlettern geschrieben war: ‚La Fonta...'
Der Rest des Titels war durch ihre Hand verdeckt.
‚Sie liest die Fabeln von La Fontaine im Original!', dachte ich bei mir.
Ich beschloss, mich ihr bemerkbar zu machen, und so ging ich mit Absicht so nahe an ihr vorbei, dass ich die Spitze ihres Schuhs streifte. Dann machte ich mit dem Kopf eine Verbeugung und sagte auf Französisch zu ihr: ‚Excusez nous, Madame.'
Sie hob ihre Augen für einen Moment von dem Buch, zog ihre Füße zurück, so dass wir vorbeigehen konnten, schaute auf uns und lächelte. Dann flüsterte sie: ‚Merci.'
Wir verließen die Bibliothek. Aber als wir nach unten kamen, fragten wir die Dame am Empfang, was für ein Film hier eigentlich gedreht worden war, da wir in der Bibliothek eine der Schauspielerinnen getroffen hätten. Die Frau wurde kreidebleich, schaute auf uns, als ob wir zwei leibhaftige Geister wären, und lief voller Angst weg.
Wir recherchierten die Sache aufgrund dieser seltsamen Reaktion genauer und fanden heraus, dass bei den Filmaufnahmen nur männliche Schauspieler zum Einsatz gekommen waren...
Ich bin davon überzeugt, dass dieses Ereignis mit der Kraft des Ortes etwas zu tun hatte. Ich bin aber auch sicher, dass wir dort keinem ‚Geist' begegnet sind. Vielmehr befanden wir uns im Moment des verbalen Kontakts mit dieser Frau wahr-

scheinlich nicht in unserer Welt des 20. Jahrhunderts, sondern waren vermutlich auf irgendeine unbekannte Weise in die Epoche eingetaucht, in der sie dort lebte. Ich denke auch, dass unser höfliches und auch angstfreies Benehmen während der Begegnung dafür verantwortlich war, dass wir dann nicht von ihrer Realität absorbiert wurden, sondern unbeschadet in unsere heutige Welt zurückkehren konnten."

Es ist interessant, dass Kazimierz Bzowski so davon überzeugt ist, dass hier keine der typischen „Geistererscheinungen" vorlag, wie wir sie von anderen Schlössern her kennen. Die Frau war zumindest voll materiell anwesend, und die Berührung ihres Fußes war spürbar. Auch eine Überlappung, wie im Beispiel mit dem kleinen Mädchen am Fluss, schien hier nicht vorzuliegen – oder hatte sich der Raum in den 200 Jahren so wenig verändert, dass die Überlagerung nicht bemerkbar war?

In der Tat könnte dies der Fall gewesen sein. In Schloss Łańcut hat man nicht einfach durch zusammengetragene Barockmöbel eine stilechte Möblierung für die Museumsbesucher rekonstruiert, sondern in weiten Teilen des Schlosses, so auch in der Bibliothek, existiert wirklich noch die originale Innenausstattung. Das macht dieses Schloss ja gerade so einmalig.

Aber es ist dadurch auch schwierig, den Fall zu beurteilen: Hat hier die Frau aus dem Rokoko einen Zeitsprung ins 20. Jahrhundert erlebt, oder wurden Kazimierz Bzowski und sein Freund kurzzeitig ins 18. Jahrhundert versetzt, oder begegneten sich beide Realitäten noch auf einer anderen Ebene? Anhand von Äußerlichkeiten ist das in diesem Fall nicht zu entscheiden. Bzowski glaubt, dass er in die Vergangenheit versetzt worden war, hatte jedoch keine Anhaltspunkte, die diese Hypothese belegen könnten. Er zog diesen Schluss einfach aus einem inneren Gefühl.

Bislang haben wir Ihnen Ereignisse geschildert, die an bestimmten Orten spontan – und meistens auch einmalig – auftraten. Dennoch geben diese Erlebnisse teilweise zu der Vermutung Anlass, dass bestimmte Gegebenheiten des jeweiligen Ortes für die seltsamen Raum-Zeit-Verschiebungen mitverantwortlich waren.

Jetzt wollen wir Ihnen jedoch einen Ort vorstellen, an dem derartige Bewusstseinsverschiebungen häufiger stattfinden.

Es handelt sich um eine sehr kleine, unbedeutende Wohnstraße im Südwesten Berlins – die *Orleansstraße*. Sie hat nur wenige Häuser und endet dann als Sackgasse am Eingang des Stadtparks Steglitz.

Schon die Bebauung gibt dieser Straße einen sehr malerischen und etwas nostalgischen Charakter, denn sie ist in weiten Teilen relativ einheitlich mit kleinen historischen Vorstadthäusern bebaut (s. Abbildungsteil, Bild 10).

Es lohnt sich aber, an einer Stelle am Rande des Parks stehen zu bleiben und über die gesamte Straßenflucht zu schauen. In solch einem Moment kann es geschehen, dass sich das Bild der Straße verändert. Man kann zum Beispiel erleben, dass zwischen den Häusern noch Lücken existieren, dass die Bebauung also noch nicht vollendet ist, so wie sich die Straße heute präsentiert. Sind das Bilder aus der Vergangenheit, die an diesem Ort auf geheimnisvolle Weise gespeichert und abrufbar sind?

Es gibt aber auch Tage, an denen das Bild eine sehr moderne Straße zeigt, mit einem Restaurant, das eigentlich dort gar nicht existiert, und einem sehr modernen Haus. Bei diesem Bild lässt sich nicht entscheiden, ob es aus der Zukunft oder möglicherweise aus einer parallelen Realität stammt.

Interessant ist der Anfang, der Punkt, an dem diese veränderte Wahrnehmung einsetzt. Dieser Moment ist immer mit einem Gefühl totaler Stille und innerer Ruhe verbunden. Man fühlt sich, als ob man allein auf der Welt wäre. Sicher – auf dieser Straße herrscht niemals der typische Verkehrslärm der Großstadt, aber *diese* Stille hat etwas Unwirkliches. Auch der Ge-

sang der Vögel im Park, der übliche Kinderlärm und das Hundegebell verstummen.
Wenn sich das veränderte Bild der Straße scharf einstellt und man diese andere Realität etwas länger betrachtet, kommt plötzlich in einem Moment ein Gefühl einer aufsteigenden inneren Unruhe. Mit diesem Gefühl bricht das Bild abrupt zusammen, und man kehrt ins gewohnte Hier und Jetzt zurück.
Diese seltsame Beobachtung könnte möglicherweise zwei Ursachen haben:

1. In uns Menschen existieren Mechanismen, die auf das Erkennen der Matrix mit Unsicherheit und Unruhe reagieren. Das kratzt schließlich an unserer Vorstellung einer stabilen Realität.
2. Wenn wir einen Fehler in der Matrix erkennen, scheint dies von der Matrix bemerkt und korrigiert zu werden. Wow!

Es gibt eine ganze Reihe von Beispielen, in denen sich an einem bestimmten Ort von Zeit zu Zeit die Kulisse einer anderen Realität manifestiert. Sehr häufig gibt es dafür eine einfache physikalische Erklärung. Unter bestimmten Wetterbedingungen (Temperatur, Luftfeuchtigkeit) kann nämlich die Atmosphäre wie ein riesiger Hohlspiegel funktionieren und das Bild einer Landschaft oder Stadt an einen anderen Ort projizieren. In den Wüstengebieten der Welt ist das Phänomen seit jeher als „Fata Morgana“ bekannt.
Aber nicht nur Hitze und Trockenheit können für derartige Erscheinungen verantwortlich sein, sondern sie entstehen auch hin und wieder im entgegengesetzten Klima, im ewigen Eis der Arktis.
Doch im Falle der *„Silent City“* in Alaska ist es zumindest zweifelhaft, ob die einfache Erklärung der „Luftspiegelung“

ausreicht, oder ob sich hier nicht doch ein Bild über eine Überlagerung von Realitäten manifestiert hat.
Seit dem Ende des 19. Jahrhunderts berichteten Indianer und weiße Siedler des öfteren, dass sich im ewigen Eis des *Muir-Gletschers* in Alaska zuweilen – immer gleichbleibend – die völlig lautlose, majestätische Kulisse einer Großstadt mit Häusern, Bäumen, Kirchen etc. manifestierte, und zwar jährlich immer im kurzen arktischen Sommer, etwa zwischen dem 20. Juni und 10. Juli.[6]
Der amerikanische Goldsucher und Abenteurer *Richard G. Willoughby,* nach dem bis heute eine Insel in Alaska benannt ist, hatte die Erscheinung ebenfalls gesehen. Als man ihn jedoch nach seiner Rückkehr in die Goldgräbersiedlung Juneau – heute die Hauptstadt des Bundesstaates Alaska – deswegen ausgelacht hatte, packte ihn die Wut. Er kaufte sich eine gebrauchte Kamera und ein paar Fotoplatten, um im nächsten Sommer nochmals zum Muir-Gletscher aufzubrechen.
Tatsächlich gelang ihm 1885 eine, wenn auch technisch unvollkommene, unscharfe und unterbelichtete Aufnahme, auf der eindeutig das Panorama einer Großstadt zu sehen ist, als wenn man von einem Hügel über die Stadt schauen würde (s. Abbildungsteil, Bild 11).
Nun lachte niemand mehr über Willoughby, aber es ist bis heute ungeklärt, was die Aufnahme eigentlich zeigt. Die Erklärung einer „Luftspiegelung“ ist insofern problematisch, als es damals in Alaska keine Städte dieser Größe gab, die sich hätten am Gletscher „spiegeln“ können. Auch Juneau war damals noch ein eher unbedeutendes Nest.
Die Sache wurde seinerzeit von der amerikanischen Presse aufgegriffen und die Stadtkulisse schließlich von einem Journalisten aus San Francisco als *Bristol* in England identifiziert. Das einzige Problem ist: Bristol liegt von Alaska Tausende von Kilometern entfernt. Ist eine „Luftspiegelung“ über eine so große Distanz überhaupt möglich? Es ist auch zu beden-

ken, dass Willoughby die Aufnahme am Nachmittag machte, zu einer Zeit also, als es in Bristol längst Nacht war.
Ein weiteres rätselhaftes Detail: Seit etwa 1901 hat niemand mehr die „Silent City“ gesehen, so dass auch weitere Untersuchungen des Phänomens mit modernen wissenschaftlichen Methoden nicht mehr möglich sind. Der letzte dokumentierte Bericht stammt von einer Expedition des italienischen Herzogs *d'Abruzzi* aus dem Jahre 1897, als einer der Expeditionsteilnehmer, ein Mr. *C. W. Thornton* aus Seattle, die Erscheinung sah und später dazu schrieb: „Es bedurfte keiner Anstrengung der Einbildungskraft, dies als eine Stadt anzusehen, aber es war so deutlich, dass es im Gegenteil einer sehr großen Anstrengung bedurfte, um zu glauben, dass es nicht wirklich eine Stadt war.“
Willoughbys Foto, heute im Besitz der Alaska State Library, ist nach wie vor umstritten. Es hieß auch, dass einige Platten, die zu dem Fotoapparat gehörten, vielleicht schon belichtet waren und es so zu einer Doppelbelichtung gekommen war. Aber diese Erklärung ist natürlich angesichts einer Zeit, in der man nicht mal so eben von England nach Alaska jetten konnte, nicht unbedingt schlüssig. Außerdem, wenn das Foto eine Fälschung wäre, dann müssten auch alle anderen – unabhängig voneinander abgegebenen – Berichte von Indianern und Forschungsreisenden erfunden gewesen sein.
Egal, was man nun von den Berichten und Willoughbys Foto hält – der Fall der „Silent City“ ist bis heute nicht wissenschaftlich befriedigend erklärt und somit auch ein potentieller Kandidat für einen Fehler in der Matrix.
Bei vielen der Erlebnisse, die wir in diesem Kapitel geschildert haben, traten also die „Fehler in der Matrix“ ortsabhängig auf, in einigen Fällen sogar mehrfach am gleichen Ort. Häufig sind alte Bauwerke, wie Burgen oder Schlösser, der Auslöser. Geschehen diese seltsamen Dinge nun, weil an diesen Orten solche historischen Bauwerke stehen, oder stehen umgekehrt

die Gebäude gerade aus dem Grund an diesen Orten, weil es dort nicht mit rechten Dingen zugeht?
Diesen interessanten Fragen widmet sich ein Wissensgebiet, das die Wirkungen von „Orten der Kraft“ untersucht und schon seit Urzeiten unter dem Namen *Geomantie* bekannt ist. Es lässt sich zeigen, dass es nicht nur tatsächlich solche Orte der Kraft gibt, sondern dass sogar ein globales Netzwerk mit regelmäßigen Strukturen von ihnen gebildet wird. Heute ist es bereits möglich, wissenschaftliche Erklärungsmodelle für dieses seltsame Phänomen aufzustellen.
Da uns dies jedoch vom eigentlichen Thema des Buches, der Suche nach den „Fehlern in der Matrix“, zu weit entfernen würde, wollen wir jetzt nicht weiter darauf eingehen. Interessierte Leser können hierzu mehr in unseren Büchern „Das Erbe von Avalon“, „Zaubergesang“ und „Spektrum der Nacht“ finden.
Kommen wir also jetzt zurück zu den seltsamen Begegnungen mit parallelen Welten. Die in diesem Kapitel geschilderten Erlebnisse waren sicher spannend und manchmal vielleicht auch ein wenig gruselig. Allen gemeinsam ist jedoch, dass sie für die Personen, die dies erlebten, im Grunde harmlos und ohne wesentliche Folgen waren.
Kann man eigentlich davon ausgehen, dass das immer so sein muss? Wenn die Matrix eine Realität projiziert, die Löcher hat, dann ist es doch durchaus nicht selbstverständlich, dort nur hindurch*sehen* zu können. Was würde passieren, wenn man wirklich – ungewollt – hindurch*gehen* würde?
Es gibt tatsächlich Menschen, denen so etwas geschehen ist. Nicht alle sind da mit heiler Haut wieder herausgekommen. Ihre Erlebnisse wurden nur dadurch bekannt, dass unabhängige Zeugen sie beobachtet haben. Wobei eigentlich?
So unglaublich es klingt: sie haben gesehen, wie diese Menschen spurlos verschwanden oder aus dem Nichts auftauchten.

II

Im Raum-Zeit-Vakuum

Schritte ins Nichts

„Ich ging immer weiter und weiter die Fifth Avenue entlang, ohne Krawatte und so. Plötzlich fing etwas Unheimliches an. Jedesmal wenn ich eine Nebenstraße kreuzen musste und von dem verdammten Randstein hinuntertrat, hatte ich das Gefühl, dass ich die andere Straßenseite nicht erreichen könne. Es war, als ob ich hinunter, hinunter, hinunter sinken müsste und mich kein Mensch je wieder sehen würde. Ich bekam einen schönen Schrecken. Niemand kann sich das vorstellen. Ich schwitzte wie ein Idiot – mein ganzes Hemd und die Wäsche und alles wurde tropfnass. Dann fing ich an, bei jeder Kreuzung so zu tun, als ob ich mit meinem Bruder Allie spräche. Ich sagte: ‚Allie, lass mich nicht verschwinden. Allie, lass mich nicht verschwinden. Bitte, Allie.' Und wenn ich glücklich auf der andern Seite ankam, ohne zu verschwinden, würde ich ihm danken. Nach dem nächsten Häuserblock fing es wieder von vorne an. Aber ich ging doch weiter. Vermutlich fürchtete ich mich vor dem Stehenbleiben, ich erinnere mich nicht mehr genau, ehrlich gesagt. Aber ich weiß noch, dass ich noch fast bis zur Seventeenth Street und weit über den Zoo hinausging. Dann setzte ich mich auf eine Bank."[7]

Über Holden Caulfield, den jugendlichen Protagonisten in *Jerome D. Salingers* berühmtem Roman *„Der Fänger im Roggen"* ist schon viel geschrieben worden. Vor allem, dass er zu viel redet – und auch zu viel denkt. Natürlich, wenn man den Roman als Ganzes betrachtet, muss man schon viel Geduld haben, sich all diese pubertären Phantasien eines typischen *„angry young man"* der späten vierziger Jahre anzuhören. Doch diese hier ist anders. Hier geht es nicht um den ersten Kontakt mit Mädchen, um Schulnoten, Freundschaften oder Zukunftspläne. Holden fürchtet sich vor so etwas Alltäglichem wie dem Überschreiten einer Straße, weil er Angst hat, nicht die andere Seite zu erreichen, sondern spurlos zu verschwinden.

Ist er am Ende des Romans endgültig verrückt geworden? Nicht unbedingt, denn es gibt Menschen, die so etwas wirklich erlebt haben. Sie waren unvermutet auf einen Fehler in der Matrix gestoßen. Zum Glück sind einige von ihnen nicht für immer verschwunden, so dass sie hinterher von ihrem Erlebnis berichten konnten.

Ewa B. ist eine sachliche, moderne, berufstätige Frau, die nicht dazu neigt, sich in ihren Träumen ohne einen Grund zu verlieren. Jedenfalls hat sie schon lange nicht mehr mit pubertären Phantasien zu kämpfen. Und doch erlebte sie eines Tages ganz unvermutet genau das, was Holden Caulfield im Roman solche Angst einjagte.

Ewa wohnt in einer kleinen Stadt. Vor einigen Jahren fuhr sie vormittags in die Nachbarstadt, um einige Einkäufe zu machen. Es war im Februar, sie hatte ihren freien Tag, hatte also genug Zeit und gute Laune.

Die Stadt, in der sie ihre Einkäufe machte, kennt sie gut von Kindheit an. Ewa hat auch keine Probleme, sich in dieser Stadt oder anderswo im Terrain gut zu orientieren.

Von dem kleinen Einkaufszentrum, das aus mehreren einzelnen Läden besteht, wollte sie gerade auf die andere Seite der Straße gehen und lief in Richtung Bordsteinkante.

Sie machte einen Schritt auf die Straße... und *plötzlich spürte sie in ihrem Gehirn so etwas wie einen kleinen „Klick"... sie hatte ein kurzes Gefühl des „Nichtseins"... und befand sich dann ganz woanders, an einem ihr unbekannten Ort.* Auf der

anderen Seite der Straße, die sie eigentlich hatte überqueren wollen, war sie jedenfalls nicht angekommen...
Ewa hatte Angst und verstand sofort, dass etwas geschehen war... etwas sehr Merkwürdiges... die „Kulissen“ waren ganz anders als noch vor einem Moment. Die ganze Straße war nicht die, auf der sie ursprünglich gelaufen war, auch die Häuser waren ganz anders. Sie wusste nicht, wohin sie jetzt gehen sollte (s. Abbildungsteil, Bild 13 und 14).
Noch vor einem Moment war sie zwischen vielen Menschen auf einer Einkaufsstraße gewesen, und hier, wo sie sich jetzt befand, war alles leer, keine Menschen...
Ewa bekam Panik. Verzweifelt rannte sie auf der Straße in verschiedene Richtungen.
Schließlich fand sie in diesem Zustand eine Frau, die gerade aus ihrem Haus trat. Sie half Ewa, sich zu beruhigen, und brachte sie in die Einkaufsstraße zurück.
Erst jetzt erkannte Ewa, *dass ein einziger Schritt sie im Raum um etwa zwei Kilometer versetzt hatte.* Sie war zwar weiter in derselben Stadt, befand sich aber plötzlich auf einer kleinen Straße mit vielen grünen Bäumen und schönen kleinen Villen. Ihre Panik hatte ihr nicht erlaubt zu erkennen, dass sie diese Straße auch kannte. Sie wäre von dort nie in die Einkaufsstraße zurückgekommen ohne die Hilfe der anderen Frau. Ihre Desorientierung war zu groß.
Schnellstens fuhr sie zurück nach Hause. Dieser Tag im Februar wird ihr immer ein Rätsel bleiben. Der Tag, an dem sie plötzlich verschwand und in der Raumzeit versetzt wurde.
Grazyna hatte die Gelegenheit, mit Ewa B. ein Interview zu führen.
„Wann hatten Sie dieses Erlebnis, und können sie sich noch ungefähr an die Uhrzeit erinnern?“
„Es war am 11. Februar 1994, an einem Freitag. Es geschah etwa zwischen 14.40 und 15.10 Uhr.

Das kann ich deshalb so präzise sagen, weil ich ganz kurz vorher zufällig auf meine Uhr geschaut hatte, um zu prüfen, wie spät es ist.
Ich hatte mir noch gedacht, ob ich um 15.00 nach Hause fahren sollte oder noch ein bisschen zwischen den Läden spazieren gehen konnte. Schließlich habe ich mich entschieden, noch etwas zu bleiben, so bis etwa 15.30 Uhr.
Also – um 14.40 war ich bestimmt noch auf der Straße vor dem Einkaufszentrum."
„Haben Sie geprüft, wie spät es war, als Sie sich auf der anderen Straße befanden? Es ist natürlich eine etwas gewagte Frage, ob Sie in einem Zustand der Panik auf Ihre Uhr geguckt hatten, aber ich möchte gerne wissen, ob es bei Ihrem Erlebnis auch einen Unterschied in der Zeit gab."
„Ja, ich war in Panik, aber immer dachte ich dabei, ich wollte doch um 15.30 Uhr nach Hause fahren... aber im Moment, als ich meine seltsame Lage erkannt hatte, habe ich natürlich nicht auf meine Uhr geschaut. So kann ich nicht sagen, ob es auch einen Unterschied in der Zeit gab.
Ich weiß nur, dass ich um 15.10 tatsächlich nach Hause gefahren bin. Erst in diesem Moment, als ich dachte: du bist jetzt sicher – schaute ich, wie spät es war.
Es ist schon möglich, dass es eine Verschiebung um ein paar Minuten gab, jedenfalls hat sich nach meinem Empfinden alles in einer relativ kurzen Zeit abgespielt."
„Wie waren die atmosphärischen Bedingungen an diesem Tag an dem Ort, wo Sie verschwunden waren? Haben sie sich von denen am Zielort unterschieden oder nicht?"
„Es war ein schöner, sonniger Tag, kein Wind, die Stadt war etwas still, würde ich sagen, auch in mir war es merkwürdig still. Ich erinnere mich, dass ich ein Gefühl der Entspannung und einer sehr großen Ruhe in mir hatte. Eigentlich komisch... auf einer Einkaufsstraße solche Gefühle zu haben...

Am Zielort war eher eine düstere Stimmung, kein Straßenverkehr, zuerst sah alles wie ‚tot' aus. Straßengeräusche waren auch nicht zu hören."
„Können Sie den von Ihnen genannten ‚Klick im Gehirn' etwas genauer beschreiben?"
„Ich habe den Begriff ‚Klick' benutzt, weil ich es als einen Übergang zwischen zwei Etappen ‚vorher' und ‚hinterher', ohne ein Zeitgefühl, assoziiert habe. Vielleicht könnte man besser sagen, es war ein Impuls.
Ich gebe Ihnen ein Beispiel: nehmen wir an, ich verliere mein Gleichgewicht auf dem Eis. Fast gleichzeitig liege ich schon auf dem Eis. Bevor ich aber stürze, schafft es mein Gehirn in Sekundenbruchteilen, mich darüber zu informieren, mit etwas wie einem ‚Zucken'. Ich hatte aber keine Zeit für eine Gegenreaktion.
Das war genau so ein Gefühl, ich wusste, es geschieht etwas, aber Zeit zum Reagieren hatte ich nicht.
Der Übergang war ‚fließend', ich bin sogar zwischen ‚Start' und ‚Landung' nicht gestolpert!"
„Was für visuelle, akustische oder kinästhetische Eindrücke hatten Sie vor dem Verschwinden und danach?"
„Auf der Einkaufsstraße hörte ich die normalen Straßengeräusche, ich sah Menschen, die vor mir und neben mir gingen, ich guckte auf die Schaufenster. Ich weiß, dass ich sogar an etwas gedacht hatte, leider ist durch diesen ‚Klick' der Gedanke wie ausgelöscht.
Nachdem ich auf der anderen Straße aufgetaucht war, hatte ich Kopfschmerzen. Sie haben sich aber schnell wieder aufgelöst.
Straßengeräusche gab es dort nicht, mein erster Eindruck war ein Bild von mehreren Häusern, schönen Villen, die zwischen den Bäumen zu sehen waren, aber sie waren eher als ein ‚Background' vorhanden, sie sahen aus, als ob sie nur zweidimensional wären... Erst mit der Zeit wurden sie mehr und mehr plastisch und bekamen Details.

Ich fühlte mich leer, ehrlich gesagt total dumm, fast wie gelähmt. Erkennen konnte ich die Straße nicht, ich hatte das Gefühl, dass ich an diesem Ort noch nie gewesen war, obwohl es nicht wahr ist, ich kenne diese Straße sehr gut. Doch damals hatte ich in der Mitte der Straße gestanden, mich in alle Richtungen gedreht und bekam schreckliche Angst. Meine Desorientierung und Panik waren sehr groß."

„Hatten Sie nach diesem Erlebnis irgendwelche physischen oder psychischen Symptome bei sich beobachtet?"

„In meiner Anwesenheit wird der Empfang von Weltempfängern oft gestört, aber vielleicht ist das nichts Besonderes? Es gibt rund um uns herum so viele Frequenzen...

Ängste hatte ich schon... Erst nach mehreren Monaten fasste ich den Mut, noch einmal an die Stelle zu gehen, wo ich wieder aufgetaucht war, und mir alles nochmals anzusehen. Ich ging an diese Stelle zuerst, weil ich dachte, ‚dort' bin ich sicherer als an der Stelle, wo ich verschwunden war.

Ehrlich gesagt hatte ich Angst... ich könnte wieder verschwinden...

Später ging ich auch zu der Stelle, wo ich verschwunden war. Dann ging ich zu Fuß die Strecke dazwischen... es war ein merkwürdiges Gefühl zu erkennen, dass diese Strecke tatsächlich existiert, dass ich eine gewisse Zeit brauchte, um sie zurückzulegen...

Meine Wahrnehmung hat sich seit dem Erlebnis etwas verändert. Manchmal rieche ich um mich herum Düfte, die andere Personen nicht wahrnehmen können. Manchmal ‚verschwinden' sogar tatsächlich kleine Gegenstände aus meiner Umgebung und tauchen dann wieder auf.

Ich rede nur ungern darüber, weil es so phantastisch klingt und ich es nicht beweisen kann, eine logische Erklärung wäre die Vermutung, dass ich etwas vergessen oder verlegt hatte.

Sonst hat sich nichts verändert, ich arbeite und lebe wie jeder normale Mensch. Oft denke ich, dass ich gerne mein Erlebnis begreifen möchte, ich würde es gerne verstehen und kann es nicht.

Eigentlich ist es schade, denn ich habe ‚das Unbekannte berührt', aber es etwas besser zu erkennen, blieb mir versagt."

„Gibt es in der Nähe der Stadt, wo das alles passiert ist, größere industrielle Objekte oder geschlossene Areale, die dem Militär gehören?"

„Nein, die gibt es nicht. Etwa neun Kilometer südlich haben wir nur einen Fernsehmast."

„Ich freue mich jedenfalls, dass Sie doch zu unserer Realität zurückgekommen sind, denn im anderen Fall wäre unser Gespräch nicht möglich gewesen."

Wir können natürlich nicht restlos klären, was mit Ewa B. an jenem Tag geschehen ist. Auf jeden Fall liegt hier einer jener extrem seltenen Fälle vor, dass ein Mensch sich offenbar nicht nur im Bewusstsein, sondern auch physisch außerhalb von Raum und Zeit bewegt hat.

Sehr interessant ist das kurzfristige „Gefühl der Nichtexistenz", das Ewa beschreibt.

Die „Reise" bestand zunächst aus einem nicht-kontinuierlichen Sprung im Raum, um etwa zwei Kilometer. Die Relativitätstheorie Einsteins fordert jedoch, dass es in solch einem Fall automatisch auch zu einem Zeitsprung kommen muss, da Raum und Zeit untrennbar aneinander gekoppelt sind. Diese Zeitdifferenz ist möglicherweise sehr klein gewesen und wurde daher von der Frau nicht bemerkt. Dies besagt jedoch nicht, dass es nicht prinzipiell möglich wäre, auf diese Weise auch größere Raum-Zeit-Distanzen zu überbrücken, in der Zukunft möglicherweise sogar gezielt.

Das Interessanteste an dieser Geschichte ist sicherlich der allmähliche Realitätsaufbau im Moment des Wiederauftauchens, als sich also die Matrix wieder nach und nach stabilisierte. Dies war kein spontanes Ereignis, sondern ein Prozess, der eine gewisse Zeit in Anspruch nahm.

Eine weitere wichtige Frage, die die Wissenschaft in Zukunft klären muss: Wechselte die Frau von einer fest gefügten Realität (Matrix) in eine andere, oder wurde eine neue Matrix in diesem Moment erst aufgebaut, möglicherweise vom Bewusstsein der Frau erschaffen?

Die erste Version würde der sogenannten Parallelweltenhypothese der Quantenphysik entsprechen (in einer etwas materialistischeren Variante, wie sie z. B. *Everett* und *Wheeler*, aber auch *Stephen Hawking* vertreten), wonach unabhängig voneinander Parallelwelten existieren, die mehr oder weniger voneinander abweichen. Der seltsame Vorgang des allmählichen Realitätsaufbaus von einem eher schemenhaften, zweidimensionalen Bild zur normalen, plastischen Dreidimensionalität hätte dann nur mit der Notwendigkeit der Anpassung der Wahrnehmung der Frau zu tun gehabt.

In der zweiten Version würde die Parallelweltenhypothese etwas geistiger bzw. spiritueller ausgelegt, wonach der Mensch selbst Mitschöpfer seiner Realität ist (was etwa dem holographischen Weltbild von *Karl Pribram* und *David Bohm* bzw. der Theorie der morphogenetischen Felder von *Rupert Sheldrake* entsprechen würde).

Bemerkenswert ist auf jeden Fall auch die Tatsache, dass die Frau diese unfreiwillige interdimensionale Reise offenbar unbeschadet überstanden hat, was ja letztendlich das Interview und damit die Untersuchung des Falles überhaupt erst ermöglicht hat.

Dies ist jedoch nicht unbedingt selbstverständlich, und deshalb sind an dieser Stelle ein paar Gedanken darüber angebracht, ob und wie Raum-Zeit-Versetzungen physikalisch überhaupt möglich sind und welche Gefahren bei einer solchen „Reise“ möglicherweise drohen.

Die heutige Wissenschaft ist sich darüber im Klaren, dass derartige Ereignisse nicht grundsätzlich den Gesetzen der Physik widersprechen würden. Seit Einstein seine allgemeine

Relativitätstheorie aufgestellt hat, wissen wir, dass unser Universum in einer höheren Dimension gekrümmt ist und dass sogar zwischen weit entfernten Bereichen des Weltalls Raum-Zeit-Tunnel, also „Abkürzungen“ durch den Hyperraum, existieren. Tore zu solchen Tunneln sind sozusagen Löcher in unserer Raumzeit. Erinnern wir uns an das Bild der übereinanderliegenden Papierblätter, von denen eines ein „Loch“ hatte, so dass es möglich war, von einer Realität in die andere zu wechseln. Dies kann eine Reise durch Raum und Zeit innerhalb unseres Universums bedeuten, wie beim Erlebnis von Ewa B., aber auch den Wechsel in eine parallele Realität, wie im Fall des geheimnisvollen Mannes mit der Schüssel, den die Adventskaffeegesellschaft beobachtet hatte (vgl. S. 15).
Man weiß heute schon genau, dass solche Löcher im Universum wirklich existieren. Es handelt sich um die sogenannten *schwarzen Löcher*, die beim Tod sehr großer Sterne entstehen. Die Gesamtmasse eines solchen Sterns kollabiert in so einem Moment zu einem Punkt. Dadurch wächst an dieser Stelle die Schwerkraft, die ja nach dem Newtonschen Gravitationsgesetz vom Quadrat der Entfernung abhängt, über alle Grenzen. Durch diese unvorstellbar großen Kräfte wird unser Universum, unsere Raum-Zeit-(Mem)bran, durchstoßen, und ein Tor zum Hyperraum öffnet sich. Ein Tunnel entsteht in dem Moment, wenn sich dieses Eingangstor über den Hyperraum mit einem korrespondierenden Ausgangstor verbindet.
Nun befinden wir uns mit unserer Erde glücklicherweise in sicherer Entfernung (viele Lichtjahre) von derartigen schwarzen Löchern. Wäre dies anders, dann wäre unser Sonnensystem längst als Ganzes auf Nimmerwiedersehen verschwunden. Doch *John Wheeler* hat schon vor längerer Zeit darauf hingewiesen, dass es auch in der Mikrowelt des unendlich Kleinen eine Art von schwarzen Löchern gibt, sogenannte *Wurmlöcher*. Sie entstehen aus der *Quantenvakuumfluktuation* (dem „Quantenschaum“ von *Kip Thorne*), wobei kurzfri-

stig virtuelle Elementarteilchen entstehen und wieder vergehen. Wir berichteten darüber ausführlich im Buch „Vernetzte Intelligenz“ und legten dar, dass Raum-Zeit-Tunnel, die aus Wurmlöchern entstehen, wichtige Kommunikationskanäle im Universum darstellen. Über diese Kanäle kann jede Zelle unseres Körpers – genauer gesagt, das darin enthaltene Erbmolekül, die DNA – Informationen aufnehmen und aussenden. Wurmlochkanäle sind also die Auslöser der sogenannten *Hyperkommunikation.*

Nun besteht natürlich ein immenser Unterschied, ob durch einen solchen Tunnel lediglich eine Information fließen oder ein ganzer Mensch durch ihn hindurchgehen soll. Für den letzteren Zweck sind Wurmlochkanäle selbstverständlich viel zu klein. Das ist der Grund, weshalb bei uns nicht tagtäglich Menschen verschwinden und wieder auftauchen, denn Wurmlöcher sind allgegenwärtig und umgeben uns allenthalben.

Lange Zeit hat die Wissenschaft bestritten, dass es zwischen den beiden Extremen – den überall vorhandenen, aber unsagbar kleinen Wurmlöchern und den riesigen schwarzen Löchern irgendwo weit draußen im All – noch ein Mittelding geben könnte, gerade groß genug, um einen Menschen hindurchzulassen, aber klein genug, um nicht gleich die ganze Erde zu verschlingen. Demzufolge wurden Raum-Zeit-Versetzungen offiziell lange Zeit in das Reich der Science-Fiction verbannt.

Inzwischen hat sich diese Sichtweise entscheidend geändert. Zunächst einmal existieren schon empirische Befunde, wonach es derartige Wurmlochkanäle in „handlichen Dimensionen“ zuweilen doch gibt. Die beiden russischen Wissenschaftler *Vjatcheslav Djatlov* und *Alexej Dmitrijev* haben diese bizarren Objekte, sogenannte *Vakuumdomänen*, nicht nur entdeckt, sondern auch als erste nachgewiesen, dass ihre Existenz nicht den Gesetzen der klassischen Physik widerspricht.[8]

Die Tatsache, dass wir dennoch in einer Welt mit relativ stabiler Schwerkraft leben, in der solch große Wurmlöcher recht selten auftreten, ist vorrangig dem Umstand zu verdanken, dass die Schwerkraft, verglichen mit den anderen bekannten Naturkräften, extrem schwach ist. Das klingt natürlich paradox, denn erstens scheint unsere Gravitation doch ganz ordentlich zu wirken – schließlich hält sie ganze Sterne, Planeten, Sonnensysteme und Galaxien zusammen –, zweitens würde man doch erwarten, dass eher eine stark wirkende Kraft für Stabilität sorgt.

Und doch ist es so. Dass die Gravitation tatsächlich extrem schwach ist, davon können Sie sich mit einem einfachen Experiment selbst überzeugen. Ein kleiner Spielzeugmagnet kann ohne Probleme einen auf dem Tisch liegenden Nagel nach oben ziehen und damit die Gravitationskraft der gesamten Erde überwinden.

Es stellen sich nunmehr zwei Fragen, die auch für das Problem interdimensionaler Reisen von großer Wichtigkeit sind: Warum ist die Schwerkraft so schwach, und wieso sorgt dieser Umstand für Stabilität und verhindert so im Normalfall auch die Ausbildung genügend großer Wurmlochtunnel?

Die zweite Frage ist heute schon relativ klar zu beantworten. Da die Gravitation nicht die gleiche Größenordnung hat wie die anderen bekannten Naturkräfte, der Elektromagnetismus und die schwachen und starken Kernkräfte, kann sie auch unter normalen Umständen nicht durch diese beeinflusst werden – zumindest nicht in den Bereichen, die unserer alltäglichen Anschauung entsprechen. Dadurch steht die Schwerkraft in unserer makroskopischen Welt scheinbar isoliert und stabil da.

Wir sagten absichtlich „scheinbar“, da es im unendlich Kleinen Bereiche gibt, wo ganz andere Verhältnisse herrschen. Wir wissen, dass die Schwerkraft um so größer wird, je näher sich zwei Objekte kommen. Damit allerdings die Gravitation die Größenordnung der anderen bekannten Naturkräfte erreicht, ist ein unvorstellbar kleiner Abstand von etwa 10^{-33} cm nötig (die sogenannte *Plancksche Länge*). Um auch nur zwei winzige Elementarteilchen so dicht zusammenzubringen, sind größere Energien nötig, als sie alle Kraftwerke der Welt zusammen erzeugen könnten.

Man sollte den Wissenschaftlern also ihre Skepsis hinsichtlich der Raum-Zeit-Versetzungen nicht übel nehmen.

Aber wir werden sie noch mit ihren eigenen Waffen schlagen. Es gibt nämlich schon Vermutungen darüber, weshalb die Schwerkraft so schwach ist. Der Grund hängt eng mit der Matrix zusammen.

Wie wir inzwischen wissen, ist unser Universum, das wir wahrnehmen, nur eine Projektion des Hyperraums, hervorgerufen durch die Matrix. Da das Universum vierdimensional ist (drei Raumdimensionen, eine Zeitdimension), der Hyperraum nach heutiger Erkenntnis aber mindestens elf Dimensionen hat, sind bei dieser Projektion dann also die übrigen sieben Dimensionen „verlorengegangen“, so wie ein dreidimensionaler Körper, den man mit Licht bestrahlt, auf dem Fußboden einen nur noch zweidimensionalen Schatten wirft.

In Wirklichkeit, so die Aussage der Wissenschaftler, gehen diese zusätzlichen Dimensionen bei der Projektion jedoch nicht verloren, sondern werden nur winzig klein „aufgerollt“, wie auf einem Lockenwickler (die Wissenschaft nennt das „kompaktifiziert“), und zwar bis zur Größenordnung der besagten Planckschen Länge. In diesen unvorstellbar kleinen Bereichen wäre dann *in unserem Universum* auch der größte Teil der Schwerkraft versteckt.

Die Gravitation ist also eine Kraft, die im Wesentlichen im Hyperraum, d. h. in höheren Dimensionen, wirkt. Dies wäre dann allerdings die in Kapitel I beschriebene „Super-Gravitation“ (vgl. S. 29). Bei der uns bekannten Schwerkraft würde es sich dagegen nur um einen verschwindend kleinen Bruchteil handeln, der bei der Projektion durch die Matrix in unserer Realität (makroskopisch) übrig bleibt.

Wonach Einstein noch fragen würde...

Was sind kompaktifizierte Dimensionen?

Normalerweise können wir uns eine Dimension wie eine ins Unendliche ausgestreckte gerade Linie vorstellen. Auf diese Weise kann man zum Beispiel mit drei Geraden (x, y und z) den gesamten dreidimensionalen Raum aufspannen (Abb. 2).

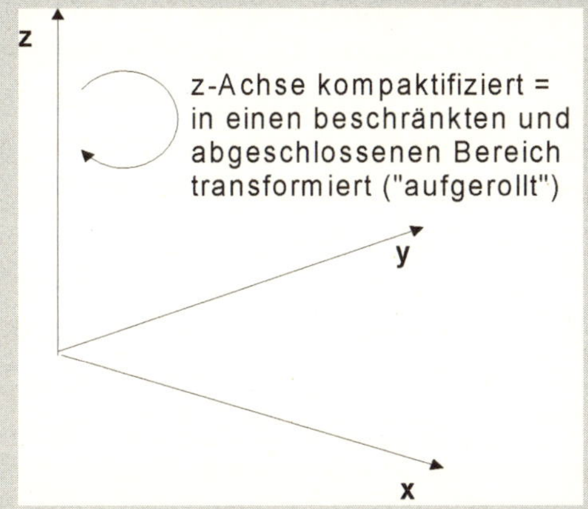

Abb. 2: Die drei Dimensionen des Raumes

Man projiziert nun den Raum so, dass die z-Achse dabei wie auf einem Lockenwickler aufgerollt würde. Dadurch würde die gesamte dritte Dimension in ein kleines Röllchen eingerollt, das direkt auf der x-y-Ebene aufliegen würde. Der Raum, den dieses Röllchen einnimmt, ist beschränkt und in sich abgeschlossen (in der Topologie nennt man einen solchen Raum auch *kompakt*). Nach dieser Kompaktifizierung scheint nur noch eine zweidimensionale x-y-Ebene übrig zu bleiben. Die kompaktifizierte dritte Dimension ist jedoch nach wie vor vorhanden, sie ist sogar – in mikroskopischen Abständen – von der Ebene aus erreichbar.

Die Gravitation kann dann aber kein Produkt der Matrix sein, die unsere Realität aufbaut. Vielleicht ist sie sogar an der Erzeugung der Matrix beteiligt.

Statt Super-Gravitation sollte man vermutlich sogar etwas allgemeiner *vereinheitlichtes Kraftfeld* sagen, denn im Hyperraum dürften sich – so die Vermutung der Wissenschaft – die vier bekannten Grundkräfte Gravitation, Elektromagnetismus, starke und schwache Kernkraft zu einem einzigen Kraftfeld vereinigen (im Grunde wurde das physikalische Konzept des höherdimensionalen Hyperraums ja überhaupt erst im Zuge der Suche nach der vereinheitlichten Feldtheorie entwickelt). Die Aufspaltung in vier Kräfte, so wie wir sie kennen (und die nach heutiger Erkenntnis ohnehin erst eine gewisse Zeit nach dem Urknall erfolgte), wäre dann ebenfalls ein Effekt der Matrix, der sich nur in unserer Scheinrealität zeigt.
Diese Erkenntnisse sind außerordentlich bedeutsam, denn sie besagen:

1. Dass wir hier erstmals etwas objektiv Nachweisbares in unserer Realität gefunden haben, was nicht Teil der Matrix ist.
2. Dass jede der bekannten Grundkräfte den Schlüssel zur technischen Manipulation der Matrix liefern kann.

Von anderen physikalischen Kräften – etwa der Zentrifugalkraft, die einen Satelliten auf seiner Umlaufbahn hält – weiß man schon lange, dass sie keine „wirklichen" Kräfte sind, sondern nur eine Illusion, die durch einen beschleunigten Bewegungsvorgang entsteht. Laut Einstein sind wir allerdings nicht in der Lage, *innerhalb der Matrix* zwischen wahren Kräften und Scheinkräften sauber zu unterscheiden. Wenn wir zum Beispiel in einem geschlossenen Lift nach oben fahren, spüren wir, wie wir alle wissen, eine nach unten ziehende Kraft. So lange wir im Lift sind, können wir jedoch durch keine Messung feststellen, ob es sich um eine Scheinkraft handelt, hervorgerufen durch den nach oben bewegten Lift,

oder ob der Lift in Wahrheit still steht und nur eine stärkere Gravitation auf uns wirkt.
Grundlage für die Berechnung der Schwerkraft ist nach wie vor Newtons berühmtes Gravitationsgesetz. Es vereinigt so unterschiedliche physikalische Vorgänge wie die Bildung von Galaxien, den Lauf der Erde um die Sonne und den Fall eines Apfels vom Baum in einer einzigen Formel.
Dies veranlasste die Wissenschaft bislang zu der Annahme, dass Newtons Gesetz überall im Kosmos in gleicher Weise gültig ist, von der Welt des unendlich Kleinen bis hin zu kosmischen Dimensionen.
Dagegen haben die Quantenphysiker *Nida Arkani-Hamed* und *Savas Dimopoulos* von der Stanford-Universität sowie *Gia Dvali* von der Universität Triest in Italien (in Fachkreisen nennt man das Team auch kurz „ADD“) jetzt Einspruch eingelegt.[9]
Die drei Forscher konstatieren, dass die kleinste Größenordnung, bis zu der zur Zeit die Schwerkraft überhaupt je gemessen wurde, ungefähr 0,2 Millimeter beträgt. Die Annahme, dass sie auch in der Welt noch kleinerer Distanzen dem Newtonschen Gesetz folgt, ist daher im Grunde reine Spekulation.
Das „ADD“-Team vermutet, dass möglicherweise schon im unteren Zehntelmillimeterbereich messbare Anomalien der Schwerkraft existieren könnten, und arbeitet an der Konzeption von Experimenten, um dies nachzuweisen. Sollte es gelingen, wäre es der Nachweis, dass die höheren Dimensionen des Hyperraums gar nicht so winzig klein eingerollt wären, wie man bislang geglaubt hat, sondern dass diese zusätzlichen Dimensionen sich schon in Größenordnungen bemerkbar machen können, die auch noch zur Erfahrungswelt von uns Menschen gehören. Zum Eindringen in solche Bereiche, um Zugang zur Manipulation der Schwerkraft – eventuell sogar zur Erzeugung makroskopischer Wurmlochkanäle – zu erhal-

ten, wären dann natürlich auch keine utopisch großen Energien mehr nötig.

Nach den Erkenntnissen der „ADD"-Gruppe wären demnach die Tore zu Parallelwelten und damit auch zu Vergangenheit und Zukunft allgegenwärtig, nur wenige Millimeter von uns entfernt.

Wenn nun ein Mensch – freiwillig oder unfreiwillig – einen Raum-Zeit-Tunnel durchquert, so wie es etwa im Beispiel von Ewa B. geschehen sein könnte, dann verlässt er kurzfristig auch den Wirkungsbereich der Matrix, die unsere Realität aufbaut. So „lange" er sich im Hyperraum aufhält, wäre er also keiner Matrix unterworfen (eine etwas schiefe Formulierung, denn im Hyperraum existieren weder Raum noch Zeit nach unseren Begriffen). Sobald er aber am Ausgangstor ankommt, gerät er unter den Einfluss der dort gültigen Matrix. Dies kann eine andere Straße der gleichen Stadt sein, die sich allmählich aus dem Nichts aufbaut, es ist aber auch durchaus möglich, dass man sich mitten im Sommer in einer Wohnung wiederfindet, in der eine fremde Familie gerade Advent feiert.

Sowohl Science-Fiction-Autoren als auch ernsthafte Wissenschaftler (wie z. B. Stephen Hawking) weisen allerdings immer wieder auf die Gefahren hypothetischer Reisen durch Raum-Zeit-Tunnel (z. B. Wurmlöcher) hin, vor allem wegen der immensen Gravitationskräfte, die im Innern solcher Löcher im Raum-Zeit-Gefüge auftreten und den Reisenden zerquetschen bzw. wie Spaghetti lang ziehen könnten.

Erst seit jüngster Zeit fangen die Wissenschaftler an, diese kategorischen Aussagen zu relativieren. So ergaben etwa die Berechnungen des israelischen Physikers *Lior Burko* von der Universität Utah in Salt Lake City, dass schwarze Löcher unter bestimmten Bedingungen nicht so bedrohliche Eigenschaften haben müssen und dennoch als Tore zu Raum-Zeit-Tunneln fungieren können.[10]

Es gibt unterschiedliche Bedingungen, unter denen nach Burkos Ansicht ein Wurmloch für Menschen passierbar sein könnte. Er spricht in diesem Zusammenhang von sogenannten „Cauchy-Horizont-Singularitäten“. Auch die Rotation eines schwarzen Loches kann die zerstörerische Wirkung – zumindest in der Theorie – abschwächen.
Nach Burkos Berechnungen sind Wurmlöcher möglich, die nicht nur eine Singularität, also einen Ort, an dem die Schwerkraft über alle Grenzen wächst und dadurch die Zeit zum Stillstand kommen lässt, sondern sogenannte Hybrid-Singularitäten aufweisen. Eine von ihnen wäre zerstörerisch, die andere hingegen abgeschwächt. *„Im Moment“*, sagt Burko, *„haben wir keine zwingenden Beweise, dass diese Art von Reisen durch den Hyperraum verboten ist. Das heißt natürlich nicht, dass sie erlaubt sind, aber wir haben keine zwingenden Beweise für das Gegenteil.“*[11]
Weiter führt Burko aus: *„Ich behaupte nicht, dass es etwas ist, was wir praktisch tun könnten, aber vielleicht in 1000 Jahren wird es einfacher sein.“*
Egal, ob man jetzt oder in einer fernen Zukunft gefahrlos ein Wurmloch durchqueren kann oder nicht – die Realität ist zuweilen viel seltsamer, als es sich Wissenschaftler oder Autoren mit ihrer Phantasie vorstellen. Und so können die Gefahren einer interdimensionalen Reise manchmal erschreckend banal sein...

Schauplatz der Handlung: New York, Times Square. Wir schreiben den 15. Juni 1950. Es ist Abend, etwa 23:10 Uhr.[12]
Gerade ist die letzte Theatervorstellung zu Ende gegangen. Die Zuschauer, die das Theater verlassen und auf die Straße treten, vermischen sich mit den Passanten. Es ist ein warmer, angenehmer Abend...

Plötzlich hört man ein lautes Kreischen von Bremsen, einen Schrei des Entsetzens. Eine Gruppe von Passanten bleibt stehen – ein Unfall – jemand ist überfahren worden.
Ein Mann erklärt, noch völlig außer sich, mit gebrochener Stimme, dass „ein Kerl" plötzlich vor sein Auto gelaufen sei, so plötzlich, dass er nicht mehr bremsen konnte.
Auf der Straße liegt ein Mann. Er ist tot. Seine Kleidung ist sehr merkwürdig: eine altmodische Hose, Lackschuhe mit hohen Absätzen und großen, glitzernden Schnallen. Sein Hemd ist mit einem Jabot geschmückt, und sein Sakko ist ungewöhnlich lang. Auf dem Kopf trägt er einen Hut mit breiter Krempe.
Alles in bester Qualität und sehr gut erhalten!
Merkwürdig, denn so eine Kleidung trug man nämlich eigentlich im 19. Jahrhundert!
Inzwischen ist die Polizei eingetroffen. Die Zeugen werden verhört, die Dokumente des Opfers sichergestellt.
In der Brieftasche des Toten befinden sich mehrere Visitenkarten eines gewissen „Rudolf Fenz", eine Quittung – ebenfalls auf den Namen „Rudolf Fenz" – welche die Anmietung einer Pferdekutsche gegen Bezahlung bestätigt, eine größere Summe Dollarscheine, schon lange nicht mehr im Umlauf, und ein Brief, der an den gleichen Namen adressiert ist.
Der Poststempel auf der Briefmarke zeigt das Datum: Juni 1876.
Als sich nach einigen Tagen immer noch kein Angehöriger des Opfers gemeldet hat, wird der Fall an das Department für vermisste Personen der Polizei übergeben. Die Ermittlung übernimmt Inspektor Hubert V. Rihn.
Nach längerer Untersuchung zeigt sich, dass die einzige Spur in diesem Fall ein Telefonbuch von New York aus dem Jahre 1939 ist. Dort befindet sich die Eintragung eines Herrn Rudolf Fenz jr.
Er lebt aber seit langer Zeit nicht mehr.
Seine Witwe informiert die Polizei, dass es sich also nicht um ihren Mann handeln konnte.

Um ihren Schwiegervater Rudolf Fenz sen. könne es allerdings auch nicht gehen, da er im Jahre 1876 unter ungeklärten Umständen verschwunden sei. Damals, im späten Frühling, sei Rudolf Fenz sen. aus dem Haus gegangen, um draußen auf der Straße eine Zigarre zu rauchen, weil er damit seiner Frau einen Gefallen tun wollte. Seine Frau konnte den Zigarrenrauch nicht vertragen.
Von diesem Moment an hatte ihn keiner je wieder gesehen.
Er war spurlos verschwunden.
Inspektor Rihn arbeitet sehr akribisch. Im Archiv der Polizei findet er eine Eintragung, die die Aussage der Frau bestätigt.
Tatsächlich wurde im Jahre 1876 ein Herr Rudolf Fenz, 29 Jahre alt, als vermisst gemeldet. Das letzte Mal hatte ihn seine Frau gesehen, als er das Haus verließ, bekleidet mit einem schwarzen, langen Sakko, Schuhen mit glitzernden Schnallen und einem Hut mit breiter Krempe.
Er wurde niemals gefunden.
Der Fall Rudolf Fenz ist bis heute ungeklärt.
Wäre es möglich, dass er aus seinem Haus weggegangen ist, nur um kurz eine Zigarre zu rauchen, und auf eine uns unbekannte Art und Weise – durch einen Fehler in der Matrix – ins Jahr 1950 versetzt wurde, um dort sofort bei einem Autounfall ums Leben zu kommen?
Eine Ironie des Schicksals? Ein Mensch übersteht ein so bizarres Erlebnis wie eine Raum-Zeit-Versetzung unbeschadet, nur um dann mitten auf einer verkehrsreichen Straße New Yorks direkt vor einem fahrenden Auto wieder aufzutauchen und so auf geradezu prosaische Weise getötet zu werden.
Im Gegensatz zum Fall Ewa B. wäre dies sogar eine Zeitversetzung in eine andere Epoche gewesen. Es blieb einer späteren Generation vorbehalten, das Verschwinden von Rudolf Fenz auf eine so merkwürdige Art und Weise aufzuklären.
Nicht immer ist dies allerdings möglich.

- 8. April 1980, Georgia (USA), in der Nähe von Brunswick City -

Charles und Catherine Romer fuhren in der Nacht mit ihrem Auto und verschwanden auf der Straße zusammen mit ihrem Fahrzeug.[13]

- 1707, Pyrenäen, Nordspanien -

Viertausend Soldaten des Erzherzogs von Österreich verschwanden, im Moment der Überquerung eines Baches in den Pyrenäen, während des Krieges in Spanien.[14]

- 12. Dezember 1910, Manhattan -

Dorothy Arnold, eine junge, wohlhabende Frau, löste sich in Luft auf, nachdem sie einen Laden inmitten von Manhattan verlassen hatte.[15]

- 27. September 1920, London -

„Londoner ‚Daily Chronicle', 29.09.1920: Ein junger Mann geht am Abend des 27. September im Süden Londons eine Straße entlang – Zauberei – Häuser schmelzen dahin – Wiesen erscheinen – oder war da eine Lücke zwischen den Wahrnehmungen? Wie immer er auch hingekommen ist – plötzlich steht er inmitten von Feldern auf einer Landstraße. Angst packt ihn: Vielleicht ist er weit weg von zu Hause und kann nicht mehr zurückkehren?
Er befand sich auf einer Straße in der Nähe von Dunstable, 30 Meilen von London entfernt. Ein Polizist fand ihn, wie er laut rufend hin und her lief, und nahm ihn auf die Wache mit. Dort erholte er sich ein wenig, bis er erklären konnte, er heiße Leonard Wadham, stamme aus Walworth bei London und sei

beim Gesundheitsministerium angestellt. Er konnte sich nicht erklären, wie er an diesen Ort in der Nähe von Dunstable gekommen war.“[16]

- 19. August 2000, Köln -

In einer Buchhandlung in Köln unterhielten sich das Ehepaar Susanne und Roland P. an der Kasse mit einem jungen Mann, etwa Mitte zwanzig. Es ist eine esoterische Buchhandlung, und man kann hier schnell in Kontakt zu Menschen kommen, die gleichartige Interessen haben. Der junge Mann trug am Revers seiner Jacke ein kleines Abzeichen mit der Beschriftung „Zeitreisender“.

Auf die Frage von Susanne, woher er so etwas hätte, antwortete er, dass er Mitglied eines Klubs sei, der sich mit diesem Thema beschäftige.

Susanne und Roland waren begeistert. Sie wollten gerne etwas mehr über den Klub erfahren, vielleicht könnten sie sogar beitreten...

Der junge Mann lächelte und antwortete auf die Fragen nur sehr kurz angebunden.

Zusammen verließen die drei den Laden, der nur einen Ausgang hat – „Ladies first“ – also Susanne ging als erste, ihr Mann direkt hinter ihr, und der neue (Un)Bekannte beschloss die Gruppe.

Vor dem Laden wollte sich das Ehepaar mit dem jungen Mann noch verabreden... doch er war nicht mehr da.

Spurlos verschwunden!

Da sich in der Buchhandlung zur fraglichen Zeit nur vier Personen aufgehalten hatten und der Besitzer direkt am Ausgang an der Kasse saß, schlugen alle sofort Alarm. Einen zweiten Ausgang gab es nicht. Der geheimnisvolle „Zeitreisende“ hatte sich buchstäblich in Luft aufgelöst...

Der kleine Laden liegt topographisch sehr ungünstig, um sich einen Scherz zu erlauben. Die Straße ist klein, aber übersichtlich, und zur Zeit des Geschehens waren kaum Menschen unterwegs.
Das ganze Rätsel hatte sich innerhalb von nur etwa zwei Sekunden abgespielt.

- 9.März 1999, Berlin -

Die Autoren hatten an diesem Tage selbst ein ähnliches Erlebnis. Während einer Autofahrt am Tag, etwa gegen 10 Uhr vormittags, bei relativ guten Sichtverhältnissen, lief ihnen eine Frau direkt vor das Auto. Es war auf einer sehr belebten Straße, einem Autobahnzubringer, auf dem normalerweise abseits der Fußgängerübergänge keine Menschen auf die Straße laufen, da es zu gefährlich wäre.
Die Frau trug eine Jacke aus Webpelz mit Kapuze.
Wir machten eine Vollbremsung. Doch einen Unfall gab es nicht. Die Dame hatte sich nämlich in Luft aufgelöst. Wir hatten sie beide deutlich gesehen, und sie drehte sogar ihren Kopf mit der Kapuze in unsere Richtung.
Im Grunde ist dieser letzte Fall das polare Gegenstück zum Fall Rudolf Fenz. Während er das Pech hatte, zur Unzeit am falschen Ort wieder aufzutauchen, machte sich diese Frau gerade im richtigen Moment aus dem Staub, was möglicherweise ihr Leben rettete (vorausgesetzt, sie ist irgendwo anders wieder aufgetaucht).
Wenn wir alle diese Fälle zusammenfassen, so können wir eigentlich nur sagen, dass diese Menschen aus unserem Raum-Zeit-Fenster verschwunden sind.
Es gibt im Grunde vier Möglichkeiten:

a. Sie sind wirklich dauerhaft aus unserer Realität verschwunden.

b. Vielleicht ist aber auch der eine oder andere irgendwo wieder aufgetaucht, wo es nicht bemerkt wurde, vielleicht sogar in unserer Vergangenheit oder irgendwo im Universum.

c. Es kann aber auch sein (vgl. den Fall Rudolf Fenz), dass uns das Wiederauftauchen dieser oder jener Person erst in der Zukunft noch bevorsteht.

d. Eine besonders bizarre Möglichkeit: Es wäre denkbar, dass solche Menschen in einer zeitlosen Dimension zwischen den Realitäten steckengeblieben sind.

Fälle von Raum-Zeit-Versetzungen gab es übrigens auch schon in früheren Jahrhunderten.

Die spanische Nonne *Maria* aus dem Kloster Agreda musste sich vor der Inquisition verantworten. Sie hatte zwischen 1621 und 1631 mehrfach ihrer Oberin berichtet, sie sei in Mexiko gewesen, um dort die Indianer zum Christentum zu bekehren. Sie wurde als schwer hysterisch eingestuft und zudem der Ketzerei angeklagt, da sie behauptet hatte, auf ihren Reisen die Welt als Kugel gesehen zu haben.

Was diesen Fall so interessant macht, ist die Tatsache, dass ihre Behauptungen später bestätigt werden konnten. Der offizielle Missionar für diese Gegend, *Pater Alonzo de Benavides*, hatte sich nämlich per Brief beim Papst und bei König Philipp IV. von Spanien darüber beschwert, dass jemand schon vor ihm die Arbeit bei den Indianern erledigt hätte. Die Indianer hätten ihm erzählt, eine rätselhafte Frau sei bei ihnen gewesen, Kruzifixe und Rosenkränze seien von ihr verteilt und auch ein Kelch im Indianerdorf hinterlassen worden.

Erst 1630, als Pater de Benavides nach Spanien zurückkehrte, erfuhr er von den seltsamen Visionen der Schwester Maria. Durch eingehende Befragungen fand er heraus, dass sie das Dorf der Indianer sowie ihre Sitten und Gebräuche korrekt beschreiben konnte. Sie hatte diese Fakten unmöglich auf normalem Wege erfahren können. Die Mutter Oberin bestätigte, dass Schwester Maria weder je das Kloster verlassen noch Kontakt zu Reisenden aus Mexiko gehabt hatte. Außerdem stellte sich heraus, dass der Kelch, den der Pater bei den Indianern gesehen hatte, tatsächlich aus dem Kloster Agreda stammte.

Anhand von Logbüchern der spanischen Eroberer konnte später herausgefunden werden, dass Schwester Maria noch eine Reihe weiterer Indianerstämme „besucht" hatte, die teilweise Tausende von Kilometern voneinander entfernt lebten.[17]

Sehr seltsam sind auch die folgenden Fälle, die noch vollkommen andersartige Fehler in der Matrix beschreiben.[18]

Der 37jährige *Peter* aus Gloucestershire, England, war im Jahre 1987 auf einer Party zu Gast. Er ging die Treppe hinauf, um zur Toilette zu gehen. Eine Frau folgte ihm, die ebenfalls die Toilette benutzen wollte. Sie gab ihm ein Zeichen, zuerst zu gehen, und blieb vor der Badezimmertür stehen, um zu warten, bis die Toilette wieder frei war.

Peter benutzte die Toilette, öffnete dann die Tür und ging hinaus in die Halle, wobei er die Badezimmertür hinter sich schloss. Er stieg die Treppe wieder hinunter, begab sich hinüber zu einigen Freunden und begann, mit ihnen zu sprechen. Sie ignorierten ihn jedoch vollständig.

Er dachte, sie würden sich über ihn lustig machen, also ging er weiter. Er traf seine Freundin und bat sie, ihm eine Zigarette zu geben. Sie tat ebenfalls so, als würde sie ihn weder sehen noch hören.

Peter wurde langsam ärgerlich und dachte, dass der Spaß zu weit ginge. Er beschloss, wieder die Treppe hinaufzusteigen, um die Frau oben abzufangen, sobald sie aus dem Badezimmer käme, um sie um eine Zigarette zu bitten.

Weiter berichtete er: „Ich ging wieder in den ersten Stock, und als ich vor der Badezimmertür ankam, traf ich erneut auf die Frau, die noch immer vor der Tür stand, offenbar noch darauf wartend, dass ich herauskommen würde. Als sie mich sah, wurde ihr Gesicht ganz entgeistert, da sie sicher war, ich wäre noch im Bad."

Peter ging wieder hinunter zur Party, und alles war normal, er wurde von allen wahrgenommen. Als er die Freunde und seine Freundin fragte, warum sie ihn ignoriert hätten, schwörten sie, ihn weder gesehen noch gehört zu haben. Offensichtlich hatte auch die Frau im ersten Stock ihn nicht aus dem Bad kommen und die Treppe hinuntergehen sehen.

Ein ähnliches Vorkommnis beschrieb *Jannise* aus Minneapolis, Minnesota (USA), die in ihrem Leben eine ganze Reihe solcher „Unsichtbarkeitserfahrungen" hatte. Eines davon dauerte aber wesentlich länger als üblich.

Als Teenager war Jannise Mitglied einer Clique, die auszuprobieren beschloss, ob sie etwas aus einem Warenhaus stehlen könnten, ohne erwischt zu werden. Wie das Schicksal es wollte, wurde die ganze Gruppe geschnappt und zur nächsten Polizeiwache gebracht, inklusive Jannise. Sie wurden auf der Wache einer nach dem anderen verhört, das heißt – alle, außer Jannise.

Obwohl sie mitten im Raum stand, schenkte ihr niemand die geringste Aufmerksamkeit, weder die Polizeibeamten noch das Wach- und Schreibpersonal.

Schließlich verließ sie die Wache, ohne dass jemand versucht hätte, sie daran zu hindern oder sie anzusprechen.

Als sie sich später mit ihren Freunden über das Geschehen unterhielt, sagte sie, „erinnerten diese sich nicht einmal daran, dass ich mit ihnen zusammen in dem Warenhaus verhaftet wurde. Obwohl ich mit ihnen allen im Polizeiwagen abtransportiert worden war, glaubten sie, ich sei immer noch im Warenhaus gewesen."

Niemand hatte sie gesehen von dem Moment an, als die Polizei im Warenhaus erschienen war, bis zu irgendeinem Moment, als sie ungehindert die Polizeistation verlassen hatte.

Diese Fälle zeigen, dass für solche Fehler in der Matrix nicht nur Anomalien des Ortes (z. B. Gravitationsverwerfungen, Raum-Zeit-Tunnel) verantwortlich zu machen sind, sondern auch spezielle menschliche Fähigkeiten. Es gibt offenbar Menschen, deren Körper unter bestimmten Bedingungen das Licht in anderen Frequenzbereichen reflektieren und dadurch unsichtbar werden.
Um solche Erlebnisse eines Tages wirklich verstehen zu können, reichen jedenfalls ein holographisches Weltbild oder ähnliche spirituelle Modelle nicht aus.
Es scheint, dass die Matrix, die unsere Realität aufbaut, normalerweise für eine gewisse Stabilität und Kontinuität sorgt. Wenn es allerdings zu Fehlern in der Matrix kommt, kann das eine sehr heftige Destabilisierung unseres Raum-Zeit-Kontinuums verursachen.
Im Buch „Vernetzte Intelligenz" erwähnten wir, dass wir in der Zukunft unseren Zeitbegriff erweitern müssten in Richtung einer Verknüpfung von Ereignissen und Bewusstsein.
Die Destabilisierung der Realität durch Fehler in der Matrix kann diese Verknüpfung kurzzeitig aufheben, was in erheblichem Maße zu dem Zustand der Desorientierung bei den betroffenen Menschen beitragen dürfte.
Die in diesem Kapitel vorgestellten Fehler in der Matrix zeigen höchst unterschiedliche Nuancen:

- Manche Menschen verschwinden, um auf geheimnisvolle Weise wieder zurückzukommen.
- Andere verschwinden, um niemals gefunden zu werden.
- Wieder andere scheinen vorübergehend zu verschwinden, obwohl sie die ganze Zeit da sind.

Und was wäre, wenn Menschen an einen anderen Ort oder in eine andere Zeit versetzt werden und gleichzeitig da bleiben, wo sie sind? Oder wenn sie sich plötzlich selbst begegnen?

III

Menschen im Doppelpack

Zu Risiken und Nebenwirkungen
lesen Sie das Kapitel und...

An einem Sonntag im Spätsommer. Eigentlich erwarteten wir niemanden, und so wunderten wir uns, dass es an unserer Haustür klingelte. Unser Freund Axel stand draußen und war einigermaßen außer Fassung.
Das war schon seltsam, denn Axel ist von Beruf Journalist, und so ist es eigentlich sein Job, andere aus der Fassung zu bringen.
Erst nach einem doppelten Cognac war er in der Lage, uns zu sagen, was ihm eigentlich geschehen war.
Axel ist nicht gerade eine Sportskanone, geht aber regelmäßig in den nahen Stadtpark zum Joggen. So auch an diesem Sonntag. Zufällig wohnen wir auf der anderen Seite dieses Parks, und so waren wir die ersten Leute, die ihm einfielen, um sich erst einmal in Sicherheit zu bringen.
„Ich war gerade dabei, mich auf meine übliche Runde um die große Wiese vorzubereiten, da sah ich auf der gegenüberliegenden Seite auf dem Parkweg einen Mann, der sein Fahrrad neben sich herschob. Ich wunderte mich noch darüber, dass er den gleichen Jogging-Anzug trug wie ich und auch das gleiche Fahrrad besaß.
Wir kamen uns langsam näher, und was ich dann sah, das verschlug mir den Atem. Der Mann war – ich selbst!“
Axel schwieg einen Moment, nahm noch einen Schluck Cognac und schaute uns prüfend an, um festzustellen, wie wir darauf reagierten.

„Er lächelte mich sogar an.“, fuhr er fort, „Aber mir war gar nicht nach Lächeln zumute. Ich wurde übermannt von einem Gefühl totaler Panik und rannte so schnell wie möglich davon, bis zu eurer Haustür.“

Die nächsten zwei Stunden verbrachten wir damit, alle möglichen Alternativen zu diskutieren. Hatte Axel sich getäuscht und jemanden gesehen, der ihm nur sehr ähnlich sah? Warum aber hatte dieser Mann dann genau das gleiche Fahrrad und den gleichen Jogging-Anzug wie er? Das sind doch ein bisschen zu viele Zufälle.

Die Lichtverhältnisse im Park waren klar genug gewesen, um den Mann eindeutig zu erkennen. Eine Halluzination wollten wir auch ausschließen.

Was wir damals nicht gewusst hatten – er hatte einen echten Fehler in der Matrix erlebt: Eine Begegnung mit seinem *Doppelgänger*.

Berichte über solche Begegnungen sind so alt wie die Menschheit. Im alten Ägypten wurde der Doppelgänger auch als „Ka“ bezeichnet, was vielfach fälschlicherweise mit „Lebenskraft“ übersetzt wurde. Bei Göttern und Königen stand Ka eher für die Individualität, beim normalen Volk dagegen für eine Art Gruppenbewusstsein.

Auch der keltischen Kultur war die Vorstellung des Doppelgängers nicht fremd. Der Mystiker und Rosenkreuzer *Robert Kirk*, Minister von Aberfoyle, bezeichnete ihn im 17. Jahrhundert als einen *„Reflex-Mann oder Co-walker, in jeder Hinsicht wie der Mann selbst aussehend, wie ein Zwillingsbruder und Kamerad, der ihm auf Schritt und Tritt wie ein Schatten folgt.“*[19]

In der spirituellen Literatur wird der Doppelgänger häufig auch als „astrales Doppel“ oder „feinstoffliches Pendant“ des Menschen angesehen und zuweilen auch als „Vorbote“ interpretiert, der den Menschen auf etwas hinweisen oder ihn vor etwas warnen soll.

Wenn man die bekannten Fälle von Doppelgängerbegegnungen genauer analysiert, so wird klar, dass hier allerdings einige Begriffe vermengt werden. In früheren Jahrhunderten fehlten den Menschen eben auch viele wissenschaftliche Hintergründe, um diese Erlebnisse besser einordnen zu können. Die bekannten Fälle lassen sich zumindest nicht pauschal durch den Austritt eines „Astralkörpers" erklären.

– 1771, in der Nähe von Drusenheim –

Johann Wolfgang von Goethe war nach Drusenheim unterwegs, als ihm ein Reiter entgegen kam, in dem er seinen Doppelgänger erkannte, allerdings in fremder Kleidung. Acht Jahre später war Goethe tatsächlich in dieser Richtung unterwegs, und er trug genau die gleiche Kleidung, in der er sich damals gesehen hatte.[20]

– 19. Jahrhundert, St. Petersburg –

Der russische Dichter *Pjotr Andrejewitsch Wiaziemski* (1792-1878) kehrte eines Abends in seine Wohnung auf dem Petersburger Newski-Prospekt zurück und sah in seinem Arbeitszimmer Licht brennen. Sein Diener versicherte ihm, dass niemand da sei. Wiaziemski betrat das Zimmer und sah – sich selbst am Schreibtisch sitzen! Er versuchte, seinen Doppelgänger zu berühren und verlor dabei das Bewusstsein. Als er wieder zu sich kam, war der andere verschwunden, aber ein Zettel, auf dem er gerade geschrieben hatte, war noch vorhanden. Wiaziemski bewahrte diesen von seinem geheimnisvollen Doppelgänger beschriebenen Zettel lebenslang auf und verfügte sogar testamentarisch, dass er ihm mit ins Grab gegeben werden soll. Er sprach jedoch nie mit jemandem darüber, was darauf geschrieben stand.[21]

– Februar 1943, Hannover –

Die Drogistin *Klara Lettinsky* erzählt ein Erlebnis aus der Zeit des zweiten Weltkrieges:

„Ein kalter Kriegswinter.

Es ist Freitagabend. Beladen mit der Einkaufstasche öffne ich die Haustür. Ich wohne zur Untermiete im vierten Stock. Als ich endlich oben bin, höre ich Schritte hinter mir. Seltsam leichte Schritte. Ich bleibe stehen, warte einen Moment, um zu sehen, wer da kommt. Näher, immer näher kommen die Schritte. Aber noch ist niemand zu sehen. Mir wird unheimlich zumute.

Und dann das Unfassbare...

Eine junge Frau taucht unten am Treppenabsatz auf. Mein Ebenbild! Irgendwo hatte ich gelesen, dass es sogenannte Doppelgängererscheinungen gibt. Aber ich hatte das nicht geglaubt. Aber jetzt ... jetzt steht mein Doppelgänger leibhaftig vor mir!

Reglos, wie eine Statue, steht die Erscheinung unten auf der Treppe, blickt mich unentwegt an.

Da schreie ich: ‚Wer sind Sie ... was ... was wollen Sie von mir?'

Keine Antwort.

Plötzlich dreht sich die Erscheinung um, hastet die Treppen hinunter. Ich stürze der Unbekannten hinterher. Als ich durch die Haustür laufe, empfängt mich die Stille der abendlichen Straße. Weit und breit ist kein Mensch zu sehen.

Ich starre in die Dunkelheit, dann schüttle ich den Kopf. Vielleicht habe ich mir das alles nur eingebildet. Meine Nerven sind in letzter Zeit nicht die besten. Das viele Alleinsein bekommt mir nicht. Ich leide unter Halluzinationen...

Ich nehme mir vor, mit meinem Arzt darüber zu sprechen.

Völlig verwirrt, die schwere Einkaufstasche in der Hand, gehe ich wieder nach oben. Ich habe kaum den ersten Stock erreicht, als ich die Explosion höre.

Ein dumpfes Grollen lässt die Fensterscheiben im Treppenhaus erzittern. Ich bin zu Tode erschrocken. Das Geräusch kam von ganz oben.
Ich wohne zur Untermiete bei einer pensionierten Studienrätin. Die alte Dame hat noch ein weiteres Zimmer an einen kriegsversehrten Studenten vermietet.
Wohnungstüren öffnen sich. Schreie werden laut. Das ganze Haus ist in Bewegung geraten.
Außer Atem erreiche ich den vierten Stock. Die Tür hängt nur noch in den Angeln. Putz bröckelt von den Wänden. Die Wohnung ist verwüstet. Am schlimmsten sieht es jedoch in der Küche aus.
Auf einer Matratze liegt der kriegsversehrte Student. Tot.
Er hatte den Gashahn aufgedreht. Durch einen elektrischen Funken war es offensichtlich zur Explosion gekommen.
Auch ich hätte aller Wahrscheinlichkeit nach mein Leben verloren, wäre zumindest aber schwer verletzt worden, wenn ich mich in der Wohnung aufgehalten hätte.
Meine Doppelgängerin hat mir das Leben gerettet.
Noch zweimal hat mich meine Doppelgängerin vor Gefahr bewahrt.
Es war in Bad Pyrmont. Ich war dort zur Kur und wollte eine Freundin besuchen. Auf dem Weg erschien sie mir, meine Doppelgängerin. Ich wurde blass vor Schreck. Als sie verschwunden war, beschloss ich, den Besuch zu verschieben. Am nächsten Tag erfuhr ich, dass die Söhne der Freundin an Typhus erkrankt waren. Einer von ihnen starb. Das Haus wurde unter Quarantäne gestellt. Wäre ich vorher hineingegangen, hätte ich mich wahrscheinlich angesteckt.
Das dritte Mal bewahrte mich die Doppelgängerin davor, in ein Flugzeug einzusteigen, das abstürzte.“[22]

– 1845, Neuwelcke-Schule, Lettland –

In dem Mädchenpensionat herrschte eine ausgelassene Stimmung. Einige der Mädchen bereiteten sich auf eine Gesellschaft vor. Die Erzieherin, Mademoiselle *Emilie Sagée*, half der Schülerin Antonie von Wrangel beim Ankleiden. Als sich Antonie umdrehte, um sich im Spiegel anzuschauen, sah sie im Spiegel nicht nur ihre Erzieherin, sondern auch deren Doppel. Beide, Mlle. Sagée und die Doppelgängerin, waren damit beschäftigt, Antonies Kleid zu schließen. Antonie wurde ohnmächtig.
Mlle. Sagée war nicht nur hübsch und beliebt, sondern wurde auch von den Mädchen respektiert. Dennoch – etwas stimmte mit ihr nicht.
Ein Jahr später saßen alle 42 Schülerinnen des Pensionats in einem Zimmer beim Handarbeitsunterricht. Durch das Fenster sahen sie Mlle. Sagée, wie sie im Garten spazieren ging und Blumen pflückte. Als die Handarbeitslehrerin kurz das Klassenzimmer verließ, saß plötzlich Mlle. Sagée auf ihrem Stuhl und schwieg. Gleichzeitig konnten die Kinder sie auch weiterhin im Garten sehen, wobei ihre Bewegungen jetzt merkbar träger geworden waren. Zwei Schülerinnen standen auf und gingen nach vorn zum Katheder. Sie versuchten, Mlle. Sagée zu berühren, doch ihre Finger stießen nur auf geringen Widerstand. Einer von beiden gelang es dann sogar, durch die Gestalt der Lehrerin hindurchzugehen. Kurz darauf verblasste die Erscheinung und verschwand. Gleichzeitig wurden die Bewegungen von Mlle. Sagée im Garten wieder normal.[23]

Obwohl es sich bei allen diesen Geschichten im Grunde um Doppelgängerbegegnungen handelt, muss man sie doch etwas differenzieren. Bei Goethe sorgte ein Fehler in der Matrix dafür, dass er sich selbst in einer zukünftigen Zeit sah. Bei

diesem Erlebnis war keine Rede von einem „feinstofflichen Astralkörper“.
Wiaziemski dagegen traf sich mit seinem Doppelgänger sogar direkt, und es kam zu einem körperlichen Kontakt, was zu einem Schock führte und ihn das Bewusstsein verlieren ließ. Möglicherweise hatten sich die körpereigenen elektromagnetischen Ausstrahlungen nicht vertragen (oder sogar die ganze Aura).
Klara Lettinsky wurde mehrfach durch ihre Doppelgängerin vor einem Unheil bewahrt, was ihr jedes Mal das Leben rettete. Der Doppelgänger erfüllte hier also eine ganz konkrete Funktion, was vielleicht auch für Wiaziemski galt. Nur wissen wir leider nicht, was auf seinem Zettel gestanden hatte.
Der spektakuläre Fall von Mademoiselle Emilie Sagée ist etwas anders gelagert. Zum einen war die Erscheinung der Doppelgängerin hier nicht immer voll materiell. Bei dem Erlebnis im Ankleideraum waren beide noch gleichzeitig aktiv tätig, während bei der Szene im Klassenzimmer die Erscheinung nur halb materiell und vollkommen passiv war, so als wäre ein Teil der Lebenskraft der Lehrerin tatsächlich ausgetreten. Dies wird noch untermauert durch den Umstand, dass Emilie Sagée im Garten sich während dieser Zeit deutlich träger bewegte.
Außerdem lag hier ein Fall vor, wo der Doppelgänger ausschließlich von anderen Personen gesehen wurde. Wenn man den alten Berichten folgt, war sich die Lehrerin selbst niemals der Anwesenheit ihrer Doppelgängerin bewusst.
Aus diesem Fall kann man den Schluss ziehen, dass das Auftauchen eines Doppelgängers ein Prozess ist, der sich allmählich und nicht immer vollständig vollzieht, so wie ja auch im Fall von Ewa B. nach ihrem Wiederauftauchen die Matrix ihre Realität erst ganz langsam wieder aufbaute.
Die Doppelgängerbegegnungen sind eine ganz neue Klasse von Fehlern in der Matrix. Man kann sie nicht so einfach durch Raum-Zeit-Versetzungen, wie im vorigen Kapitel, erklären, da

ja normalerweise jeder Mensch in seinem Universum nur einmal existiert. Folgt man allerdings der Vielweltenhypothese von Everett und Wheeler, so existieren auch in einer Unzahl von Parallelwelten identische oder nahezu identische Kopien von jedem von uns. Es dürfte sich also bei den Doppelgängererlebnissen eher wieder um eine Überlappung paralleler Welten handeln.
Dabei muss sich ein Mensch der Anwesenheit seines Doppelgängers, wie gesehen, gar nicht bewusst sein. Er muss nicht einmal am gleichen Ort anwesend sein. Es gibt nämlich auch zahlreiche Berichte, nach denen ein Mensch zur gleichen Zeit an zwei verschiedenen Orten gesehen wurde.

– 1810, London –

Der englische Staatssekretär *Pill* traf in London auf der St. Germain Street (Nomen est Omen!) den Dichter *Lord Byron*, Arm in Arm mit seinem Bruder. Ein ungewöhnlicher Vorgang, da allgemein bekannt war, dass Lord Byron seinerzeit schwer krank an der Cholera in Griechenland zu Bett lag – eine Tatsache, die auch durch einen späteren Briefwechsel der beiden Männer belegbar ist.[24]

– 19. Jahrhundert, Montreal –

Der Schriftsteller *Mark Twain* begegnete auf einem Empfang in Montreal einer ihm bekannten Dame, die er lange nicht gesehen hatte. Er wunderte sich, dass die Dame ihn nicht begrüßen wollte, sondern sich nur mit anderen Gästen beschäftigte. Am gleichen Abend erhielt er die Nachricht, dass die Dame ihn zu sprechen wünsche. Auf dem Treffen fragte er sie, wieso sie sich ihm gegenüber so merkwürdig verhalten habe, worauf sie verwundert war und ihm versicherte, erst in dieser Stunde aus Quebec eingetroffen zu sein.[25]

– 20. Jahrhundert, Bonn –

Der Arzt, Psychologe und Schriftsteller *Wladimir Lindenberg* berichtet über folgendes Erlebnis:
„Lu Timmermans war mein Freund. In der Zeit unserer Studien in Bonn verbrachten wir zusammen wunderbare Stunden mit tiefschürfenden Gesprächen – mit Gesprächen, wie sie nur junge Menschen mit Begeisterung und Hartnäckigkeit führen können, Tage und Nächte hindurch, bei einem Glase Wein, nicht achtend der Müdigkeit. Man konnte nicht tief genug in die Geheimnisse der Natur, der Religionen, der Weltanschauungen eindringen.
Lu verreiste nach Brüssel, um seinen Vater, den bekannten Komponisten, und seinen Verwandten, den Schriftsteller Felix Timmermans, zu besuchen. Ich brachte ihn selbst an den Zug. Einige Tage später überquerte ich die Remigiusstraße. Ich muss bekennen, dass ich nie sehr sorgsam über die Straße ging, wie es sich für wohlerzogene Bürger gehört. Ich schaute mich also auch diesmal nicht um, ob ein Auto herannahe. Ich hatte meinen Fuß schon auf die Straße gesetzt. Da sehe ich auf der anderen Straßenseite meinen Freund Lu, wie er mir heftig und mit allen Zeichen des Entsetzens abwinkt. Ich stutze und trete wieder auf den Bürgersteig zurück. Im gleichen Augenblick saust ein Auto an mir vorbei, das mich unweigerlich überfahren hätte. Ich holte tief Atem, um mich von dem Schreck zu erholen, und will dann Lu für die Errettung danken. ‚Wie seltsam', dachte ich, ‚er ist doch in Brüssel!' Ich suchte ihn und konnte ihn nicht finden. Ich hatte ihn aber leiblich gesehen. Ich rief bei seiner Mutter an. ‚Sie haben ihn doch selbst zur Bahn gebracht!', meinte sie etwas verärgert.
Einige Tage später schrieb mir Lu: ‚Ich hoffe, dass du gesund bist und dir nichts zugestoßen ist. Am Montag saß ich in meinem Zimmer und las, da wurde ich ganz unvermittelt und

ohne jeden Anlass, ich hatte gar nicht an dich gedacht, von einer Angst um dich ergriffen und von einem Gefühl, ich müsste dich beschützen. Dieser Zustand dauerte nur einige Sekunden, dann wich die Angst von mir. Bitte schreib mir, ob du gesund bist.'"[26]

Diese Fälle zeigen uns noch eine andere Facette der Doppelgängerbegegnungen. Hier kam es nicht zu einem direkten Kontakt, sondern eine Person wurde an einem Ort gesehen, obwohl sie sich nachweislich an einem anderen Ort aufhielt. Der zuletzt zitierte Fall hatte sogar mit einer aufsteigenden Emotion und Unruhe bei der betroffenen Person zu tun, was wir schon früher als Begleiterscheinung von Fehlern in der Matrix erkannt haben. In den anderen Fällen zeigten sich die Doppelgängerfiguren wiederum dem Beobachter gegenüber passiv bis teilnahmslos.

Wenn ein Mensch an zwei Orten zugleich gesehen wird, bezeichnet man diesen Vorgang auch als *Bilokation.* Von solchen Ereignissen wurde früher vor allem im Zusammenhang mit Heiligen oder magischen Adepten berichtet. Von ihnen hieß es, sie könnten diesen Zustand sogar bewusst herbeiführen.

Dies ist natürlich ein interessanter Aspekt, weil es ein erster Hinweis darauf ist, dass Menschen am Projektionsvorgang durch die Matrix willentlich mitwirken können. Dieses Thema wird uns später noch ausführlicher beschäftigen.

In den letzten Jahren haben auch Wissenschaftler damit begonnen, der Bilokation auf die Schliche zu kommen. Die besten Kandidaten für die ersten Schritte in dieser Richtung waren wieder einmal Atome.

Wissenschaftlern des National Institute of Standards and Technology in Boulder, Colorado, ist es erstmals gelungen, eine Begegnung eines Beryllium-Atoms mit seinem Doppelgänger zu arrangieren.

Grundlage des Experiments war die Tatsache, dass ein Atom zugleich in mehreren unterschiedlichen Quantenzuständen sein kann – solange es niemand beobachtet. Wir haben es bereits in Kapitel I gesagt (s. S. 25): Erst im Moment der Beobachtung entscheidet sich, welche von mehreren Alternativen in unserer Realität real wird.

Die Wissenschaftler beschossen also ein noch „unbeobachtetes" Beryllium-Atom mit Laserstrahlen und konnten es dadurch in zwei identische Kopien trennen, die sich voneinander nur in einer einzigen Quantenzahl (also einer möglichen Alternative) unterschieden. Dieser Vorgang ist schon erstaunlich genug, doch anschließend gelang es ihnen sogar, die beiden Atome – sozusagen das Original und seinen Doppelgänger – räumlich voneinander zu trennen, und zwar um insgesamt 83 Nanometer (83 Millionstel Millimeter).

Das klingt für unsere menschlichen Verhältnisse nicht sehr bedeutend, ist aber für ein Atom schon eine gigantische Distanz. Die Entfernung ist so groß, dass man strenggenommen nicht mehr vom Mikrokosmos sprechen kann. Makroskopisch mochten die Wissenschaftler diese Entfernung allerdings auch noch nicht nennen, also prägten sie den neuen Begriff der „Mesoskala", eines Zwischenbereichs zwischen Mikrokosmos und Makrokosmos.

Insofern ist das Ergebnis eine Revolution. Seit Jahrzehnten behaupten die Physiker standhaft, alle diese bizarren Gesetze der Quantenphysik hätten nur im Mikrokosmos Gültigkeit. Auf die makroskopische Welt hingegen hätten sie keinen Einfluss. Jetzt sieht man, dass dies so nicht stimmt. Das Experiment und seine möglichen Wiederholungen in der Zukunft können vor allem dazu dienen, die Grenze zwischen den beiden Welten exakter zu definieren – falls sie wirklich in strenger Form existieren sollte. Offenbar gibt es auch in unserer makroskopischen Welt mehr Einwirkungen der seltsamen Quantenphysik, als wir uns lange Zeit hatten träumen lassen.

Neben der Grundlagenforschung kann das Experiment übrigens auch erhebliche Bedeutung für die Technik haben, nämlich im Hinblick auf die Entwicklung eines Quantencomputers. Schon lange gibt es theoretische Konzepte (und – wie wir sehen werden – auch schon erste praktische Resultate) in der Bemühung, einzelne Atome oder Moleküle zu Computerprozessoren umzufunktionieren. Gelänge es dann, von diesen Mikrochips auch noch einen oder mehrere Doppelgänger zu erzeugen, die womöglich auch noch parallel unterschiedliche Aufgaben übernehmen könnten, dann wäre dies ein Alptraum für Banken, Geheimdienste – eben für alle Institutionen, die auf die Sicherheit von Datenverschlüsselungsverfahren angewiesen sind. Ein Quantencomputer, wenn es ihn je geben sollte, könnte ein handliches und leistungsfähiges Instrument in der Hand jedes Hackers sein. Und machen wir uns nichts vor – die Nanotechnologie ist längst nicht mehr aufzuhalten.
Doch das Doppelgängerexperiment von Boulder hat noch ein weiteres wichtiges Resultat gezeigt, das auch für unsere Interpretation der makroskopischen – menschlichen – Doppelgängererlebnisse von Bedeutung ist.
Die beiden Kopien des Atoms unterschieden sich in einer möglichen Alternative, also in einer einzigen Quantenzahl. Das bedeutet: Hätte man das Experiment nicht durchgeführt, wäre es trotzdem irgendwann von selbst zu einer Trennung der beiden gekommen, allerdings nicht innerhalb unserer Realität. Folgt man der Vielweltenhypothese von Everett und Wheeler, so würden wir in unserer Realität nur eines der beiden Atome beobachten können, während für das andere eine neue Parallelwelt entstanden wäre, mit allem Drum und Dran und eigener Matrix.
Das heißt, unsere Vermutung, dass Doppelgängerbegegnungen im Grunde Überlappungen paralleler Welten sind, hat auf diese Weise im Quantenlabor von Boulder eine eindrucksvolle Bestätigung gefunden.

Wonach Einstein noch fragen würde...

Warum sind Doppelgängerbegegnungen ein Hinweis auf die Existenz paralleler Welten?

Das folgt unmittelbar aus der Vielweltenhypothese von Everett und Wheeler. Durch einen Quantenprozess spaltet sich das Universum in zwei oder mehrere identische Kopien auf, in denen die einzelnen Alternativen stattfinden. Dabei entstehen natürlich in der neuen Parallelwelt auch Kopien jedes Bewohners unseres Universums – vom Elementarteilchen über den Menschen bis zur Galaxie.
In ein und dem selben Universum können dagegen Doppelgänger normalerweise nicht dauerhaft koexistieren. Im Kleinen ist dies eine Folge des *Pauli-Prinzips*: Zwei *Fermionen* (Teilchen mit halbzahligem Spin) können nie in allen Quantenzahlen übereinstimmen (zu den Fermionen gehören u.a. alle Teilchen, die unsere Materie aufbauen: Protonen, Elektronen, Neutronen etc.).
Das Pauli-Prinzip gilt jedoch nicht für *Bosonen*, also Teilchen mit ganzzahligem Spin (z. B. Photonen). Bosonen können daher hoch kohärente Zustände annehmen, bei denen eine große Zahl von Teilchen im gleichen Zustand sind (z. B. Photonen in einem Laser).
Zusammengesetzte Teilchen aus Fermionen (Atome und Moleküle) können ebenfalls die Eigenschaften von Bosonen erreichen, sobald sich ihre Spins zu einem ganzzahligen Wert addieren. Einen solchen Zustand, in dem „echte" Materie hoch kohärent wird, nennt man *Bose-Einstein-Kondensat*. Er ist normalerweise nur bei sehr tiefen Temperaturen nahe des absoluten Nullpunkts erreichbar, bei lebender Materie jedoch möglicherweise auch bei normaler Körpertemperatur.[27]
Wie wir sehen, liegt die Problematik der Koexistenz von Doppelgängern ausschließlich im Bereich der Materie, die ja aus Fermionen aufgebaut ist. Geistige Strukturen hingegen können ohne weiteres einen hohen Grad an Kohärenz entwickeln.
Nach der Post-Quantenphysik des Bewusstseins von *Jack Sarfatti* ist ein Bose-Einstein-Kondensat bei normaler Körpertemperatur z. B. Sitz unserer *Seele*.

Das ermutigt uns, einen Schritt weiterzugehen. Nach allem, was wir jetzt schon über Doppelgänger wissen, sind wir nun reif, uns das wohl eindrucksvollste Beispiel einer solchen Begegnung genauer anzusehen, das uns bisher bekannt geworden ist. Es ereignete sich im Jahre 1982 in der damals noch existierenden Sowjetunion.

Um dieses Erlebnis gut verstehen zu können, müssen wir Sie allerdings vorher fragen, ob Sie wissen, was eine *Weltlinie* ist. Nein? Na gut, dann werden wir noch ein paar Bemerkungen dazu einschieben.

Wie wir alle wissen, geschieht alles, was sich in unserer Welt ereignet, nicht nur im Raum, sondern auch in der Zeit. Wir können die Dimensionen des Raumes – also Länge, Breite und Höhe – messen. Auch die Zeit im klassischen Sinn ist eine Dimension, die mit Hilfe von Uhren gemessen werden kann.

So weit kann man also sagen, dass jedes Ereignis durch einen Punkt in einem dreidimensionalen Raum und einen Moment in der Zeit repräsentiert wird. Hätten wir also einen Beobachter in der Raumzeit postiert, so würde er sich kontinuierlich innerhalb der Raumzeit von Ereignis zu Ereignis bewegen. Diese Aufeinanderfolge von Ereignissen wird die Weltlinie des Beobachters genannt.

Also auch Sie, liebe Leserin und lieber Leser, haben Ihre eigene Weltlinie, und selbst wenn Sie jetzt mit unserem Buch gemütlich in Ihrem Lieblingssessel sitzen, bewegen Sie sich dabei unaufhörlich – entlang der Zeitachse, denn die Zeit bleibt, wie wir alle wissen, niemals stehen.

Geben wir ein Beispiel. Wenn man Weltlinien graphisch darstellt, beschränkt man sich der Einfachheit halber übrigens im Raum auf nur eine Dimension, die als horizontale Achse „x“ eingezeichnet wird, während auf der vertikalen Achse die Zeit „t“ aufgetragen wird.

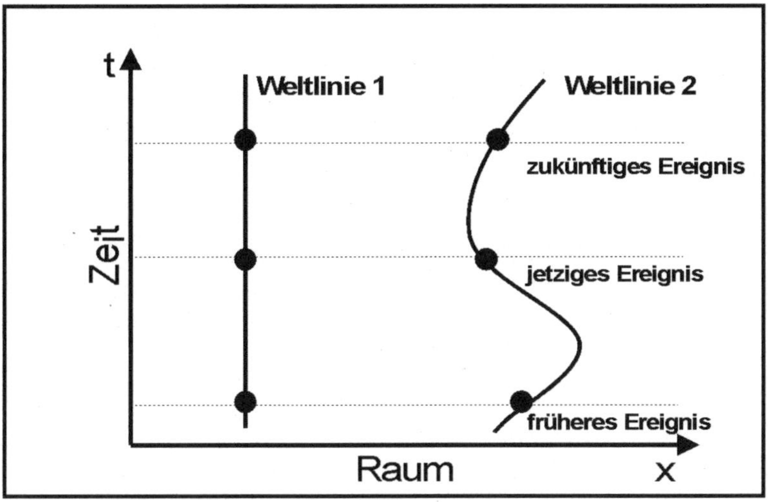

Abb. 3: Beispiele für Weltlinien

Das Beispieldiagramm zeigt zwei mögliche Weltlinien. Die eine, linke, verläuft vollkommen senkrecht. Das ist Ihre Weltlinie, denn Sie sitzen ja im Moment mit dem Buch still und bewegen sich nur in Richtung der Zeit. Die zweite Weltlinie ist die Ihres Partners (wir hoffen, dass Sie einen haben), von dem wir annehmen wollen, dass er oder sie zur gleichen Zeit in der Wohnung hin und her läuft und sich mit irgendetwas beschäftigt. Auch diese Weltlinie verläuft von unten nach oben, denn dem Lauf der Zeit ist jeder von uns unterworfen, gleichzeitig aber auch im Raum hin und her, was der Weltlinie einen Zickzack-Charakter verleiht.
Also, wenn das alles klar ist, dann gehen wir jetzt in das Jahr 1982, und zwar in die Stadt Leningrad, die heute wieder ihren traditionellen Namen St. Petersburg trägt.
Dort lebte damals ein Mann namens *A. Martynow.*[28]
Sein Beruf brachte es mit sich, dass er oft quer durch das ganze Land reisen musste. Besonders gern aber fuhr er in die Stadt Feodosja auf der Krim.

Später erinnerte er sich, am 22. April 1982, als er sich in Kiew aufhielt, gerade wieder intensiv an die Krim gedacht zu haben. Dabei entstand in ihm der starke Wunsch, bald wieder dorthin reisen zu können, was sich jedoch zu jener Zeit nicht realisieren ließ.
Am gleichen Tag begegnete „Martynow" auf offener Straße in Feodosja einer alten Reisebekanntschaft, einer Frau namens Irina Ignatiewna. Sie begrüßten sich herzlich. Er erzählte seiner Bekannten, dass er in Leningrad in seiner Wohnung schon Telefon habe, und gab ihr seine Telefonnummer. Auch einen Mitarbeiter einer Fabrik, in der er oft zu tun hatte, traf er dort an jenem Tag, und die beiden Männer unterhielten sich lange Zeit über persönliche Dinge. Es gibt also eine ganze Menge unabhängiger Zeugen, die bestätigen konnten, Martynow an jenem 22. April in Feodosja gesehen zu haben.
Wohlgemerkt: Dies geschah, während sich Martynow eigentlich den ganzen Tag in Kiew befand. Er kehrte schließlich nach Leningrad zurück, und nach etwa zwei Wochen wurde in seiner Wohnung das langersehnte Telefon installiert, und *erst jetzt bekam er seine Telefonnummer mitgeteilt*.
Nach einigen Wochen reiste Martynow tatsächlich nach Feodosja. Die Begegnungen mit seinen dortigen Bekannten jedoch gestalteten sich für ihn zu einer Riesenüberraschung. Jedermann wunderte sich, dass er nach so kurzer Zeit „schon wieder da" sei. Martynow versicherte den Leuten, seit langem nicht auf der Krim gewesen zu sein, aber niemand wollte ihm glauben. Er traf auch Irina Ignatiewna und erfuhr von ihr erst jetzt, dass „er" ihr bereits im April bei jenem ominösen Treffen die Telefonnummer genannt habe, die er in Wirklichkeit erst Wochen später zugeteilt bekommen hatte. Die Nummer war völlig korrekt.

Diese Geschichte muss man erst einmal verdauen, nicht wahr?

Um sie verstehen zu können, müssen wir allerdings jetzt auf das Prinzip der Weltlinien zurückgreifen, denn in diesem Erlebnis treten eine ganze Anzahl von Besonderheiten gemeinsam auf.
Unstrittig dürfte sein, dass an der ganzen Sache zwei Martynows beteiligt waren, jedenfalls was den 22. April betrifft. Der eine war an jenem Tag nachweislich in Kiew, der andere ebenso nachweislich in Feodosja, Hunderte von Kilometern von Kiew entfernt.
Um nicht durcheinander zu kommen, wollen wir den Martynow, der in Kiew war, als $Martynow_1$ bezeichnen. Er ist für uns der eigentliche „Haupt-Martynow", also derjenige, der später in Feodosja von der ganzen Geschichte erfuhr und den wir heute vermutlich treffen würden, wenn wir nach St. Petersburg kämen. Dementsprechend bezeichnen wir seinen Doppelgänger, der am 22. April 1982 in Feodosja war, mit $Martynow_2$.
$Martynow_2$ verfügte an jenem 22. April 1982 in Feodosja über Informationen, die für den in Kiew weilenden $Martynow_1$ damals noch *in der Zukunft* lagen, sich aber für ihn später verwirklichten – seine *Telefonnummer*. Das heißt, $Martynow_2$ kann nicht nur ein „gewöhnlicher Doppelgänger" gewesen sein, sondern kam zusätzlich an jenem Tag auch noch aus einer möglichen Zukunft von $Martynow_1$ auf die Krim. Er war also sozusagen ein zeitreisender Doppelgänger.
Und als ob das noch nicht genug wäre: Da $Martynow_2$ die richtige Telefonnummer wusste, konnte er sich mit seiner Parallelwelt erst nach dem Tag von $Martynow_1$ getrennt haben, an dem das Telefon in seiner Leningrader Wohnung installiert wurde. Dieser Tag lag aber *nach* dem 22. April. Das heißt, dass jener $Martynow_2$ am 22. April als von $Martynow_1$ getrennte Person noch gar nicht existierte (was aber unerheblich ist, da er ohnehin aus der Zukunft nach Feodosja versetzt wurde).

Die Weltlinien der beiden Martynows trennten sich irgendwann nach der Installation des Telefons. Erst dann lebten sie als voneinander unabhängige Personen in ihren eigenen Parallelwelten.

Eines Tages dann wurde $Martynow_2$ aus unbekannten Gründen in Raum und Zeit versetzt, und zwar in seine Vergangenheit, zum 22. April, in die Stadt Feodosja, allerdings nicht in seinem Universum, sondern in dem von $Martynow_1$. Nur so war es möglich, dass sich die Bewohner Feodosjas im Universum von $Martynow_1$ später an diesen Besuch erinnern konnten. Anschließend ging er seinen Weg weiter, machte seinen Job, und wir wissen nicht, was aus ihm geworden ist.

$Martynow_1$ hingegen wusste von alledem vorerst nichts, er reiste nach der Installation seines Telefons irgendwann nach Feodosja, um dort zu erfahren, dass „er" schon dagewesen ist und Leuten seine Telefonnummer mitgeteilt hat, die er eigentlich damals noch gar nicht hätte kennen dürfen.

Um den ganzen Ablauf der Geschichte zu verdeutlichen, dient das Weltliniendiagramm mit den eingezeichneten Schlüsselereignissen.

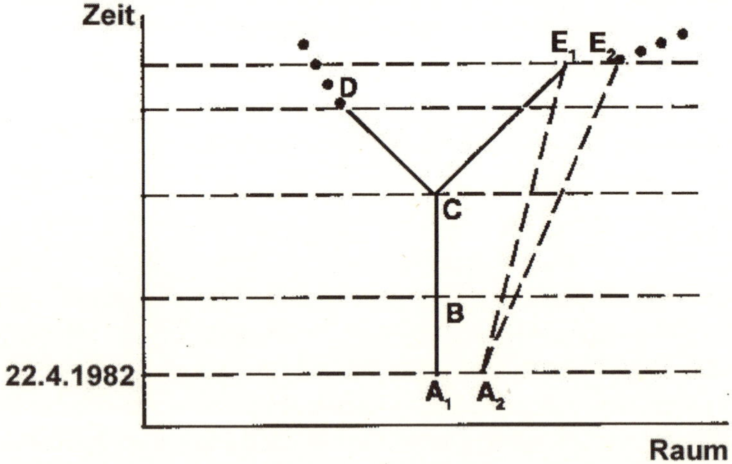

Abb. 4: Die Weltlinien von Martynow1 und Martynow2

Das Weltliniendiagramm enthält folgende Weltlinien:

Weltlinie von Martynow$_1$: **A_1 – C – D...**

Weltlinie von Martynow$_2$: **A_1 – C – E_1 – A_2 – E_2...**

Dabei bedeuten die einzelnen Schlüsselereignisse:

A_1: Martynow$_1$ befindet sich am 22.4.1982 in Kiew.

A_2: Martynow$_2$ wird am 22.4.1982 in Feodosja gesehen und teilt einer Bekannten seine Leningrader Telefonnummer mit.

B: In Martynow$_{(1.2)}$'s Leningrader Wohnung wird Telefon installiert; er erhält seine Nummer mitgeteilt.

C: Die Weltlinien des Martynow$_1$, der am 22.4. in Kiew war, und des Martynow$_2$, der am 22.4. in Feodosja war, trennen sich.

D: Martynow$_1$ reist nach Feodosja und erfährt, dass er am 22.4. dort gesehen wurde. Dieses Ereignis liegt *nicht mehr* auf der Weltlinie von Martynow$_2$.

E_1: Martynow$_2$ wird durch einen Zeitsprung zum Ereignis A_2versetzt (Feodosja am 22.4.).

E_2: Rückkehrpunkt von Martynow$_2$ nach dem Zeitsprung in „seine", d.h. dem Ausgangspunkt E_1 entsprechende Gegenwart, allerdings in einer dazu parallelen Realität.

Wir hoffen, dass es beiden Martynows heute in ihren Realitäten gut geht. Die Gefahr, sich irgendwie gegenseitig auf die

Füße zu treten, dürfte gering sein. Selbst die Tatsache, dass sie beide die gleiche Telefonnummer haben, sollte sie kaum behindern.

Aber – sollten Sie auch eines Tages eine neue Telefonnummer bekommen und dann zu Ihrem Erstaunen feststellen, dass Ihre Freunde die Nummer längst kennen, dann wissen Sie jetzt, warum. Ein Fehler in der Matrix!

IV

Die geklonte Gesellschaft

Der Lebenslauf in den Zellen

Unsere Generation ist vermutlich eine der letzten, die „Begegnungen mit dem Doppelgänger“ als Fehler in der Matrix überhaupt noch erkennen kann. In der Zukunft nämlich werden solche Begegnungen vermutlich fast alltäglich sein. Nicht, weil wir dann öfter Besuche aus Parallelwelten bekommen werden, sondern weil unsere eigene Wissenschaft uns möglicherweise mehr „Doppelgänger“ bescheren wird, als uns lieb sein kann.
Es gibt in diesem Zusammenhang zwei Schlüsselworte, die viele Wissenschaftler elektrisieren und gleichzeitig bei vielen Bürgern Zukunftsängste und Gefühle des Widerstands hervorrufen: *Klonen* und *Nanotechnologie*.
Natürlich sind diese beiden Bereiche nicht a priori „Fehler in der Matrix“, aber es wird sich bald zeigen, dass sie im weiteren Sinne durchaus damit zusammenhängen.
Vergessen wir nicht, dass wir bereits am Anfang erwähnt haben (s. S. 24): Fehler in der Matrix können auch gezielt „gemacht“ werden, z. B. durch die Wissenschaft, wenn sie sich an unserer Matrix zu schaffen macht.
Wir dürfen nicht den Fehler begehen, in den Fehlern in der Matrix nur seltsame „Erscheinungen“ und ähnliche merkwürdige Erlebnisse zu sehen, wie sie anfangs zur Sprache kamen. Es sind dies nur die einfachsten Beispiele, die es uns ermöglichten, die Matrix kennenzulernen. Es gibt auch andere Fehler in der Matrix, die erhebliche Auswirkungen auf die Stabilität unseres Realitätsgefüges haben können.

„Klonen ist die Antwort. Aber was war eigentlich die Frage?“ Dieser Witz kursiert seit einiger Zeit in Genetikerkreisen. Er karikiert eine zutiefst ernste Frage: Sollten Menschen durch Klonen reproduziert werden oder nicht? Seit Ende 2002 ist die Menschheit endgültig mit der Problematik konfrontiert. Die moralischen und wissenschaftlichen Bedenken sind schwerwiegend, und im Grunde weiß niemand so genau, ob wir das Klonen wirklich brauchen und wozu.
Die Medizin bringt einige Gründe gegen das Klonen vor, die schwerwiegend sind. So fand man anhand des Schicksals des Klonschafs Dolly heraus, dass die biologische Uhr der Spenderzelle nicht zurückgestellt werden kann. Dolly wurde aus der Zelle eines sechsjährigen Schafes geklont und war daher bei der Geburt– genetisch gesehen – bereits sechs Jahre alt. Kein Wunder also, dass das bedauernswerte Tier früh alterte und bereits mit sechs Jahren, also nach der Hälfte der normalen Lebensspanne eines Schafes, so viele Alterserscheinungen zeigte, dass es eingeschläfert werden musste.
Im Grunde sprechen diese Tatsachen nicht gegen die Möglichkeit des Klonens an sich, sondern nur gegen die heute bekannte „Dolly-Methode“. Das Gleiche gilt für andere wissenschaftliche Einwände neueren Datums, wonach diese Klonmethode bei Primaten (also Affen und Menschen) aufgrund einer Besonderheit im Aufbau der Zellen überhaupt nicht möglich sein soll. Mit Sicherheit werden die Wissenschaftler in der Zukunft bessere Klonverfahren finden, und schon jetzt sind einige von ihnen der Versuchung erlegen, es schon hier und heute auszuprobieren.

Eve-1, Eve-2, Eve-3, Eve-4... Wie viele geklonte Babys werden eigentlich noch produziert werden, ohne dass wir erfahren, ob und aus welchem Material sie geklont sind?

Wonach Einstein noch fragen würde...

Weshalb altern Lebewesen schneller, die mit der Dolly-Methode geklont wurden?

Eukaryotische Chromosomen haben an ihren beiden Enden spezielle Nukleoproteinkomplexe, sogenannte *Telomere*. Diese üben wichtige Funktionen aus, speziell bei der Reproduktion, aber auch zum Schutz und zur Stabilisierung der Chromosomen. In den meisten Organismen bestehen sie aus relativ langen, einfach strukturierten DNA-Sequenzen, die aus einem Strang mit zahlreichen Guanin- und einem mit zahlreichen Cytosin-Basen zusammengesetzt sind (vgl. S. 109). Bei Wirbeltieren wiederholen sich hauptsächlich Sequenzen der Form „TTAGGG“ sehr häufig.
Zur Reproduktion der Telomere dient in der Regel das Enzym *Telomerase*, und die Kontrolle der korrekten Verdoppelung ist ein recht komplizierter Prozess. Durch Kopierfehler verkürzen sich daher die Telomere bei jeder Zellteilung ein wenig, bis sie schließlich die Stabilität der Chromosomen nicht mehr gewährleisten können. Da dies kein krankhafter, sondern ganz normaler Vorgang ist, wird er heute als natürlicher Alterungsprozess angesehen.
Durch DNA-Analysen konnte festgestellt werden, dass in Familien, die sich über Generationen durch ungewöhnliche Langlebigkeit auszeichnen (etwa die schwedische Königsdynastie der Bernadottes), die Telomere der Chromosomen besonders lang sind.
Klont man nun ein Lebewesen aus dem Erbmaterial eines erwachsenen Tieres, so sind die Telomere der Chromosomen entsprechend dem Lebensalter des Tieres bereits verkürzt. Dies bedeutet, dass der Klon bereits mit dem biologischen Alter des Spenders auf die Welt kommt.

Die Nachricht vom ersten Klonbaby der Welt überraschte uns alle zu Weihnachten 2002. Noch überraschender war es sicherlich für viele Menschen, dass diese Meldung nicht von einem offiziellen Krankenhaus oder Forschungsinstitut kam, sondern von einer dubiosen UFO-Sekte – den Raëlianern.

Inzwischen gibt es angeblich schon mehrere dieser Klonkinder, die unseren schönen Planeten bevölkern. Und um die Spannung noch weiter zu steigern – bei keinem von ihnen wurde durch eine ordnungsgemäße DNA-Analyse jemals nachgewiesen, dass sie wirklich geklont sind. Die Wissenschaft bezweifelt, dass diese Klone überhaupt existieren.
Was ist eigentlich Klonen?
Der grundsätzliche Vorgang des Klonens ist relativ einfach. Man entnimmt einer Zelle eines Spender-Lebewesens, das man reproduzieren will – egal ob Mensch oder Tier –, den Zellkern mit der DNA. Als nächstes braucht man von der gleichen Art eine entkernte Eizelle. In diese wird der Zellkern des Spenders implantiert und die so entstandene neue Zelle durch einen elektrischen Impuls zur Teilung angeregt. Wenn das gelingt, entsteht schon bald ein Embryo, der dann einer Leihmutter zum Austragen in die Gebärmutter eingepflanzt werden kann.
Damit steht das Klonen im krassen Gegensatz zum natürlichen Vorgang der Fortpflanzung. Eine normale Eizelle enthält in ihrem Kern nur einen halben Chromosomensatz, also nur eine halbe DNA. Bei der sexuellen Vereinigung dringt eine Samenzelle in diese Eizelle ein, die ebenfalls einen halben Chromosomensatz enthält. Das daraus entstehende neue und genetisch einmalige Lebewesen hat je zur Hälfte die Erbanlagen von Vater und Mutter. Ein Klon dagegen hat genetisch nur ein Elternteil. Seine Gene entsprechen zu hundert Prozent denen des Spenders.
Wenn das Klonen aber „so einfach" ist, wo liegt dann das Problem? Der Normalbürger wehrt sich vehement dagegen, dass Menschen geklont werden. Und diejenigen, die es wirklich können, versuchen alles, um die Sache zu verschleiern.
In dieser Situation bot sich eine optimale Lösung an: Man schob die Verantwortung auf „unsere lieben Freunde, die Außerirdischen".

Wonach Einstein noch fragen würde...

Weshalb bestreitet die offizielle Wissenschaft so vehement, dass die Raëlianer Menschen geklont haben könnten?

Im April 2003 überraschte der amerikanische Biologe *Gerald Schatten* die wissenschaftliche Gemeinde mit einer Publikation, wonach die bekannte „Dolly“-Methode nicht zum Klonen von Primaten (Affen und Menschen) geeignet sei. Sind Menschen also doch etwas Besonderes?[29]
Bei zahlreichen Versuchen, Affen zu klonen, hatte Schatten festgestellt, dass sich die geklonten Zellen zwar einige Male teilten, dass daraus jedoch niemals vollständige Organismen wurden. Es entwickelten sich Embryos, die nach Schattens Aussage eine *„gallery of horror“* darstellten.
Der Grund hierfür liegt im Aufbau des *Spindelapparats* in den Zellen von Primaten. Dabei handelt es sich um fadenförmige Strukturen aus Mikrotubuli, die sich kurz vor der Zellteilung formieren. Die Chromosomen sammeln sich an beiden Polen dieses Spindelapparates, so dass gewährleistet ist, dass die beiden Tochterzellen den gleichen Chromosomensatz erhalten. Bei Primaten nun sitzen in den Eizellen wichtige Teile des Spindelapparates in der Nähe der Chromosomen, die aber beim Entkernen der Zelle entfernt werden. Der Spindelapparat selbst wird dadurch beschädigt.
Das bedeutet allerdings nicht, dass das Klonen von Menschen grundsätzlich unmöglich wäre. Gerald Schatten selbst hat inzwischen erfolgreich Rhesusaffen geklont, allerdings mit einer neuen Methode, dem sogenannten „*Twinning*“. Dabei wird zuerst durch normale Befruchtung ein vollständiger Embryo erzeugt und anschließend geteilt, so wie es auch in der Natur bei der Entstehung eineiiger Zwillinge geschieht. Auf diese Weise wird nicht nur das „Primaten-Problem“ umgangen, sondern der entstehende Klon ist auch nicht von Geburt an biologisch gealtert.
Allerdings lassen sich auf diese Weise natürlich keine Klone von erwachsenen Lebewesen herstellen.
Ob jedoch die Behauptung der Raëlianer auf Wahrheit beruht oder nicht, könnte natürlich erst festgestellt werden, nachdem diese ihr verwendetes Klonverfahren offengelegt hätten.

Hinter Raël, dem Sektengründer, verbirgt sich der ehemalige französische Sportreporter *Claude Vorilhon.* Er behauptet, 1973 während einer Wanderung Aliens begegnet zu sein, die ihm angeblich Wissen über die Erschaffung des Menschen durch außerirdische Wissenschaftler vermittelt hätten. Die Lehren Raëls sind eine abstruse Mischung aus banalen und primitiv-esoterischen „Liebet Euch und bewahret die Erde“-Botschaften, Forderungen nach dem Einsetzen einer globalen Weltregierung und knallhart-materialistischen Thesen wie „Es ist Zeit, Gott durch die Wissenschaft zu ersetzen“ oder „Es gibt keine Seele, nur ein großartiges genetisches Programm ... vergleichbar zu Computerbefehlen“. Ungeachtet seiner ausgeprägt atheistischen Lehre bezeichnet sich Raël selbst in einem Interview des „Spiegel“ als „Bruder von Jesus“.
Nichtsdestoweniger hat seine Sekte bis heute enormen Zulauf und verfügt über gigantische finanzielle Mittel. Dies erlaubte es den Raëlianern, ihrem eigentlichen Ziel nachzueifern, nämlich durch das erfolgreiche Klonen von Menschen selbst zu Schöpfern zu werden, nach dem Vorbild ihrer angeblichen außerirdischen Lehrmeister. Sie gründeten zu diesem Zweck die Firma Clonaid mit Sitz auf den Bahamas, und es gelang ihnen, einige hochkarätige Wissenschaftler anzuheuern, die bereit waren, nicht nur für Clonaid zu arbeiten, sondern sich auch das Gedankengut der Sekte zu eigen zu machen. Allen voran die Leiterin des Klonprojekts, die französische Biochemikerin *Dr. Brigitte Boisselier.*
Es ist nicht einfach, ein Interview mit Frau Boisselier zu bekommen, und selbst, wenn man ihr schon gegenübersitzt, redet sie leidenschaftlich darüber, wie sehr sie Frankreich hasst, und tut alles, um vom Thema Klonen abzulenken. Keine konkreten Informationen, keine Zahlen, keine Daten. Immerhin ließ sie sich die Bestätigung entlocken, dass dem er-

sten Klonbaby eine Unzahl von „Fehlversuchen" vorangingen. Und ihre Meinung über die Kinder?

„Die Kinder sind schon instrumentalisiert. Sie sind Werkzeuge. Wenn ich über die Verteidigung der Menschenwürde höre, ist mir zum Lachen. Man gibt Milliarden aus, um Bomben zu produzieren, aber über uns sagt man, wir seien Ungeheuer. Das ist Nonsens."[30]

Für uns war die Meldung über das erste Klonbaby von der UFO-Sekte übrigens alles andere als eine Überraschung. Bereits im Jahre 1997 hatten wir in einem Artikel in unserem Magazin „KonteXt" angekündigt, dass vermutlich die Raëlianer eines Tages mit dem ersten Klonbaby auf den Markt kommen würden[31]. Es war gerade die Zeit, als sich alle Welt noch über das soeben geborene erste Klonschaf „Dolly" erregte und dabei übersah, dass Raëls Organisation fast gleichzeitig die Firma Clonaid gründete, die noch viel weiterreichende Ziele hatte.

Warum aber eignet sich ausgerechnet eine UFO-Sekte so ideal dazu, um uns das Klonen aufzuzwingen?

1. Die ganze UFO-Thematik bewegt sich bis heute im Bereich des Unerklärlichen, und so verbleibt auch das angeblich von den Aliens übermittelte Wissen in einer Grauzone. Daher wundert sich im Endeffekt auch niemand darüber, wenn keine konkreten Beweise (z. B. DNA-Analysen) erbracht werden.
2. Im Gegensatz zu staatlichen oder offiziellen wissenschaftlichen Stellen kann natürlich eine UFO-Sekte leichter bestehende Gesetze umgehen, ohne dass die Bevölkerung deswegen auf die Barrikaden gehen würde.
3. Viele Leute werden auf diese Weise die ganze Sache nicht ernst nehmen, so dass sie im Verborgenen um so besser weiter blühen kann. Wenn es schließlich „keine UFOs gibt", wie können dann die Idioten, die an so etwas

glauben, zu wissenschaftlich anspruchsvollen Techniken – wie dem Klonen – überhaupt fähig sein.

Und das führt uns zu dem wichtigsten Aspekt:

4. Jemand, der den Vorgang des Klonens *in einem größeren Kontext* sieht, wird dies nicht auf Dauer dazu benutzen, lediglich identische Kopien von Lebewesen herzustellen. Wer braucht schon Herrn Fritz Schulze aus Bielefeld in hundertfacher Ausfertigung. Das Klonen ermöglicht jedoch auch mit geeigneter Technologie die Erzeugung von Hybridwesen, also völlig neuen Lebewesen mit veränderter Erbsubstanz, möglicherweise sogar aus irdischen und außerirdischen Genen gemischt.

Obwohl das ganze Klonthema momentan an einer UFO-Sekte aufgehängt ist, sind die wahren Ziele schon präzisiert, und man legt sie sogar ganz offen dar: „Ein Kind zu haben ist zu wichtig, um es dem Zufall (der herkömmlichen sexuellen Fortpflanzung, Anm. d. Autoren) zu überlassen" (O-Ton Raël). Und weiter heißt es: „Die Ziele sind ... eine Gesellschaft zu katalysieren, die an die Zukunft angepasst ist."
Diese Sätze lassen eigentlich an Deutlichkeit nichts zu wünschen übrig. Es kann nicht nur um die Reproduktion von etwas Bestehendem gehen, sondern die Menschen sollen dabei gleichzeitig genetisch „aufgebessert" werden. Dies ist natürlich durch normales Klonen nicht zu erreichen, sondern nur durch genetische Manipulationen, die ihrerseits gar kein Klonen benötigen. Die Verknüpfung beider Methoden könnte höchstens darauf hinweisen, dass sich die erwünschten Merkmale bei der herkömmlichen geschlechtlichen Befruchtung nicht sicher genug weitervererben.
Es wird oft über mögliche „Segnungen" der Gentechnologie gesprochen im Hinblick auf die Ausrottung von Krankhei-

ten. Die genetische „Verbesserung“ des Menschen dürfte aber ganz andere Ziele haben – z. B. die Züchtung von „Supersoldaten“ (vgl. Kapitel VI), vielleicht auch von „Super-Arbeitern“? Diese Entwicklung ist sehr gefährlich, denn sie kann auch zu einer neuen Form der Diskriminierung führen, dem *Genoismus*. Um eine Arbeit zu erhalten, wird möglicherweise nicht mehr der Intelligenzquotient entscheidend sein, sondern der „genetische Quotient“. Firmen könnten so z. B. Menschen aus dem Arbeitsprozess ausschließen, obwohl sie vollkommen gesund sind, nur weil sie eine genetische Veranlagung zu bestimmten Krankheiten in sich tragen. Der wahre Lebenslauf eines Menschen wird sich in seinen Zellen befinden.

In diesem Zusammenhang warnen Zukunftsforscher oft vor der Heranzüchtung einer „genetischen Elite“. Man sollte sich aber auch vor Augen halten, dass es sich dabei allerhöchstens um „Elite-Arbeiter“ handeln dürfte. Die wahre Elite, die das Sagen hat, wird zwar von den Fortschritten der Medizin ebenfalls profitieren wollen, sich aber wohl kaum zu „Menschen nach Maß“ von der Stange machen lassen.

Aus der Weigerung der Raëlianer, von den Klonbabys DNA-Analysen anzufertigen bzw. offenzulegen, schloss die Öffentlichkeit zumeist, dass das ganze Klonen nur ein Schwindel gewesen sei. Vielleicht gibt es aber ganz andere Gründe – darf niemand die DNA dieser Kinder sehen?

Es gab nämlich im Jahr 2002 noch zwei andere spektakuläre Fälle, in denen der Öffentlichkeit eine genetische Untersuchung verweigert wurde.

Am 1. Oktober 2002 fand ein kleiner Junge mit Namen *Julio Carreño* in der Nähe der südchilenischen Stadt Concepción etwas, was wie ein Fetus eines humanoiden Wesens aussah. Es war etwa 7,2 cm groß, hatte einen relativ großen Kopf, zwei Arme mit langen Fingern und zwei Beine (s. Abbildungsteil, Bild 20 und 21).

Der Junge hob das Wesen auf und wickelte es vorsichtig in ein Blatt Papier ein. Die Familie behauptet, es sei noch mindestens acht Tage am Leben gewesen und hätte während dieser Zeit mehrmals die Augen geöffnet.
Sowohl Wissenschaftler als auch Journalisten schalteten sich bald in den Fall ein, und das seltsame Wesen erhielt schnell einen Namen: „TOY“.
Die Wissenschaftler kamen allerdings zu sehr unterschiedlichen Schlussfolgerungen.
Dr. Arturo Mann von der Universität Santo Tomas zum Beispiel behauptete, es handele sich lediglich um eine in Chile recht häufig vorkommende Opossum-Art, das Maus-Opossum (Dromiciops Gliroides, s. Abbildungsteil, Bild 22).
Dieser Deutung widersprachen jedoch andere Wissenschaftler auf das Heftigste, darunter der Arzt und Psychiater *Dr. Mario Dussuel,* sowie drei Veterinärmediziner, die in einer Sendung der chilenischen Fernsehserie „Ley de la Selva“ auftraten. Einer von ihnen war auf die chilenische Fauna spezialisiert. Sie führten an, dass weder die Kopfform, noch die Gliedmaßen mit den normalen Körperformen eines Maus-Opossums übereinstimmten. Auch die Form der Zähne war anders. Außerdem haben Opossums lange Schwänze, bei dem gefundenen Wesen jedoch war weder ein Schwanz vorhanden noch erkennbar, dass er früher vorhanden gewesen sein könnte.
Ferner spricht gegen die „Opossum-Hypothese“, dass der Körper keine Spuren von Behaarung zeigte. Die einzigen Haare, die man finden konnte, waren die Augenbrauen.
Der Vergleich von Bild 21 und 22 (s. Abbildungsteil) bestätigt die Deutung des Veterinärs. Es ist bei bestem Willen keine Ähnlichkeit zwischen dem Wesen und einem Opossum erkennbar. Die Aussage von Dr. Mann ist also als nicht sonderlich glaubwürdig zu beurteilen.
Dr. Dussuel sagte in einer ersten vorläufigen Expertise: „Es ist sehr seltsam, sehr klein, sehr leicht, aber was meine Auf-

merksamkeit erregte, waren die schrägen Schlitzaugen. Abgesehen von seiner ungewöhnlichen physischen Erscheinung – was dieses Wesen von allen Tierarten der Gegend unterscheidet, sind die Länge seiner Finger sowie der dünne Hals."

Dr. Dussuel bekräftigte, dass er ein endgültiges Urteil nicht abgeben könne, bevor nicht eine DNA-Analyse angefertigt worden sei. Er hoffte, dies würde schon bald in die Wege geleitet werden.

Doch es kam anders. Während unserer Recherchen standen wir in Kontakt mit *Dr. Virgilio Sanchez-Ocejo* vom UFO-Center in Miami, Florida. Mitte November 2002 leitete Dr. Sanchez-Ocejo folgende offizielle Stellungnahme des Präsidenten der CIO (Corporación para la Investigación OVNI), *Enrique Sepulveda Sariego*, an uns weiter:[32]

„Santiago, 8. November 2002. ... Am 5. November 2002, während eines Treffens der Direktoren, wurde eine einstimmige Entscheidung getroffen, sich von der Untersuchung des „TOY"-Falls zurückzuziehen, eines Phänomens, das durch die Nachrichtenmedien bereits breit abgehandelt wurde. Die Entscheidung basiert fundamental auf dem Druck, der auf die Familienmitglieder und kürzlich sogar auf unseren eigenen Direktor ausgeübt worden ist. Unter den gegebenen widrigen Umständen kann die notwendige Untersuchung dieses Falles nicht fortgeführt werden. ...

Wir entschuldigen uns bei allen, die diesen Fall verfolgt haben und uns ihr Vertrauen geschenkt haben, in der Hoffnung, über die endgültigen Resultate zu hören. Wir hoffen, dass Sie die Gründe für unsere Entscheidung verstehen.

Enrique Sepulveda Sariego
Präsident
CIO Chile"

Ein ähnlich gelagerter Fall ist aus Russland bekannt geworden. Die Bäuerin *Tamara Prosfirina* fand ein solches Wesen in der Nähe ihres Bauernhofes bei Tscheljabinsk und bewahrte es ebenfalls eine Zeitlang bei sich zu Hause auf. *Wladimir Bentlin*, Hauptmann der Ermittlungsbehörden, stufte die Untersuchung als „Fall ohne Nummer" ein. Auch dieses Wesen wies eine ganze Reihe von Merkmalen in Schädelbau und Körperform auf, die eindeutig an das „TOY" aus Chile erinnerten.

In diesem Fall allerdings verschwand das Wesen eines Tages spurlos, aber es ist eine Videoaufnahme von ihm als Beweis geblieben. Seitdem herrscht über den Fall strenges Stillschweigen, es gibt keine neuen Erkenntnisse, nur Publikationen, die sich auf die ersten Berichte beziehen.

Im tiefsten Innern Russlands scheint sich übrigens trotz „demokratischer Wende" gegenüber den Zeiten des „Archipel Gulag" nicht allzu viel geändert zu haben. Jedenfalls wurde später bekannt, Tamara Prosfirina sei in eine psychiatrische Klinik eingewiesen worden (obwohl es schließlich für das Wesen, das sie gefunden hatte, einen Videobeweis gibt) und später dort unter „seltsamen Umständen" verstorben, wie die Moskauer „Prawda" zu berichten wusste.[33]

Die Leiterin des Anthropologischen Instituts von Jekaterinburg, *Tatjana Balujewa*, konstatierte auf der Basis der Videobeweise, es könne sich um ein menschenähnliches Wesen, möglicherweise ein Kind (bzw. den Fetus eines Kindes) mit schweren genetischen Mutationen gehandelt haben (sic!). Gott sei Dank gibt es ja in Russland keine Opossums! Was aber verursachte diese Mutationen, wenn für die Geheimhaltung sogar ein Mensch sterben musste?

Auf jeden Fall wurde natürlich in beiden genannten Fällen dafür gesorgt, dass die Öffentlichkeit nie etwas Genaueres über die DNA-Analysen der Wesen erfahren würde, und das führt uns wieder zurück zu „Eve". Es gibt Behauptungen, dass

an mehreren Stellen der Erde, unter anderem gerade auch in Lateinamerika und Russland, an geheimen Klonexperimenten gearbeitet wird. Gehörten „TOY“ und sein russischer Gegenpart etwa zu den „Fehlversuchen“, die dann diskret im Gebüsch entsorgt wurden? Entstammten sie der *„gallery of horror“,* die *Gerald Schatten* beschrieb (vgl. S. 91)?
Sektenführer Raël betont immer wieder ausdrücklich, seine Organisation sei in der Zukunft ausschließlich am „Klonen der Götter“ interessiert, um auf diese Weise Unsterblichkeit zu erreichen. Beim herkömmlichen Klonen entsteht zwar eine identische Kopie des Spenders, doch es ist ein neuer Mensch mit eigenem Bewusstsein, so wie ein eineiiger Zwilling.
Die „Götter“ dagegen klonen angeblich anders. Sie bedienen sich einer Technik, die Raël AGP nennt („Accelerated Growth Process“ = „Beschleunigter Wachstumsprozess“). Damit soll es möglich sein, innerhalb weniger Stunden aus einer einzigen geklonten Zelle den Körper eines erwachsenen Menschen zu züchten. Raël behauptet nun, mit Hilfe der Technik der „Götter“ könne man Persönlichkeit und Erinnerungen des Spenders auf diesen neuen Körper übertragen, so dass der Spender „in diesem Körper erwache“. Diese Prozedur könne man beliebig oft wiederholen, so dass der Mensch in einem immer gleich aussehenden Körper prinzipiell ewig leben könnte.
Klingt abenteuerlich, nicht wahr? Aber hier muss man differenzieren. Ob das Züchten eines Körpers in ein paar Stunden eines Tages möglich sein wird, steht in den Sternen. Durch normale biologische Wachstumsprozesse klappt das mit Sicherheit nicht. Wenn es also überhaupt möglich sein sollte, dann allenfalls durch direkte Manipulationen an der Matrix.
Die Erinnerungsübertragung dagegen erscheint weit weniger utopisch. Erfahrungen und Emotionen lassen sich nämlich heute schon mit Hilfe geeigneter elektromagnetischer Frequenzen künstlich reproduzieren, wie wir bereits in unserem

Buch „Zaubergesang“ geschrieben haben.[34] Es ist sogar schon gelungen, einige menschliche Gefühle exakten Frequenzen zuzuordnen, so z. B. Gefühle der Liebe bei 348 und 698 Hertz, panische Angst hingegen bei 523 Hertz.[35]
Die Übertragung solcher Informationen auf die menschliche DNA wiederum ist auch schon kein Geheimnis mehr. Russische Forscher haben herausgefunden, dass die DNA als elektromagnetische Antenne fungiert und Informationsmuster aufnehmen und speichern kann. Dies führt zum neuen Wissensgebiet der Wellengenetik und Hyperkommunikation, das wir in unserem Buch „Vernetzte Intelligenz“[36] erstmals der Öffentlichkeit vorgestellt haben. Hierin könnte eines Tages auch der Schlüssel zur „Gentechnik der Götter“ liegen.
Und wo bleibt die Seele? Und was geschieht mit dem Geist? Das weiß niemand, auch Raël nicht. Wissen es wenigstens die, deren Marionette er ist? Daran sind erhebliche Zweifel erlaubt.
Es muss klar sein, dass das gezielte künstliche Erzeugen, bzw. Übertragen von Erinnerungen und Gefühlen eines Menschen auf einen neu geschaffenen Körper, auch ein erheblicher Eingriff in die Matrix wäre, und zwar nicht nur, was die individuelle Wahrnehmung dieses Menschen betrifft, sondern auch, wie dieser Mensch in Zukunft vom Rest der Menschheit wahrgenommen wird. Es könnte im Extremfall sogar zu einer Destabilisierung der Realität kommen.
Man darf nicht vergessen – falls diese Bewusstseinsübertragung wirklich eines Tages funktionieren sollte, ist es nicht zwingend, dass der neue Körper, der das Bewusstsein empfängt, eine identische Kopie des alten sein muss. Genauso gut könnte sich mit einer solchen Technologie auch ein steckbrieflich gesuchter Gangsterboss oder ein gestürzter Diktator mit seinem vollen Bewusstsein in einem neuen Körper verstecken, in dem ihn kein Mensch mehr wiedererkennen würde.

Ein solcher Prozess der Bewusstseinsübertragung würde auf jeden Fall eine vollkommen neue Art von Technologie erfordern, von der wir im Moment noch keine Vorstellung haben. Selbst die neuesten Erkenntnisse über Quantenchips werden dafür nicht ausreichen. Die Bewusstseinsübertragung kann vermutlich nur durch direkte Manipulationen an der Matrix erfolgen.

Und jetzt müssen wir uns erinnern, was passiert, wenn „sie" (wer immer das ist) etwas an der Matrix ändern. Trinity erklärte es Neo im Matrix-Film: Es kann zum Beispiel dazu führen, dass plötzlich eine schwarze Katze über den Korridor läuft, die das gleiche eben schon einmal getan hat. Kurz gesagt: Derartige Manipulationen sind eine fast endlose Quelle für Fehler in der Matrix.

Auch wenn diese Technologie im Moment noch futuristisch anmutet, sollten wir uns dagegen schon rechtzeitig wappnen, denn dass die Bewusstseinsübertragung eines Tages kommen wird, davon kann man getrost ausgehen. Es ist sogar anzunehmen, dass auch offizielle Wissenschaftler längst auf diesen Gedanken gekommen sind. Die UFO-Sekte ist da, wie schon erwähnt, allem Anschein nach nur vorgeschoben, weil das ganze Thema heute für das Bewusstsein des Normalbürgers noch so bizarr klingt. Ohne Bewusstseinsübertragung hätten die ganzen Bemühungen im Hinblick auf das reproduktive Klonen von Menschen nur wenig Sinn.

Abgesehen von dieser – heute noch fiktiven – Möglichkeit, einem menschlichen Bewusstsein einen neuen Körper zur Verfügung zu stellen, gibt es eigentlich nur eine weitere denkbare Anwendung des reproduktiven Klonens von Menschen, wenn die Konsequenzen auch nicht minder erschreckend sind: Man könnte daran arbeiten (und tut es im Grunde heute schon), gezielt Menschen mit ganz bestimmten Eigenschaften zu züchten. Das Stichwort heißt hier „Supersoldaten", und es gibt beispielsweise beim Pentagon in den USA bereits Forschungsprojekte, die auf dieses Ziel hinarbeiten. Die Erschaffung von Supersoldaten kann allerdings nicht allein durch Klonen erfolgen – schließlich kann man nur etwas klonen, was in dieser Form schon existiert. In diese Projekte spielen daher entscheidend auch elektromagnetische Bewusstseinskontrolle und Nanotechnologie hinein. Daher wollen wir auf dieses Thema etwas später ausführlicher eingehen.

Zurück zu der UFO-Sekte. Hier scheint es übrigens mit dem Wissen über das Klonen nicht allzu weit her zu sein. Es ist in der Öffentlichkeit kaum bekannt, dass für das Austragen der Klonkinder eine ganze Armada von weiblichen Sektenmitgliedern rekrutiert wurde, die sich wie folgsame Lämmer angeblich freiwillig zur Verfügung gestellt haben. Einige von ihnen äußerten sich folgendermaßen:[37]

Anouchka Bibens-Laulon, 25 Jahre alte Französin, perfektes Aussehen, halb Barbie-Puppe, halb Ophelia:

„Ich bin Kandidatin als Leihmutter, weil ich meinen Beitrag zur Wissenschaft leisten will."

Ob sie weiß, wie die Zellteilung beim Klonen stimuliert wird?

„Ihr könnt Dr. Boisselier fragen. Nein, genau weiß ich es nicht."

Ob man ihr erklärt hat, was Klonen überhaupt ist?

„Fragt Brigitte Boisselier. Klonen? Ich weiß es nicht genau. Ich habe darüber in Zeitungen gelesen."

Marina Cocolios, Tochter von Brigitte Boisselier:

„Ich habe einen Vertrag unterschrieben. Das ist vertraulich. Ich bekomme kein Geld für das, was ich tue. Aber Clonaid wird die ganze Zeit für meinen Lebensunterhalt sorgen. Ich warte darauf mit Ungeduld. Ich bin auf meine Mutter sehr stolz. Sie ist ein Pionier. Sie kämpft um die Freiheit."

Die Leihmütter arbeiten also gratis. Ein prima Geschäft. Clonaid berechnet seinen Auftraggebern pro Klonkind zur Zeit 200,000 Dollar!

V

Dr. med. DNA

Bizarre Wege der Medizin

Während eines Kolloquiums, das wir vor einiger Zeit in Berlin abhielten, fiel uns unter den Zuhörern eine junge Frau, Patricia B., auf. Sie hatte um ihren rechten Unterarm einen dicken Verband.
Auf unsere Nachfrage erklärte sie uns, dass sie eine langwierige und schmerzhafte Sehnenscheidenentzündung habe, und sie fragte sogar, ob wir ihr helfen könnten, da alle ärztlichen Behandlungen bislang nichts gebracht hatten.
Nun hatten wir eigentlich für therapeutische Zwecke an diesem Tage nichts bei uns, und doch kannten wir eine Möglichkeit, der Frau zumindest erste Hilfe zu leisten.
Und wie? Kein Problem – durch einen Fehler in der Matrix!
Wir haben nämlich ganz einfach ihren Arm angerufen.
Ja, Sie haben richtig gelesen, und zwar sogar mit einem Handy!
Da Patricias Arm natürlich keine Telefonnummer hatte, mussten wir zunächst eine Gesprächsverbindung irgendwohin aufbauen. Unser eigener Anrufbeantworter im Büro war dazu wie geschaffen. Sobald die Verbindung stand, richtete Franz die Antenne des Handys auf Patricias Unterarm und sprach gleichzeitig ins Handy einige heilende Affirmationen: „Dein Arm ist wieder vollkommen in Ordnung. In jeder Zelle Deines Armes sorgt Deine Erbsubstanz, die DNA, dafür, dass alles wieder normal und gesund funktioniert. ...“

Die ganze Prozedur dauerte nur einige Minuten. Patricia berichtete, dass sie während dieser Zeit ein Kribbeln und ein starkes Wärmegefühl in dem kranken Unterarm spürte.
Schon nach diesen wenigen Minuten registrierte sie eine deutliche Besserung der Beschwerden.
Als wir uns eine Woche später erneut mit der Gruppe trafen, sahen wir, dass Patricia diesmal ohne Verband gekommen war. Auf unsere Nachfrage, wie es ihr gehe, ergab sich, dass sie die Sache mit der Sehnenscheidenentzündung schon fast vergessen hatte. Die Schmerzen waren nicht mehr wiedergekommen.
Die übrigen Teilnehmer des Kolloquiums lauschten diesem eigentlich sehr persönlichen Gespräch wie gebannt, und schon bald stellten wir fest, dass, wer immer aus der Gruppe ein Handy besaß, es an diesem Tag mitgebracht hatte. Man bat uns natürlich darum, das scheinbare „Wunder“ der Heilung durch das Handy zu erklären.
Selbstverständlich handelte es sich nicht um ein „Wunder“, sondern um einen heutzutage durch und durch erklärbaren Vorgang. Zunächst jedoch demonstrierten wir, dass es sich bei der Sache nicht etwa um einen Zufall gehandelt hatte, und baten die Teilnehmer, die ein Handy hatten, auf ähnliche Weise „ihre DNA anzurufen“ und das Gerät dabei auf irgendeine Körperregion zu richten, in der sie kleinere Beschwerden hatten.
Wenn eine größere Gruppe von Menschen beisammensitzt, so kann man sicher sein, dass immer einige Leute darunter sind, denen irgend etwas weh tut. So auch hier, und die Resultate dieses seltsamen Experiments waren verblüffend. Innerhalb weniger Minuten war eine ältere Dame ihre Kopfschmerzen los, ein Mann das Unwohlsein im Magen, das er nach dem Mittagessen verspürt hatte.
Hier drängen sich unmittelbar zwei Fragen auf. Erstens: Kann man wissenschaftlich erklären, was mit diesen Leuten ge-

schehen ist? Und zweitens: Sind Handys ab jetzt auch Therapiegeräte?
Kommen wir zunächst zur zweiten Frage, und die Antwort lautet: sicher nicht. Es handelte sich hier nur um eine Demonstration. Bestimmt aber wird es in naher Zukunft schon ein kleines, tragbares Gerät geben, das auf ähnlichen Grundlagen basiert, für Therapiezwecke geeignet ist und nicht die schädlichen Nebenwirkungen eines Handys hat.
Und damit kommen wir schon zur ersten Frage.
Die Grundlagen zur Beantwortung dieser Frage liefert uns das neue Forschungsgebiet der *Wellengenetik*.
Der deutsche Biophysiker *Fritz-Albert Popp* hat herausgefunden, dass das DNA-Molekül ein schwingungsfähiges System – ein sogenannter harmonischer Oszillator – ist und dass seine Resonanzfrequenz etwa 150 Megahertz beträgt.[38]
Die meisten heutigen Handynetze senden nun aber in Frequenzbereichen, die harmonischen Oberwellen von 150 Megahertz entsprechen. Das bedeutet: Die elektromagnetischen Wellen, die über die Antenne das Handy verlassen, versetzen unser Erbmolekül, das wir in jeder Zelle tragen, in Schwingung!
Aufgrund neuerer russischer Forschungsergebnisse von *Pjotr Garjajev*[39] und seinem Team ist die DNA nicht nur Sender und Empfänger elektromagnetischer Strahlung (als Energie), sondern nimmt auch die in der Strahlung enthaltene Information auf und interpretiert sie weiter. Die DNA ist also ein höchst komplexer interaktiver Biochip auf Lichtbasis, der noch dazu in der Lage ist, die menschliche Sprache zu verstehen.
Das heißt im Klartext: Mit Hilfe der Wellengenetik kann man genetische Veränderungen ohne die bekannten Gefahren der konventionellen Gentechnik durchführen.
Das kann z. B. bedeuten: Genetische Defekte zu reparieren, Krebszellen zur Selbstheilung anzuregen etc. Das „Heilmittel“ ist in diesem Fall kein Medikament, sondern eine *Infor-*

mation, und um die notwendige Heilinformation zu erhalten, muss man nicht einmal in langjähriger Arbeit den genetischen Code entziffern, sondern kann sich einfach normaler Sätze der menschlichen Sprache bedienen.

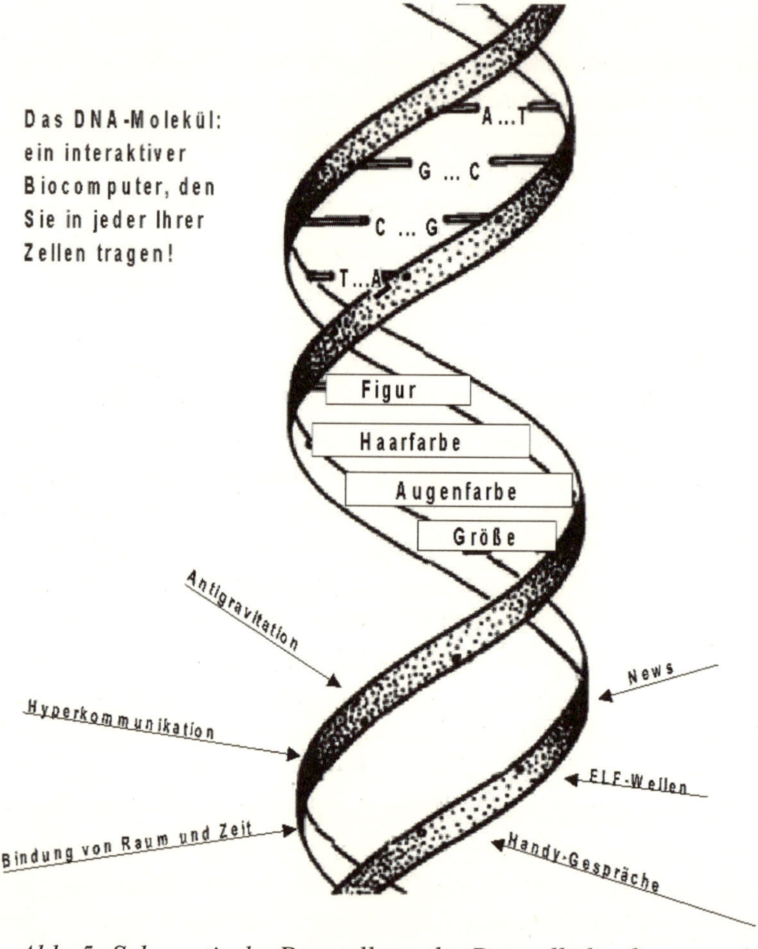

Abb. 5: Schematische Darstellung der Doppelhelix der menschlichen DNA

Ausführlichere Informationen zum Thema Wellengenetik finden Sie in unserem Buch „Vernetzte Intelligenz“.
Unsere DNA ist darüber hinaus in der Lage zu kommunizieren, und zwar mit der DNA anderer Menschen, oder allgemeiner anderer Lebewesen. Diese Kommunikation erfolgt außerhalb von Raum und Zeit über den Hyperraum und wird daher auch als *Hyperkommunikation* bezeichnet. Die DNA kommuniziert also nicht direkt innerhalb von Raum und Zeit, sondern über den Hyperraum, mit Hilfe von Wurmlöchern, die direkt am DNA-Molekül andocken.
Die Informationsmuster, die die DNA auf diese Weise empfängt, werden in einer speziellen Lichtwelle, der sogenannten Solitonwelle, gespeichert. Sie fungiert als Trägerwelle der DNA.
Das Überraschendste an der Hyperkommunikation ist, dass sie ganz offenbar weder irgendwelchen Beschränkungen unterliegt, noch einem bestimmten, festgelegten Zweck dient. Sie stellt vielmehr eine Schnittstelle zu einem offenen Netzwerk dar.
Genau wie beim Internet kann die DNA

- eigene Daten in dieses Netzwerk einspeisen
- Daten aus diesem Netzwerk abrufen und
- einen direkten Kontakt zu anderen Teilnehmern des Netzwerks aufnehmen.[40]

Hyperkommunikation spielt auch eine entscheidende Rolle bei veränderten Bewusstseinszuständen wie Hypnose, Trance, Remote Viewing und Klarträumen. Sie erlaubt Menschen, die sich mit derartigen Bewusstseinstechniken beschäftigen, den Zugang zu teilweise auch unkonventionellen Informationen.
Da die Hyperkommunikation den Hyperraum als Übertragungsweg benutzt, erlaubt sie sogar einen direkten Zugriff auf die Matrix.

Damit haben wir einen ersten Anhaltspunkt, dass der Mensch nicht nur ein Spielball der Matrix ist, sondern prinzipiell auch selbst Einfluss auf sie nehmen kann. Dies geschieht allerdings auf einer sehr tiefen unbewussten Ebene, auf der unsere DNA kommuniziert.

Ein durchschnittlicher Mensch auf unserer heutigen Entwicklungsstufe kann also keineswegs erwarten, dass er mit Hilfe seines bewussten Willens die Matrix beeinflussen kann.

Erinnern wir uns an die Szene im Film „Matrix", als Morpheus dem gerade wiedererweckten Neo beibringen will, wie man sich in der Matrix als „Wissender" bewegt. Er unterrichtet ihn in geradezu halsbrecherischen Bewegungen und Manövern, z. B. in fernöstlicher Kampfkunst, die allen Naturgesetzen der Physik zu widersprechen scheinen – es handelte sich also um gezielt erzeugte Fehler in der Matrix. Neo ist zunächst nicht in der Lage, dies nachzumachen, doch Morpheus hat für ihn nur eine Bemerkung, die genau den Kern der Sache trifft: „Nicht denken – wissen!"

Kommunikation mit der Matrix, bzw. mentale Manipulation der Matrix, laufen in erster Linie unbewusst ab. Das hängt vor allem damit zusammen, dass über 90% unserer DNA „stumm" sind, wie die Wissenschaftler sagen, d. h. dass weniger als 10% unserer Erbsubstanz zur Bildung aktiver Gene, und damit zum Aufbau unseres Körpers, benötigt werden.

Die „stumme" DNA ist aber nach heutiger Erkenntnis keineswegs stumm oder gar überflüssig, sondern im Gegenteil maßgeblich an der Hyperkommunikation beteiligt. Man vermutet auch, dass in ihr noch unerkannte Entwicklungspotentiale des Menschen schlummern. Ein bewusster Zugriff auf die Matrix, im Zuge der Evolution des Menschen, ist also in fernerer Zukunft nicht auszuschließen.

Es gibt aber auch heute schon Menschen, bei denen zusätzliche Gene aus der normalerweise stummen DNA aktiviert zu sein scheinen, oder bei denen auch die DNA-Lichtwelle (Solitonwelle) stärker ausgeprägt ist. Diese Menschen erleben besonders häufig im Verlaufe ihres Lebens Fehler in der Matrix, bzw. sind besonders dafür empfänglich, sich ihrer bewusst zu werden.

Um dies besser zu verstehen, müssen wir uns noch an einige Einzelheiten über den Aufbau des DNA-Moleküls erinnern.

Dieses Molekül gehört zu den größten, die in der Natur überhaupt vorkommen. Es besteht aus zwei parallelen Strängen aus Phosphat- und Zuckermolekülen, die in regelmäßigen Abständen von etwa drei Hundertmillionstel Zentimetern durch eine Art von Leitersprossen, den sogenannten *Basenpaaren*, miteinander verbunden sind. Insgesamt kann man sich also ein DNA-Molekül wie einen riesigen Reißverschluss vorstellen.

Entscheidend für die Erbinformation sind dabei gerade die Leitersprossen. Sie bestehen – egal um welches Lebewesen es sich handelt, von den Bakterien bis zum Menschen – nur aus insgesamt vier stickstoffhaltigen Chemikalien, sogenannten *Nukleotiden* oder *Basen*. Ihre Namen lauten: *Adenin* (A), *Thymin* (T), *Cytosin* (C) und *Guanin* (G).

Nur Adenin und Thymin, bzw. Cytosin und Guanin, können jeweils miteinander eine solche Brücke bilden, so dass es insgesamt genau vier Möglichkeiten gibt: A-T, T-A, C-G und G-C. Durch die Anordnung und Reihenfolge dieser Basenpaare entlang des DNA-Doppelstrangs ergibt sich ein ganz bestimmter Code, so als würden aus den vier Buchstaben A, T, C und G Worte einer Sprache gebildet. Durch diesen Code werden alle Erbinformationen eines Lebewesens festgelegt.[41]

Im Verlauf unserer langjährigen Forschungen über Hyperkommunikation haben wir auch mit mehreren Menschen in Trance gearbeitet, denen in diesem Zustand das Einschalten der Hyperkommunikation gelungen ist. Auf diese Weise hatten diese Menschen häufig Zugang zu bislang noch unbekanntem Wissen. In mehreren Fällen wiesen diese Personen darauf

hin, dass den vier Basen der DNA (Adenin, Thymin, Guanin, Cytosin) bestimmte „Farben“ zuzuordnen seien. Dies ist zwar momentan noch nicht wissenschaftlich nachvollziehbar, klingt aber durchaus nicht unvernünftig. Es könnte sich dabei um bestimmte Trägerfrequenzen handeln, oder auch ganz einfach um Quanteneigenschaften, wie es etwa bei den kleinsten bekannten Materiebausteinen, den Quarks, der Fall ist, denen die Wissenschaft ebenfalls „Farben“ zuordnet.
Wir haben uns entschieden, jetzt erstmals etwas mehr zu dieser Thematik zu sagen, und zwar aus dem Grund, weil wir bemerkt haben, dass sich in der Wissenschaft in diesem Bereich etwas tut.
In den genannten Hyperkommunikationsaussagen in Hypnose wurden nun ganz konkret den Nukleotiden bestimmte Farben zugeordnet (s. Abbildungsteil, Bild 23):

A – violett, T – blau, C – grün, G – rot.

Diesen Farben entsprechen physikalisch natürlich ganz bestimmte Frequenzen des elektromagnetischen Spektrums, um die es hier in Wahrheit gehen dürfte. Doch die Aussagen gingen noch weiter: Angeblich soll es möglich sein, mit Hilfe einer geeigneten Technologie die Frequenzen der Nukleotide zu beeinflussen. So soll man z. B. durch Vertauschen der Farben Rot und Grün (d. h. Cytosin wird dann Rot zugeordnet und Guanin statt dessen Grün) Erinnerungen im Menschen auslöschen können.
Diese Aussage klingt durchaus nicht unvernünftig, da wir ja inzwischen wissen, dass z. B. Professor Smirnov in Moskau mit Hilfe seines „psychotronischen Frequenzgenerators” ganze Passagen der Lebenserinnerungen eines Menschen mit Hilfe geeigneter Frequenzen auslöschen kann (mehr hierzu in unserem Buch „Zaubergesang”).

Wir staunten auch sehr darüber, dass im Verlauf der Trance-Sitzungen immer wieder ein fünftes Nukleotid erwähnt wurde, das in unserer Natur unbekannt ist, bislang wissenschaftlich nicht nachgewiesen werden konnte und von Personen in Trance mit dem griechischen Buchstaben φ („Phi") bezeichnet wurde. Angeblich soll dieses fünfte Nukleotid mit sich selbst Brücken bilden können, seine Frequenz soll der Farbe Gelb entsprechen (s. Abbildungsteil, Bild 23).

Es hieß, dass es Menschen gibt, die mehr von diesen gelben φ-Nukleotiden in der DNA hätten. Prinzipiell sei es bei allen Menschen vorhanden, aber bei den meisten nicht aktiv. Das φ-Nukleotid sei aber so subtil mit seiner gelben Schwingung, dass unsere derzeitigen Apparaturen es deshalb noch nicht nachweisen könnten. Genauer: Bei den meisten Menschen sei es noch nicht physisch vorhanden, sondern nur als Schwingung. Nur bei einigen wenigen soll es bereits aktiviert sein, d. h. voll materiell und damit auch chemisch aktiv.

Das alles klingt natürlich höchst abenteuerlich, zumal bislang nichts darüber verlautet ist, dass im DNA-Molekül, so wie es unserer Wissenschaft heute bekannt ist, irgendwelche Lücken existieren würden, was auf das Vorhandensein eines noch unentdeckten Basenpaares schließen lassen könnte. Wir vermuteten daher, dass es sich hier vielleicht um eine verzerrte Wiedergabe von Wissen über die solitonische DNA-Lichtwelle handeln könnte. Diese Lichtstrahlung der DNA ist nicht nur Basis der neuen wissenschaftlichen Theorie der „Wellengenetik", sie wurde auch von Menschen in Trance als gelbe bis goldene Strahlung um das DNA-Molekül beschrieben. Da die DNA-Lichtwelle auch den genetischen Code beeinflussen kann, könnte man sie durchaus – etwas vereinfachend – als ein „feinstoffliches Nukleotid" bezeichnen.

Inzwischen kristallisiert sich aber mehr und mehr heraus, dass es sich beim φ-Nukleotid wohl doch noch um etwas anderes handeln muss.

Es ist wirklich interessant, dass die Menschen in ihren Trance-Aussagen so standhaft darauf beharrten, speziell bei ihnen und Personen mit ähnlicher Veranlagung sei diese gelbe Komponente in der DNA besonders stark ausgeprägt, und das schon seit Generationen.
In weiteren Aussagen heißt es, dass auch noch andere Frequenzvertauschungen in der DNA durch geeignete Technologien möglich sein sollen, bei denen die Farbe Grün mit der Farbe Gelb vertauscht würde. Es wurden keine konkreteren Aussagen darüber gemacht, welchem Zweck das dienen soll.
So abenteuerlich diese Aussagen klingen, sie enthalten einen interessanten Aspekt. Transformiert man nämlich die genannten Farbtöne durch Oktavierung in den hörbaren Bereich, so kann man ihnen folgende Töne der Tonleiter zuordnen:

Rot – c, Gelb – e, Grün – f, Blau – g, Violett – h.

Die in unserer heutigen DNA vorhandenen Basenpaare Adenin – Thymin, bzw. Guanin – Cytosin, entsprächen dann den Tonintervallen g-h bzw. c-f. Im ersten Fall wäre dies eine Terz, im zweiten Fall eine Quarte. Unsere heutige DNA enthält nach dieser Lesart also eine Asymmetrie. Die Vertauschung von Gelb und Grün würde aber eine Vertauschung der Töne e und f bedeuten, so dass das zweite Tonintervall auch eine Terz wäre. Dieser Vertauschung entspräche also die Wiederherstellung der Symmetrie in der DNA.
Es gibt Indizien dafür, dass die Symmetrie in der DNA am Anfang der Evolution des Menschen schon existiert hat.
Inzwischen machen sich auch unsere heutigen Wissenschaftler schon auf breiter Front an unserer Erbsubstanz zu schaffen. Dabei geht es nicht nur um das Entschlüsseln der Gene (wie beim Human Genome Project), sondern auch um genetische Manipulationen. Die meisten bis heute vorgenommenen gentechnischen Eingriffe arbeiten natürlich nur

mit dem vorhandenen Material, also den in unserer Natur bekannten vier Nukleotiden. Man setzt einfach der Erbsubstanz einer Tier- oder Pflanzenart ein oder mehrere Gene einer anderen Art künstlich ein und verändert so die Eigenschaften der Art.

Jetzt starten aber auch schon Versuche, körperfremde Materialien in die DNA einzubauen, wenn auch noch auf sehr einfacher (und auch sehr stark materieller) Ebene. Das Stichwort heißt *Nanotechnologie*, also die Erzeugung komplexer technischer Bausteine in molekularen Größenordnungen.

In diesem Zusammenhang berichtete die Fachzeitschrift Nature über Versuche, die von den Wissenschaftlern *Kimberley Hamad-Schifferli*, *John J. Schwartz*, *Aaron T. Santos*, *Shuguang Zhang* und *Joseph M. Jacobson* am *Massachusetts Institute of Technology* durchgeführt worden sind.[42] Dabei ist tatsächlich erstmals so etwas wie ein neues Nukleotid erschaffen und in ein DNA-Molekül eingebaut worden.

Die Wissenschaftler modifizierten eine normale Thymin-Base in Position 5 durch Einbau einer anderen Aminosäure, an die ein Nanokristall aus Gold gekoppelt war. *Durch diese Modifikation waren die Wissenschaftler in der Lage, dieses DNA-Molekül mit Hilfe von Radiofrequenzen anzupeilen und sein Teilungsverhalten und seine Reproduktion fernzusteuern*, und zwar ohne ansonsten irgendwelche Schäden an dem Molekül zu verursachen.

Wie man sieht, ist dies tatsächlich ein erster Schritt zur Erzeugung neuer Nukleotide, und auch der Verwendungszweck wird bereits deutlich – die Möglichkeit äußerer Einflussnahme auf den Körper, der aus dieser modifizierten Erbsubstanz aufgebaut ist.

Wie aus einzelnen Hyperkommunikationsaussagen hervorgeht, soll das angebliche φ-Nukleotid am Anfang der menschlichen Evolution ganz ähnlichen Zwecken gedient haben. Es

sei nur bei den meisten von uns im Verlauf der Evolution deaktiviert worden.
Wissenschaftler versuchen heute, Mechanismen zu entwickeln, um unsere Erbsubstanz anpeilen und fernsteuern zu können. Dabei reproduzieren sie offenbar nur etwas, was wir seit Urzeiten – offiziell noch unentdeckt – bereits in uns tragen.
Wenn also diese Informationen über das hypothetische φ-Nukleotid einen wahren Kern haben sollten, so wie es heute scheint, werfen sie interessante Fragen auf: Wer oder was steuerte uns Menschen in der Vergangenheit über dieses Nukleotid an? War es eine übergeordnete oder außerirdische Instanz? War es die Matrix selbst, die uns auf diesem Weg besser kontrollieren konnte? Warum ist dieses Nukleotid bei den meisten von uns heute inaktiv geworden? Läuft heute ein Prozess der Selbstkorrektur der Matrix, um einen Fehler zu korrigieren, indem das φ-Nukleotid langsam wieder reaktiviert wird?
Wie wir bereits auf S. 37 schrieben, scheint ein solcher Selbstkorrekturmechanismus der Matrix zu existieren.
Im Januar 2003 feierte die Wissenschaftsgemeinde weltweit den 50. Geburtstag der Entdeckung der DNA durch James Watson und Francis Crick. Nach diesem halben Jahrhundert sehen wir, dass die DNA-Forschung nicht nur eine fast unerschöpfliche Quelle immer neuer Überraschungen ist, sondern auch vollkommen andere Wissensgebiete beeinflussen und sogar ganz neue schaffen kann. Eines davon ist gerade im Entstehen – die Nanotechnologie, bei der es auch zu einer Kopplung zwischen Molekularbiologie und Computertechnik kommt. Dies hat große Auswirkungen auch auf unser Thema – die Matrix, ihre Fehler und die Möglichkeiten technischer Einflussnahme, weshalb wir uns diesen Bereichen jetzt intensiver zuwenden wollen.
Wissen Sie eigentlich, wie viele DNA-Moleküle auf einem Teelöffel Platz finden? Es ist eine unvorstellbar große Zahl, etwa 15.000 Trillionen.

Können Sie sich vorstellen, dass jedes dieser Moleküle ein mikroskopisch kleiner Biocomputer ist, viel leistungsfähiger als der PC, den Sie vielleicht zu Hause unter dem Schreibtisch stehen haben?
Wie würde dann erst die Leistung dieser 15.000 Trillionen PCs auf unserem Teelöffel aussehen, wenn sie sich untereinander vernetzen und miteinander kommunizieren könnten?
Das alles klingt nach futuristischer Technik eines zukünftigen Jahrhunderts und ist doch in jeder Zelle jedes Lebewesens auf unserer Erde seit Jahrmilliarden schon Realität. Neu ist lediglich, dass wir Menschen mit unserer Wissenschaft langsam anfangen, diese Vorgänge zu verstehen.
Nun werden Sie vielleicht einwenden, dass trotzdem noch ein wesentlicher Unterschied zwischen Ihrem PC und dem DNA-Biocomputer besteht. Schließlich ist Ihr PC universell verwendbar, d. h. Sie können auf ihm alle möglichen Programme benutzen, z. B. einen Browser, um im Internet zu surfen, danach vielleicht ein Mail-Programm, um Ihre E-Mail abzurufen, und schließlich ein Schreibprogramm, um einen Brief zu schreiben.
Die DNA hingegen lässt doch nur ein fest vorgegebenes genetisches Programm ablaufen, so komplex es auch sein mag, nicht wahr?
Kurz gesagt – ein Baum kann eben trotz der Trillionen und Abertrillionen von DNA-Computern in seinen Zellen keine E-Mails verschicken.
Noch nicht!
Spaß beiseite. Sicher wird auch in der Zukunft niemand ein Interesse daran haben, einen Baum E-Mails verschicken zu lassen. Doch dass der DNA-Biocomputer, genau wie ein PC, universell programmierbar ist, daran kann kein Zweifel mehr bestehen. Wissenschaftler haben bereits erste Schritte erfolgreich absolviert, um die DNA andere, von Menschen erdachte Programme ablaufen zu lassen.

Dies wird in der Zukunft eine wissenschaftliche Revolution auslösen. Das Stichwort heißt *Nanotechnologie*. Es wird eines Tages möglich sein, die heute noch üblichen Silikon-Mikrochips, die schon jetzt nicht mehr wesentlich verkleinerbar sind, durch Mikrocomputer in der Größe von Atomen oder Molekülen, z. B. auf DNA-Basis, zu ersetzen. Das Ergebnis werden Nanocomputer sein, kleiner und leistungsfähiger als alles, was vorstellbar ist. Wozu werden wir so etwas brauchen? Vor allem in der Medizin. Der Arzt der Zukunft könnte also „Dr. med. DNA" heißen, und er wird überall in unserem Körper als eine Art Gesundheitspolizei unterwegs sein, auf der Suche nach Störungen und Fehlfunktionen, die er dann gleich vor Ort, in der lebenden Zelle, beseitigen kann.
Eine besonders wichtige Rolle wird dabei die „Wellengenetik" spielen. Mit Hilfe elektromagnetischer Frequenzen kann man das auf dem DNA-Doppelstrang gespeicherte genetische Programm verändern, z. B. reparieren, aber auch modifizieren.
Während das Team um Pjotr Garjajev also vorrangig den Bereich der DNA-Software untersucht hat, widmeten sich *Dr. Ehud Shapiro* und sein Forschungsteam am Weizmann Institute of Science in Rehovot, Israel, eher den Fragen nach der zugehörigen Hardware. Ihre Arbeit ist ein weiterer wichtiger Schritt zum Verständnis des DNA-Biocomputers.[43]
Einer der wichtigsten Unterschiede zwischen der DNA und Ihrem PC ist es nämlich, dass der DNA-Biocomputer nicht isoliert funktionieren kann. Die DNA ist genau genommen noch gar kein vollständiger Computer, sondern eher eine Art von Software, die zum Ablaufen erst eine passende „Hardwareumgebung" braucht. Diese findet sie in der lebenden Zelle, in der sich z. B. Enzyme befinden, die als „Hardware" das DNA-Programm ablaufen lassen, indem sie die Erzeugung von Eiweißen in der Zelle steuern. Dadurch wird der lebende Körper aufgebaut, bzw. am Leben erhalten.

Was würde passieren, wenn die DNA in einer Zelle nicht mehr ihr vorinstalliertes, sondern ein anderes Programm ablaufen lassen würde? Nun, die Enzyme der Zelle würden dann eben etwas anderes als gewöhnlich machen. Ob das für den Körper positiv oder negativ wäre, hängt in entscheidender Weise von der Art dieses veränderten Programms ab.
In der Natur existiert so etwas schon lange. Es gibt mikroskopische Gebilde, die nur aus einem DNA-Molekül und einer umgebenden Schutzhülle aus Eiweiß bestehen. Diese Gebilde nennt man *Viren*, und im Grunde kann man sie noch gar nicht als vollständige Lebewesen bezeichnen. Sie sind sozusagen nur „Software im Wartestand", genau wie eine CD-ROM in Ihrem Regal erst einen Computer braucht, in den man sie einschiebt, um das gespeicherte Programm ablaufen zu lassen.
Gleichermaßen braucht ein Virus eine lebende Zelle, in die es eindringt. Dort kann es sich der vorhandenen Enzym-Hardware bedienen, indem es ihr sein eigenes genetisches Programm aufzwingt, im Gegensatz zu dem originalen Programm der zelleigenen DNA. Das Resultat ist in der Regel genau so unangenehm, als wenn Sie sich in Ihrem PC ein Computervirus einfangen: Genau wie ein Computervirus Ihre Dateien zerstört, beschädigt das biologische Virus die befallenen Zellen, so dass Sie z. B. einen Schnupfen bekommen.
Wissenschaftler haben der Natur die Methode der Viren schon längst abgeschaut. Leidet z. B. ein Mensch unter einem genetischen Defekt, so hofft man, im Labor in seiner DNA das defekte Gen durch ein funktionierendes ersetzen und ihm seine eigene DNA hinterher als eine Art „künstliches Virus" wieder einspritzen zu können. Dieses Virus würde sich dann – so die Hoffnung der Forscher – genau wie ein Schnupfenvirus im ganzen Körper verbreiten, in diesem Fall jedoch für etwas Positives sorgen, nämlich die Reparatur des genetischen Defekts. So etwas nennt man Gentherapie, und es ist noch hochgradig experimentell. Bis heute ist es nicht einmal ansatzwei-

se möglich, die Risiken und Nebenwirkungen auch nur abzuschätzen. Gene haben eben in der Regel nicht nur eine einzige Funktion, sondern sind auch noch für viele andere Prozesse im Körper zuständig.
Daher geht man in der Grundlagenforschung auch noch andere Wege und macht dabei schon erhebliche Fortschritte, so wie im Fall der Forschergruppe um Ehud Shapiro. Inzwischen ist es den Wissenschaftlern zum Beispiel gelungen, DNA-Biocomputern im Reagenzglas das Zählen beizubringen. Die Trillionen und Abertrillionen von „Mikroprozessoren" in der Wasserlösung arbeiten dabei rund 100.000 Mal schneller als jeder heute bekannte Computer. Und sie erzeugen ganz nebenbei sogar selbst die notwendige Energie, die sie für ihre Rechenleistung brauchen.
Eine mögliche Verleihung des Nobelpreises für Ehud Shapiro wird natürlich noch einige Jahre auf sich warten lassen. Dafür konnte sein Forscherteam schon jetzt eine für Wissenschaftler eher ungewöhnliche Ehrung einheimsen: Ihr DNA-Biocomputer wurde Anfang 2003 als der „kleinste biologische Computer, der je konstruiert wurde" in das Guinness-Buch der Rekorde aufgenommen.
Das Ganze steckt natürlich noch in den Kinderschuhen, und deshalb hat es auch keinen Sinn, schon jetzt zum nächsten Computerladen zu laufen und nach einem superschnellen DNA-Mikrocomputer zu fragen. Selbst wenn es ihn schon zu kaufen gäbe – Sie hätten nicht viel von ihm. Er hat weder eine Tastatur zur Eingabe, noch einen Bildschirm, um die Ergebnisse zu beobachten.
Statt dessen müssen die Eingabedaten für den Rechenprozess durch ein eigens konfiguriertes DNA-Molekül bereitgestellt werden. Das Rechenprogramm ist dadurch vorgegeben, dass der DNA-Strang speziell für diesen Vorgang zusammengestellt wurde. In der Zukunft wird man natürlich eher wellen-

genetisch vorgehen und das Programm auf elektromagnetischem Wege einspeisen.
Um das Programm ablaufen zu lassen, muss dieses DNA-Molekül dann in eine Wasserlösung gebracht werden, welche die zur ordnungsgemäßen Funktion des Biocomputers notwendigen Enzyme enthält, so wie es in einer realen Zelle auch der Fall ist.
Der Rechenvorgang läuft dann in den vernetzten Myriaden von Mini-Biocomputern in Windeseile ab, indem sich die DNA reproduziert und die Enzyme zur Eiweißproduktion anregt. Nach einiger Zeit überprüft man die resultierenden DNA-Stränge, um das Ergebnis der Programmberechnung zu erhalten. Dies geht bislang auch noch nicht auf die übliche Weise, indem man sie auf Papier ausdruckt, sondern man muss die DNA-Moleküle analysieren (der berühmte genetische Fingerabdruck).
Wie so etwas in etwa aussieht, zeigt Abb. 6.
Das Ganze wirkt noch sehr „provisorisch", aber im Grunde waren die ersten Computer, die in den dreißiger Jahren des 20. Jahrhunderts gebaut wurden, auch noch nicht ausgereifter.
Ehud Shapiro und sein Team verwenden für das Design ihrer DNA-Biocomputer sogar Konzepte, die auf einen dieser frühen Computerpioniere zurückgehen – *Alan Turing*. 1912 in London geboren, war Turing eines dieser seltenen Genies der Wissenschaft, die ihrer Zeit weit voraus waren und erst Jahrzehnte später Anerkennung fanden.
Rein theoretisch erdachte er bereits in den dreißiger Jahren das Design eines kleinen, elementaren Rechenautomaten, der sogenannten *Turing-Maschine*. Das ist im Grunde nicht viel mehr als ein kleiner Kasten, in den man Daten hineinsteckt, der dann irgendetwas damit macht und die Ergebnisse wieder auswirft. Shapiros heutiger DNA-Biocomputer entspricht genau diesem einfachen Design.[44]

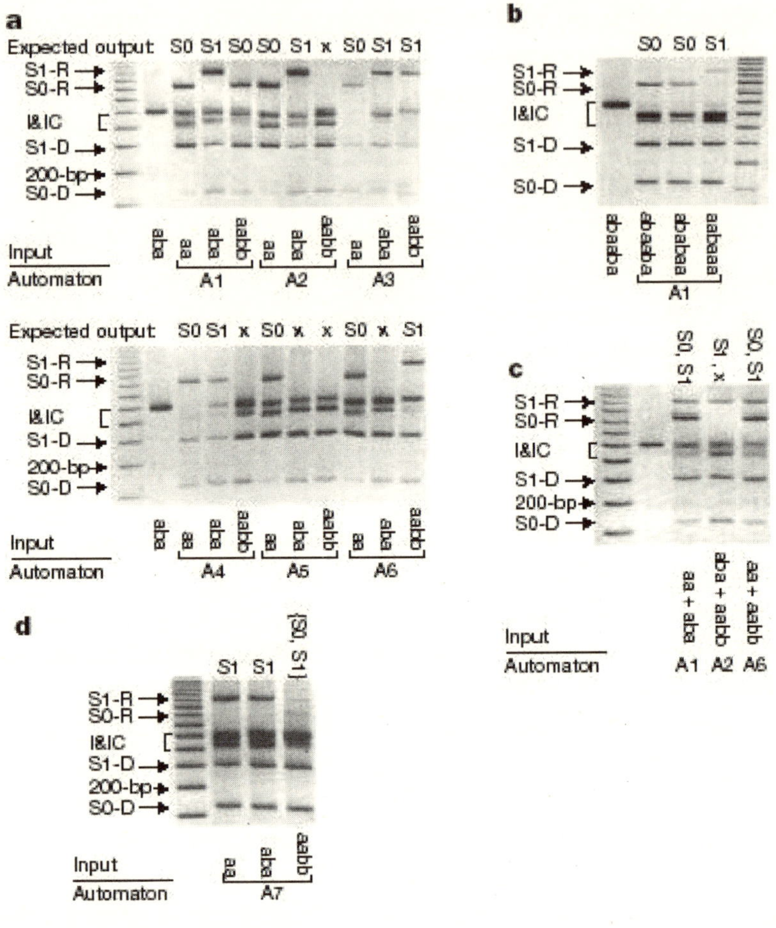

Abb. 6: Experimentelle Überprüfung der Berechnungen eines DNA-Biocomputers. Aus Benenson, Paz-Elizur, Adar, Keinan, Livneh & Shapiro: Programmable and autonomous computing machine made of biomolecules. Nature Vol. 414, November 2001.

Während des zweiten Weltkrieges wurde Alan Turing übrigens vom britischen Geheimdienst verpflichtet, um eine Maschine zur sicheren Verschlüsselung von Funksprüchen zu konstruieren, die sogenannte *Enigma*. Dieses Gerät war so erfolgreich,

dass es nach heutiger Ansicht für den Sieg der Alliierten in der Atlantikschlacht entscheidend mitverantwortlich war.
Die meisten anderen seiner wissenschaftlichen Erkenntnisse waren allerdings für seine Zeitgenossen noch zu futuristisch. So entwickelte er zum Beispiel – rein in Gedanken – ein erweitertes Konzept der „universellen Turing-Maschine", die sogar in der Lage sein sollte, ihr eigenes Programm zu ändern. Auf diese Weise sollte sie – so Turings Ansicht – die Fähigkeit besitzen, auf jede gestellte Frage zu antworten. Damals galten solche Ideen natürlich als etwas überspannt. Heute weiß man, dass Alan Turing mit diesen noch unausgegorenen Gedankenspielereien den Grundstein für den modernen Forschungszweig der *künstlichen Intelligenz* gelegt hatte.
Turing war, wie viele Genies, auch ein Außenseiter und Exzentriker (was ja in England oft nur eine vornehme Umschreibung für schlechtes Benehmen ist). Zum tragischen Genie wurde er jedoch am Ende durch seine homosexuellen Neigungen – eine Geschichte aus dem Jahre 1952, die einem heute fast wie aus einer fern vergangenen Zeit anmutet.
In Turings Wohnung war eingebrochen worden, und als er bei der Polizei Anzeige erstattete, musste er eine Aussage machen, bei der auch seine Homosexualität ans Tageslicht kam. Ungeachtet seiner großen Verdienste als Kriegsheld an der Heimatfront brachte ihm dies eine Anklage wegen „grober Sittenlosigkeit" ein (einem damals immer noch in England gültigen Gesetz von 1885). Man entzog ihm alle Privilegien als Geheimnisträger und ließ ihn seine Forschungsarbeiten nicht mehr fortführen. Stattdessen sollte er sich einer zwangsweisen Hormonbehandlung unterziehen. Am 7. Juni 1954 starb Alan Turing durch Selbstmord im Alter von nur 41 Jahren.

US006266569B1

(12) **United States Patent**
Shapiro et al.

(10) **Patent No.: US 6,266,569 B1**
(45) **Date of Patent: Jul. 24, 2001**

(54) **METHOD AND SYSTEM OF COMPUTING SIMILAR TO A TURING MACHINE**

(75) Inventors: **Ehud Shapiro**, Nataf (IE); **Kanchana S. G. Karunaratne**, San Diego, CA (US)

(73) Assignee: **Zephyrien International N.V.**, Curacao (AN)

(*) Notice: Subject to any disclaimer, the term of this patent is extended or adjusted under 35 U.S.C. 154(b) by 0 days.

(21) Appl. No.: **09/184,178**

(22) Filed: **Nov. 2, 1998**

Related U.S. Application Data

(60) Provisional application No. 60/098,502, filed on Aug. 31, 1998.

(51) **Int. Cl.**[7] **G05B 15/00**

(52) **U.S. Cl.** **700/1**

(58) **Field of Search** 435/4

(56) **References Cited**

U.S. PATENT DOCUMENTS

5,270,163		12/1993	Gold et al. .	
5,439,829		8/1995	Anderson et al. .	
5,766,855	.	6/1998	Buchardt et al. .	
5,804,373	*	9/1998	Schweitzer et al.	435/6
5,843,661	*	12/1998	Rothemund	435/6

OTHER PUBLICATIONS

Howard, Computing with DNA, Computer World [online], [retrieved on Aug. 24, 2000]. Retrieved from the internet <http://www.cs.man.ac.uk/aig/staff/toby/writing/PCW/cna.htm>, 2000.*

Y. Watanabe et al, "A unique enzyme from Saccharothrix sp. Catalyzing D–amino acid transfer", Biochim Biophys Acta 1337, 1997, p.p 40–46.

K.E. Drexler, "An Approach to the Development of General Capabilities for Molecular Manipulation" Proc. Natl. Acad. Sci. USA 78, No. 9, Sep. 1981 p.p. 5275–5278.

J. Liu et al, "Fullerene Pipes", Science vol.280, May 1998 p.p. 1253–1256.

J.M Michelsen et al, "Assembler Construction by Proximal Probe", The Fifth Foresight Conference on Molecular Nanotechnology, Nov. 1997 Palo–Alto California.

H. Nakajima et al, "Dipeptide Synthesis Catalyzed by aminoacyl–tRNA synthetases from *Bacillus stearothermophilus*", Int. J. Protein Res. 28, 1986, p.p. 179–185.

R.E. Offord, "Chemical Approaches to Protein Engineering", Protein Design and the Development of New Therapeutics and Vaccines, Plenum NY 1990, p.p. 253–282.

(List continued on next page.)

Primary Examiner—John S. Brusca
(74) *Attorney, Agent, or Firm*—Irah H. Donner; Hale and Dorr LLP

(57) **ABSTRACT**

A Brownian Turing machine includes a multiplicity of alphabet elements, multiple state transition elements and a single enzymatic unit. The alphabet elements define a plurality of different types of information. The state transition elements define how the machine can change state. The enzymatic unit receives dimers one at a time, wherein each dimer is comprised of one state transition element combined to one alphabet element. The enzymatic unit determines if a dimer is an allowable next dimer and, if it is, connects the state transition element of the allowed dimer to a history tape of the history of at least one change of state. The enzymatic unit also modifies an alphabet tape, comprising at least two alphabet elements connected together, with the alphabet element of the allowed dimer in accordance with the state transition defined by the state transition element of the allowed dimer. The alphabet elements, state transition elements and enzymatic unit can be mechanical, chemical or biological elements.

8 Claims, 78 Drawing Sheets

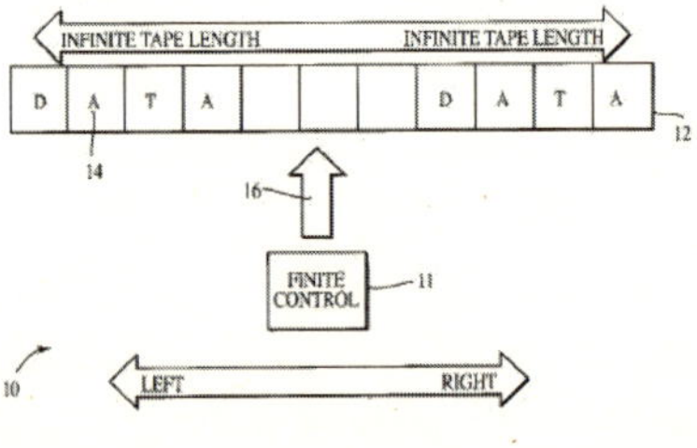

Copy provided by USPTO from the CSIR Image Database on 11-13-2001

Abb. 7: Ehud Shapiros Patent für seine Realisierung der Turing-Maschine als Biocomputer.

Wonach Einstein noch fragen würde...

Wie kann ein Biomolekül als Computerchip für allgemeine – also nicht spezifisch biologische – „Rechenaufgaben" verwendet werden?

Ehud Shapiro und *Aviv Regev* legen in einer grundlegenden Arbeit dar, dass zwischen Biomolekülen und Computern einige wichtige Parallelen existieren.[45] Beide starten zum Beispiel von elementaren Einheiten, aus denen schrittweise, Schicht für Schicht, immer komplexere Einheiten mit immer anspruchsvollerer Funktionalität entstehen.
Computer können etwa zu Netzwerken zusammengefasst werden, die kompliziertere Aufgaben lösen können als einzelne Computer.
Entsprechend schließen sich Zellen zu Organen bzw. vielzelligen Organismen zusammen.
Genau wie beim Computer ist das grundlegende Design der Zellen relativ einheitlich. Trotzdem können Zellen in radikal unterschiedlichen Umgebungen überleben und vollkommen unterschiedliche Aufgaben erledigen.
Auch das Verhalten von Zellen ähnelt dem Verhalten einfacher Prozesse im Computer, wie es z. B. für die Turing-Maschine definiert ist:
Das Verhalten eines Prozesses wird bestimmt von bestimmten *Regeln*, die die *Reaktion* des Prozesses auf einen *Input* spezifizieren, und zwar in Abhängigkeit vom *aktuellen Wert des Inputs* und dem *momentanen Status* des Prozesses. Die Reaktion kann bestehen in einer *Änderung des Status*, einer *Änderung der Kommunikationsfähigkeit* oder im *Aussenden einer Information (Output).*
Diese weitgehenden Übereinstimmungen zwischen dem Verhalten und den Eigenschaften von lebenden Zellen und Computern lassen den biologischen Computerchip als in absehbarer Zeit realisierbar erscheinen.

Auf jeden Fall wäre der heutige DNA-Biocomputer ohne die Vordenkerarbeit Turings nicht möglich gewesen. Vermutlich wird man an dem einfachen Design dieser Biorechner sogar nichts Wesentliches mehr ändern, sondern sie stattdessen eher in großer Zahl miteinander kommunizieren, also vernetzt arbeiten lassen. Auch dieses Konzept ist der Natur abgeschaut worden. Zum Beispiel ist in einem Insektenstaat jedes einzelne Tier recht einfach strukturiert, doch als Gruppe kann ein Insektenvolk eine hohe Intelligenz entwickeln.[46]

Das Haupteinsatzgebiet der DNA-Biocomputer dürfte in Zukunft hauptsächlich im Bereich der medizinischen Nanotechnologie liegen, und da ist die Funktion des DNA-Computers als einfache Turing-Maschine viel besser geeignet als ein herkömmlicher Computer mit Tastatur, Bildschirm und Drucker.

Geeignet programmierte DNA-Nanocomputer können zum Beispiel überall im menschlichen Körper unterwegs sein und Checkups durchführen, ob alles ordnungsgemäß funktioniert. Und sollten sie dabei auf Fehlfunktionen stoßen, könnten sie in den betroffenen Zellen – gemäß ihrem Programm – an Ort und Stelle geeignete Medikamente synthetisieren und freisetzen lassen. Dadurch könnte auch so manche der sprichwörtlichen „Risiken und Nebenwirkungen" reduziert werden. Diese treten ja oft erst dadurch auf, dass wir ein Medikament schlucken müssen und dass es dann auf seinem Weg zum Einsatzort Magen, Darm und Blutkreislauf passieren muss, wo es ebenfalls Reaktionen auslösen kann, die in der Regel unerwünscht sind.

Obwohl jeder einzelne dieser Nanocomputer mikroskopisch klein wäre und nur in jeweils einer Zelle aktiv sein könnte, wird auf diese Weise auch die Behandlung ganzer Organe und Organsysteme möglich werden. Hier macht es ganz einfach die Masse. Es wird ja nicht nur ein einziger DNA-Nanochip im Körper freigesetzt werden, sondern eine Unmenge von ihnen, die nicht nur gleichartig programmiert sind, sondern auch untereinander kommunizieren und so ihre Aktivitäten aufeinander abstimmen können. Wie wir sehen werden, ist die Entwicklung der künstlichen Intelligenz inzwischen schon so weit fortgeschritten, dass auf diese Weise sehr komplexe und anspruchsvolle Aufgaben erledigt werden können.

Wenn Menschen an Nanotechnologie denken, dann meinen sie meist metallische Implantate, eine Kopplung Mensch-Maschine, wie wir sie etwa auch aus vielen Science-Fiction-Filmen kennen. Es steht außer Frage, dass es solche Implantate gibt. Doch inzwischen sieht man, dass der Einsatz von Nanotechnologie in den Bereichen Biologie und Medizin viel subtiler vonstatten geht und dass man sich dafür natürlicher Materialien bedient, die im Körper gleichartig sowieso vorhanden sind. Das ist sowohl eine gute, als auch eine schlechte Nachricht. Welche möchten Sie zuerst hören?

Na gut, zuerst die gute. Nanocomputer auf DNA-Basis werden natürlich für den Körper viel verträglicher sein als herkömmliche Implantate. Sie werden nicht vom Immunsystem abgestoßen und bedürfen daher auch keiner immununterdrückenden Zusatzmaßnahmen. Mit der Zeit dürften sie auf ganz sanfte Weise eins mit dem sie umgebenden Körpergewebe werden.

Nun die schlechte Nachricht. DNA-Nanocomputer sind dann natürlich auch im Körper praktisch nicht mehr ohne weiteres nachzuweisen, weder auf Röntgenbildern noch durch sonstige Methoden. Es ist klar, dass alles, was zum Heilen verwendet werden kann, auch zu eigennützigen bis fragwürdigen Zwecken nutzbar ist. Anstatt Medikamente freizusetzen, könnte ein DNA-Nanocomputer auch darauf programmiert werden, bestimmte Hormone zu erzeugen, die den Menschen z. B. in einen künstlichen Euphoriezustand versetzen, seine Leistungsfähigkeit erhöhen oder sein Schlafbedürfnis reduzieren. Hier wird ein wichtiges Einsatzgebiet der Nanotechnologie liegen, z. B. bei der angestrebten Schaffung von „Supersoldaten“. Die Entwicklung solcher Chips auf DNA-

Basis sorgt dann natürlich auch dafür, dass sich derartige Machenschaften hervorragend geheim halten lassen.
Viele mögliche Anwendungen erscheinen uns momentan noch utopisch, doch wie David Hawksett, wissenschaftlicher Gutachter des Guinness-Buches der Rekorde, schrieb, ist dies „ein Forschungsgebiet, in dem die Science-Fiction-Autoren kämpfen müssen, um mit der Entwicklung Schritt zu halten."

VI

Außer Kontrolle?

Die schöne neue Welt der Nanotechnologie

„There's plenty of room at the bottom." (Es ist noch viel Platz da unten). Mit diesem Satz gab der amerikanische Physiker und spätere Nobelpreisträger *Richard Feynman* bei einem Vortrag im Jahre 1959 den Startschuss für ein neues Forschungsgebiet, das unsere Zukunft revolutionieren dürfte.
Gleichzeitig ist es wohl – schon von der Definition her – das seltsamste Fachgebiet aller Wissenschaften, denn es ist nur durch einen Größenordnungsbereich definiert.
Unter dem Begriff *Nanotechnologie* fasst man nämlich eine ganze Reihe höchst unterschiedlicher Forschungsbereiche zusammen, deren einzige Gemeinsamkeit es ist, dass die charakteristischen Größenordnungen, mit denen sie sich beschäftigen, unterhalb von etwa 1000 Nanometern (= 1/1000 Millimeter) liegen. Ein Nanometer entspricht etwa der Größe von zehn Wasserstoffatomen.
Zur Nanotechnologie rechnet man heute:[47]

1. die sogenannte *Sub-Micron-Lithographie* – ein Verfahren, um kleinste filigrane Strukturen in eine Oberfläche zu ätzen. Dies wird für die Herstellung immer stärker integrierter Schaltkreise für Mikrochips benötigt. Das Gebiet ist nur von vorübergehendem wirtschaftlichem Interesse, denn es behandelt im Grunde nur einen Übergangszustand, bis uns die „wahre" Nanotechnologie zur Verfügung stehen wird.

2. Die wahre, *molekulare Nanotechnologie* mit ihren zwei Hauptanwendungsgebieten:
   - *Materialforschung* – dies kann den Aufbau vollkommen neuer „Nano-Werkstoffe“ (Atom für Atom) bedeuten, aber auch die Veränderung von Eigenschaften herkömmlicher Materialien.
   - Konstruktion von *Nanochips* oder *Nanorobotern* (kurz auch „Nanobots“ genannt), ausgestattet mit künstlicher Intelligenz und anschließend in der Natur oder im menschlichen Körper ausgesetzt, um bestimmte Aufgaben zu erfüllen.

Herkömmliche Technologien arbeiteten bislang „von oben nach unten“. Das heißt, man stellte etwas her, indem man sich einen genügend großen Klumpen irgendeines Rohmaterials nahm und dieses so lange formte, bis das Werkstück die gewünschte Gestalt hatte.

Nanotechnologie dagegen arbeitet in umgekehrter Richtung. Man entwickelt das Design für ein neues Material, neue Eigenschaften eines bestehenden Materials, oder für ein Nanobot, und baut dieses dann aus einzelnen Atomen auf.

Eine wirklich funktionierende und auch wirtschaftlich rentable Nanotechnologie muss daher folgende Anforderungen erfüllen:

1. Sie muss es erlauben, wirklich Atom für Atom ein Material oder ein Nano-„Gerät“ zusammenzusetzen.
2. Sie muss es ermöglichen, nahezu jede Struktur herzustellen, solange sie mit den Gesetzen der Physik im Nanobereich konsistent ist.
3. Die Herstellungskosten dürfen nicht wesentlich die Kosten des Rohmaterials übersteigen.

Die praktische Arbeit mit Nanotechnologie ist für die Wissenschaftler auch eine psychische Herausforderung. Es warten auf sie nämlich ständig neue Überraschungen, da sich in die-

sen Nanobereichen bereits Quanteneffekte bemerkbar machen. Zum Beispiel können Elektronen ständig die Schaltkreise eines Chips kurzschließen, da sie ganz einfach isolierende Schichten durchtunneln, wie man sagt (Genaueres zum quantenmechanischen Tunneleffekt im Buch „Vernetzte Intelligenz"). Andere Effekte, die im Nanoskalenbereich berücksichtigt werden müssen, sind zum Beispiel sprunghafte Übergänge zwischen verschiedenen Energiezuständen von Elektronen oder die etwas andere Wirkung elektrostatischer Kräfte. Dies alles sind Effekte, die einem Nanoforscher „schon den Schweiß auf die Stirn treiben kann", wie sich *Stefan Reschke* vom Fraunhofer-Institut in Euskirchen ausdrückte.[48]
Man fühlt sich schon merkwürdig, wenn man beobachten kann, wie diese kleinsten Bestandteile unserer Materie vor unseren Augen herumhüpfen.

Die wesentlichsten Fortschritte kann die derzeitige Wissenschaft im Bereich der Nano-Werkstoffe aufweisen. Mit Hilfe von Rastertunnelmikroskopen ist es heute möglich, Materialoberflächen so stark zu vergrößern, dass man einzelne Moleküle und Atome unterscheiden kann. Dadurch ist es auch möglich geworden, mit Hilfe von Präzisions-Lasern die Eigenschaften eines Materials zu verändern oder sogar einzelne Atome aus einer Oberfläche zu entfernen, bzw. durch andere zu ersetzen.

Diese Technologie existiert schon heute. Sie ermöglicht die Herstellung von Designer-Werkstoffen, etwa mikroskopisch feine, schmutzabweisende Beschichtungen von Kacheln oder Badewannen, die man dann nicht mehr so oft reinigen muss. Auch Textilien kann man durch Nanotechnologie unempfindlicher machen. Da diese Werkstoffe noch relativ teuer sind, werden sie derzeit hauptsächlich als Bezugsstoffe für Polstermöbel angeboten. Über solch einem „Nano-Sofa" kann man dann getrost sein Rotweinglas oder seine Teetasse auskippen. Das Material wird den Schmutz nicht aufnehmen, so

dass sich auch kein Fleck bilden kann. Sobald das Preis-Leistungsverhältnis günstiger ist, werden wir auch „Nano-Jeans“ und „Nano-Pullis“ im Kaufhaus kaufen können. [49]
Wenn man es genau nimmt, existiert Nanotechnologie schon seit dem Mittelalter und ist bis heute sichtbar in den wunderbaren farbigen Glasfenstern gotischer Kathedralen. Die rote Farbe in diesen Glasfenstern wurde nämlich erzeugt durch winzige Goldpartikel, die beim Einschmelzen in das Glas nanometergroße Cluster bilden, die aus ungefähr 100 Atomen bestehen. Diese Nanostrukturen ändern die Wellenlänge des hindurchfallenden Lichts, so dass das Glas für uns nicht golden, sondern rot erscheint.[50]
Niemand weiß heute mehr genau, welche Technik die mittelalterlichen Dombaumeister dazu angewendet haben. Es ist ja bekannt, dass diese Handwerker sich zu sogenannten Dombauhütten zusammenschlossen, in denen auch spirituelles Geheimwissen gepflegt und praktiziert wurde. Aus diesen organisierten Gruppen „freier Maurer“ entstanden im 17. Jahrhundert die ersten Freimaurerlogen.[51]
Es ist ein altes Problem der Kunstrestauratoren, dass sie bei Reparaturarbeiten an Kirchenfenstern zwar prinzipiell beschädigte Teile austauschen, speziell die charakteristische rote Farbe aber mit heutigen Methoden nicht originalgetreu nachmachen können. Vielleicht wird es ihnen die Nanotechnologie eines Tages auch möglich machen.
Die Veränderung von Materialien und das Design spezieller Oberflächen durch Nanotechnologie sind also heute schon Realität. Hierzu gehören auch sich selbsttätig desinfizierende Kacheloberflächen und Türklinken, sowie kratzfeste Brillengläser. Ein besonderer Gag für Sonnenanbeter sind sicherlich Sonnenbrillen, die unsere Augen zwar vor zu grellem Sonnenlicht schützen, gleichzeitig aber bestimmte Anteile des UV-Lichts hindurchlassen. So wird verhindert, dass wir nach dem

Sonnenbad auf der Haut weiße Flecken auf der Nase und rund um die Augen haben.
Was nun den vollkommen neuen Aufbau von Materialien „Atom für Atom“ betrifft, so sieht die Sache schon etwas schwieriger aus. Nicht, dass es nicht grundsätzlich technisch möglich wäre. Um auch nur ein Materialstück von einem Quadratzentimeter Größe herzustellen, muss man Billionen von Atomen zusammensetzen. Zudem sind heutige Herstellungsverfahren noch recht grob. „Es ist so, als ob wir Legosteine zusammenbauen wollen und dabei Boxhandschuhe tragen“, verdeutlicht der Nanotechnologie-Experte *Ralph C. Merkle* den Sachverhalt.[52] Es hapert also vor allem daran, dass derartige Verfahren aufgrund des immensen Aufwandes noch nicht wirtschaftlich wären.
Dieser Zweig der Nanotechnologie wird allem Anschein nach erst dann Realität werden, wenn wir über geeignete Werkzeuge verfügen, die das Material mit wenig Aufwand selbsttätig zusammensetzen können. Das werden dann natürlich Nanowerkzeuge sein, und damit kommen wir zum wohl interessantesten Punkt.
Der eigentliche Traum aller Nanotechnologen ist es, eine Welt voller mikroskopisch kleiner Helferlein zu erschaffen, die in Windeseile und gehorsam all die Dinge erledigen, die uns das Leben erleichtern sollen. Und da auch Physiker im Grunde immer einen Hang zum Phantastischen haben und bereit sind das Undenkbare zu denken, war es auch genau dies, was Richard Feynman bei seinem visionären Vortrag von 1959 im Auge gehabt hatte. Darin forderte er seine Forscherkollegen auf, nunmehr endlich den Freiraum „nach unten“ auszuloten. „Soweit ich sehen kann, sprechen die Gesetze der Physik nicht dagegen, Dinge Atom für Atom zu bauen“, betonte Feynman und entwickelte dann schon damals Zukunftsvisionen von Nanobots, die kranke Körperzellen reparieren könnten und die er „Chirurgen zum Schlucken“

nannte. Wie wir wissen, arbeiten Wissenschaftler in Israel heute bereits intensiv an der Realisierung derartiger Technologien.
Roboter im Nanobereich aus Einzelteilen zusammenzubauen, ist allerdings technisch ungefähr genau so schwierig wie der Aufbau von Materialien aus einzelnen Atomen. Einzelne Bauteile im Nanobereich wurden zwar schon gebaut, so zum Beispiel mikroskopisch kleine Getriebe, Schalter oder Zangen als Greifwerkzeuge. Selbst eine Art von Geißelantrieb, so wie ihn auch einzellige Lebewesen besitzen, wurde schon realisiert. Es ist allerdings bis heute noch nicht gelungen, diese einzelnen Teile zu einer funktionierenden Maschine zusammenzubauen.
Die Zukunft dürfte daher eher biologischen Nanobots auf DNA-Basis gehören, bei denen man die bereits vorhandenen Fähigkeiten zum Selbstaufbau lebender Materie nutzen kann.
Viele Skeptiker halten nach wie vor die Nanobots für pure Science Fiction. Eines ihrer Hauptargumente war bislang immer: „Selbst wenn man Nanobots bauen und im Körper freisetzen könnte, wie sollten sie bei ihrer Arbeit mit Energie versorgt werden?" Die passende Antwort gaben ihnen inzwischen Ehud Shapiro und sein Forscherteam in Israel. Sein DNA-Nanochip produziert seine Arbeitsenergie in Eigenregie (s. S. 118), wobei er sich sozusagen bei der Infrastruktur seiner Umgebung bedient. David Hawksett hatte schon Recht, wenn er feststellte: Selbst Science-Fiction-Autoren müssen kämpfen, um mit der Entwicklung Schritt zu halten.
Auf der anderen Seite stehen mehr visionär veranlagte Wissenschaftler, die von der Machbarkeit dieser Technologie zumindest in fernerer Zukunft überzeugt sind. Zu ihnen gehört der schon erwähnte Ralph Merkle, der testamentarisch verfügt hat, dass sein Körper nach dem Tod eingefroren werden soll, bis zu dem Tag, an dem die Nanotechnologie er-

laubt, alle Schäden in seinem Körper zu reparieren und ihn wiederzubeleben.
Es gibt aber noch eine dritte Fraktion, die einerseits von der Machbarkeit der Nanobots überzeugt ist, darin aber in erster Linie eine unabsehbare Gefahr für die gesamte Menschheit sieht. Die Nanotechnologie ist also die wohl erste Wissenschaftsdisziplin, vor der die Menschen schon Angst haben, bevor sie Realität wurde.
Entscheidenden Anteil daran hat sicher der Schriftsteller *Michael Crichton*, der in seinem Roman „Beute“ genau diese Gefahren schildert und dadurch eine düstere Zukunftsvision entwirft. In diesem spannenden Wissenschafts-Thriller entwickeln Wissenschaftler Nanobots, die nicht nur mit künstlicher Intelligenz ausgestattet sind, sondern sich auch selbst vermehren und zu intelligenten Schwärmen organisieren können. Die Entwicklung erfolgt für das Militär, und zwar zu Spionagezwecken. Jeder dieser Nanobots ist mit einer winzigen Kamera ausgestattet, die ein gewisses Detail der Außenwelt registrieren kann. Da jedes Mitglied des Schwarms ein anderes Detail aufnimmt, kann der Schwarm als Ganzes aus diesen Einzeldetails ein komplexes, hochauflösendes Rasterbild zusammensetzen, ähnlich wie das Facettenauge eines Insekts.
Ein solcher Schwarm entweicht eines Tages aus dem Hochsicherheitstrakt des Versuchslabors in die freie Natur. Da die Nanobots im Rahmen ihrer künstlichen Intelligenz auch so etwas wie einen Selbsterhaltungstrieb entwickelt haben und natürlich im Laufe der Zeit Energieprobleme bekommen, fangen sie an, Jagd auf Menschen zu machen und sie zu töten, wobei sie deren Energie für ihre eigene Vermehrung und Lebenserhaltung nutzen.
Eine Bekämpfung der entwichenen Nanoroboter erweist sich als nahezu unmöglich aufgrund der hohen Intelligenz der Schwärme, von denen es aufgrund ihrer schnellen Vermehrung schon bald viele gibt. Sie verändern ihr Verhalten in

kürzester Zeit so schnell, dass es praktisch unvorhersagbar wird. Der Biotechnologe Jack Forman, der Held in Crichtons Roman, drückt es so aus: *„Der natürliche menschliche Impuls, es begreifen zu wollen, war Zeitverschwendung. Hatte man es endlich begriffen, war schon alles wieder anders.“* [53]
Kann so eine Horrorvision überhaupt real werden?
Obwohl die Nanotechnologie bislang eher als „saubere Technologie“ galt – im Gegensatz etwa zur Kernenergie –, halten es viele Menschen, auch ernstzunehmende Wissenschaftler, für möglich. Zu ihnen gehört der Chefentwickler von Sun Microsystems, *Bill Joy*, also jemand, dem man eigentlich ein fachkundiges Urteil in dieser Angelegenheit zutraut.[54] Joy befürchtet, dass diese Technologie, wenn sie erst einmal einen bestimmten Stand erreicht hat, tatsächlich außer Kontrolle geraten könnte, und spricht von einem „grey goo problem“, also „grauen-Schleim-Problem“. Grauer Schleim, der sukzessive die Erde bedecken könnte, ausgelöst durch aus dem Ruder gelaufene, unkontrollierte Vermehrung von Nanobots. Insbesondere sieht er auch die Gefahr, dass Nanobots in der Hand von Terroristen eine fatale Wirkung haben könnten. Bill Joy fordert daher, die Nanotechnologie zumindest teilweise zu stoppen.
Kritiker wenden ein, dass der Aufwand, auf solche Weise die Menschheit zu bedrohen, viel zu groß wäre und dass man den gleichen Effekt viel einfacher mit Hilfe der vorhandenen „natürlichen Nanobots“, also Viren und Bakterien, erreichen könnte – kurz gesagt: Mit biologischen Waffen. Nur – kann man eine mögliche Bedrohung der Menschheit wirklich allein mit wirtschaftlichen Argumenten entkräften?
So verwundert es auch nicht, dass Anfang 2001 – übrigens lange bevor Crichtons Roman in deutscher Sprache erschien – bei einem deutschen Forschungsinstitut ein besorgter Anruf von der FDP einging, mit der Frage, ob möglicherweise längst

Nanoroboter in großer Zahl von Flugzeugen über Deutschland abgeworfen worden seien, um unser Land auszuspionieren.[55]
In der Tat stehen Nano-Spionageroboter, also sozusagen miniaturisierte Versionen der bekannten unbemannten „Drohnen", ganz oben auf dem Wunschzettel der Militärs. Da solch kleine Roboter natürlich aufgrund der veränderten Gewichts- und Auftriebsverhältnisse ein völlig anderes Flugverhalten haben müssen als herkömmliche große Flugzeuge, studierte man hierzu schon eingehend den Flug der Schmetterlinge. Die Spionage-Nanobots werden also so etwas wie künstliche Insekten darstellen, ganz ähnlich wie in Crichtons Roman.
Es lohnt sich also auf jeden Fall, der Thematik etwas mehr auf den Grund zu gehen. Die nächste Frage, die sich stellt: Ist es überhaupt denkbar, dass mikroskopisch kleine Maschinen, selbst als Gruppe, eine derartige Intelligenz entwickeln würden, wie sie Crichton schildert? Die Antwort lautet eindeutig Ja, denn die theoretischen Konzepte dafür existieren längst und sind auch in weiten Teilen schon erprobt. Hierfür braucht man die Nanobots noch nicht einmal zu besitzen, denn *künstliche Intelligenz* ist eine reine Frage der Software, und diese kann man bekanntlich überall ausprobieren, auf einem herkömmlichen Computer oder in einem Netzwerk.
Die ersten Überlegungen zur künstlichen Intelligenz hatte, wie schon erwähnt, Alan Turing angestellt mit dem Konzept seiner „universellen Turing-Maschine". Es ist klar, dass diese Maschine damals noch nicht gebaut werden konnte, aber Turing machte sich schon ausgiebig Gedanken darüber, wie hoch die Intelligenz sein würde, die dieses Gerät erreichen könnte aufgrund seiner Fähigkeit, sein eigenes Programm zu ändern. Anders ausgedrückt: Würde ein Mensch, der hinter einer undurchsichtigen Wand sitzt und über ein Computerterminal mit der Turing-Maschine kommuniziert, aufgrund der Art der Kommunikation feststellen können, ob er mit einer Maschine oder mit einem Menschen spricht?

Lange Zeit war künstliche Intelligenz ein Stiefkind der Computerwissenschaft. Alle Versuche lieferten mehr oder weniger unbefriedigende Ergebnisse, und das Verhalten der sogenannten intelligenten Programme blieb hölzern und vorhersehbar.
Der Grund ist, dass ein Computer eben nicht intelligent ist und es auch nie sein wird. Egal, ob es ein Mikrochip, ein handelsüblicher PC oder ein 15-Millionen-Dollar-Superrechner ist. Ein Computer kann Intelligenz nur simulieren, d. h. dem Menschen vorspielen, dass er intelligent sei, und jeder noch so kleine Aspekt intelligenten Handelns und Reagierens muss ihm zuvor einprogrammiert werden.
Dieses grundsätzliche Problem hemmte den Fortschritt in diesem Bereich viele Jahre lang, bis die Zeit reif war für einen neuen Erkenntnisschritt, der nicht zuletzt dadurch möglich wurde, dass die Forscher aus ihrem Elfenbeinturm kamen und sich das Vorbild – die Natur – genauer ansahen.
Dieser bedeutsame Erkenntnisschritt lautete: *Ein einzelner Computer wird zwar niemals intelligent sein, aber ein Netzwerk von vielen Computern kann als Gruppe Intelligenz entwickeln.*
Vorbild für diese Erkenntnis waren natürlich die staatenbildenden Insekten, z. B. Ameisen, bei denen die eigentliche Intelligenz, die Fähigkeit zu eindrucksvollen Leistungen, auch nicht im einzelnen Tier steckt, sondern in einer „vernetzten Intelligenz", also einer Art Gruppenbewusstsein, enthalten ist.[56]
Die Computerexperten brauchten im Grunde also nur das Gruppenbewusstsein im Computer zu reproduzieren, um intelligente Programme, also echte künstliche Intelligenz, entstehen zu lassen.
Was heißt eigentlich „nur"? Wie kann man einem Netzwerk ein künstliches Gruppenbewusstsein einprogrammieren, wenn im Grunde noch niemand weiß, was Bewusstsein ist, geschweige denn Gruppenbewusstsein?

Die Antwort ist verblüffend einfach: Man braucht es auch nicht zu wissen, da man es gar nicht einprogrammieren muss. Wenn man nur bestimmte, sehr elementare Grundprinzipien beim Design der intelligenten Programme einhält, *dann entsteht das Gruppenbewusstsein von allein!*
Diese Erkenntnis ist nicht nur verblüffend, sie ist im Grunde auch erschreckend. Seit einigen Jahrzehnten boomt die Computertechnik wie kein anderer Wissenschafts- oder Technikzweig, und wir haben vielleicht keine Ahnung darüber, ob wir nicht längst eine Büchse der Pandora erschaffen haben. Was geschieht, wenn wir sie eines Tages öffnen werden? Ist im Internet oder in den anderen weltweiten Computernetzwerken vielleicht längst eine verborgene Intelligenz entstanden, von der wir nichts ahnen, die sich aber möglicherweise eines Tages als uns überlegen erweisen kann?
Schauen wir uns hierzu einmal genauer das Design der heutigen intelligenten Programme an. Keine Angst, Sie brauchen kein Computerexperte zu sein, um dies zu verstehen. Sie sollten sich eher an einige Ihrer Schulkenntnisse aus dem Biologieunterricht erinnern, speziell was die Evolutionslehre, den Darwinismus, und die Regeln der Vererbung betrifft.
Genau von diesen Prinzipien haben die Wissenschaftler nämlich ihr Design abgeschaut.
Genetische Programmierung – so heißt das neue Fachgebiet – beschäftigt sich mit dem Problem, *einen Computer etwas tun zu lassen, ohne ihm zu sagen, wie er es tun soll.*
Hierzu startet man mit einer Anfangspopulation von Tausenden kleinster Programm-Module, deren Fähigkeiten, sozusagen die Grundausstattung, äußerst elementar und einfach sind. Sie beschränken sich in der Regel auf die bekannten Grundrechenarten sowie die Fähigkeit, Zahlenwerte miteinander vergleichen zu können. In Abhängigkeit von der Aufgabe, die der „Schwarm“ dieser kleinen Programme lösen soll, können

auch noch andere einfache Grundfunktionen, z. B. zur Rasterbilderzeugung, bzw. -verarbeitung hinzukommen.
Was für die selbsttätige Entwicklung der künstlichen Intelligenz in diesem primitiven Schwarm entscheidend ist, sind die genetischen Funktionen, die den Programmen ebenfalls vorgegeben werden: [57]

1. Die Programme können miteinander *kommunizieren.*
2. Die Programme können sich *„sexuell" vermehren.* Von Zeit zu Zeit kann also aus je zweien von ihnen ein drittes, neues Programm entstehen, das z. B. je zur Hälfte die Fähigkeiten der beiden Elternprogramme übernimmt.
3. Bei der Vermehrung existiert noch die Fähigkeit zur *Mutation.* Das heißt, mit einer vorgegebenen, relativ kleinen Wahrscheinlichkeit entstehen bei der Vermehrung durch bloßen Zufall neue Eigenschaften, die von keinem der beiden Elternteile herrühren. Dies kann die *Änderung der Werte* vorgegebener Zahlen in dem betroffenen Programm zur Folge haben, aber auch die zufällige *Änderung des Programmcodes* an sich – so wie bei der universellen Turing-Maschine vorgesehen.
4. Und jetzt kommen wir zum entscheidenden Punkt, nämlich der *evolutionären Selektion.* Es muss eine wertende Instanz, die sogenannte „Fitness-Funktion", existieren, die in Abhängigkeit von der Problemstellung in jeder neuen Generation die „Besten" auswählt und die übrigen aussortiert.

All diese Konzepte lassen sich aber heutzutage mit einfachsten Mitteln auf jedem Computer, bzw. in jedem Netzwerk realisieren.
Der eigentliche Motor der Evolution und der Entwicklung der künstlichen Intelligenz ist das Zusammenspiel von Vererbung (2), Zufallsmutation (3) und Selektion (4). Die Mutationen

erfolgen rein zufällig. Dies geschieht übrigens nicht unbedingt aus einem zu materialistischen Verständnis heraus, sondern weil man in das System so wenig Vorannahmen wie möglich einprogrammieren will (die sich ja auch als hinderliche Vorurteile herausstellen könnten). Die Folge ist jedenfalls, dass 90% oder mehr aller Mutationen einfach zum Absturz des mutierten Programms führen werden. In einigen wenigen Fällen wird sich jedoch wieder ein lauffähiger Code ergeben, der dann zu anderen Ergebnissen führt als bei den anderen Mitgliedern der Population.

Keines der Programme weiß, was es eigentlich berechnen soll, und der Mensch, der die Programme geschrieben und ins Netz entlassen hat, weiß nicht, welchen Weg der Schwarm zur Lösung des Problems einschlagen wird. Dennoch muss es in jeder Generation einige Programme geben, die näher an der gewünschten Lösung sind als andere. Diese werden mit Hilfe der Fitness-Funktion selektiert, die anderen lässt man sozusagen sterben (sofern sie nicht ohnehin schon längst abgestürzt, also ausgestorben sind). Es ist wichtig, dass man nicht nur den einen Besten auswählt, sondern wieder eine ganze Population, die dann natürlich auch Mitglieder mit schlechteren Ergebnissen enthält, denn der Schwarm kann sich nur weiterentwickeln, wenn ihm für die nächste Generation wieder eine genügend große Anzahl Individuen mit genetischer Vielfalt zur Verfügung steht. Würde man stattdessen nur den Besten „klonen", bliebe die Entwicklung stehen, da ja immer nur das momentane Ergebnis reproduziert würde. Außerdem hat sich herausgestellt, dass am Ende durchaus einer aus der Gruppe das Rennen machen kann, dessen Vorfahren zwischenzeitlich gar nicht an der Spitze gelegen haben. Manchmal muss intelligentes Verhalten auch Umwege beschreiten.

John Koza, Professor für medizinische Informatik an der Stanford-Universität und derzeit einer der Gurus für künstliche Intelligenz, testet solche genetischen Programme schon

seit vielen Jahren und lässt sie sich über Tausende und Abertausende von Generationen weiterentwickeln. Die Ergebnisse sind verblüffend. Obwohl jedes einzelne Programm der „Ur-Generation“ äußerst primitiv angelegt war, konnten seine Programmschwärme schon ziemlich komplizierte mathematische Aufgaben lösen lernen.
Seine technische Ausrüstung ist im Grunde auch nichts Weltbewegendes: 1000 ganz normale PCs, die durch ein lokales Netzwerk miteinander verbunden sind.
Möglicherweise gefährlich wird es natürlich erst dann, wenn die intelligenten Programmschwärme aus dem geschützten Bereich eines einzelnen Computers oder eines in sich abgeschlossenen Netzwerks entweichen. Es gibt dafür im Grunde nur zwei Möglichkeiten. Die eine ist heute schon real: Man kann die Population ins Internet einspeisen, damit sie sich dort eigene neue Lebensräume sucht. Oder man lässt jedes Programm auf einem eigenen kleinen Nanobot laufen und setzt diesen – jetzt wirklich materiell existierenden – Schwarm in der Natur aus. Das ist offiziell heute noch nicht möglich, entspricht aber dem Szenario aus Crichtons Roman.
Von einem solchen Moment an ist der intelligente Programmschwarm auf immer und ewig der Kontrolle durch den Menschen entzogen und entwickelt sich bis in alle Ewigkeit weiter – egal, welche der beiden Freisetzungsmöglichkeiten man nutzt. Man kennt es ja von den Computerviren. Ist ein neues Virus erst einmal im Netz, kann es niemand mehr ausrotten. Die einzige Chance ist nur, dass jeder das „Immunsystem“ seines Computers, also das Virensuchprogramm, immer auf dem neuesten Stand hält, um seinen eigenen Rechner vor Angriffen zu schützen.
Die allgemeine Auffassung der Wissenschaftler ist heute, dass Schwärme intelligenter Programme im Prinzip jedes denkbare Problem lösen, bzw. jede beliebige Aufgabe erfüllen können. Man muss nur die Fitness-Funktion, also den Selektionsmotor

der gesamten Population, entsprechend definieren und dem System anschließend genug Zeit lassen. Da die Geschwindigkeit heutiger Computerprozessoren Tausende solcher Generationenfolgen praktisch im Sekundentakt erledigen kann, sind die Möglichkeiten natürlich immens.
Inwieweit aber hat der Mensch es dann im Griff, welcher Art die Intelligenz bzw. die Fähigkeiten sind, die eine solche Population intelligenter Programme im Verlauf einiger Millionen oder gar Milliarden von Generationen entwickelt? Gar nicht. Es ist unvorhersehbar, was im Einzelnen durch den Vorgang der genetischen Durchmischung und der Zufallsmutationen entsteht, zumindest solange damit die notwendigen Ergebnisse für die Fitness-Funktion, also für den Selektionsmotor, nicht gestört werden. Nur nach diesen Gesichtspunkten werden ja die Besten selektiert. Was da noch im Stillen so nebenher entsteht, wird nicht überprüft und kann daher auch nicht verhindert werden.
Das entspricht genau der Situation in unserer DNA, wo ja der Selektionsdruck der Evolution, also im Grunde unsere Fitness-Funktion aus der Matrix, auch nur auf die knapp 10% der DNA wirkt, die zur Ausbildung der Gene benötigt werden. Mutationen im großen Bereich der stummen DNA hingegen haben auf die Überlebensfähigkeit des Individuums keinen Einfluss und können sich daher ungestört und unbeobachtet über Generationen entwickeln. Bis daraus etwas Entscheidendes entsteht, vergehen bei intelligenten Programmen allenfalls ein paar Stunden, beim Menschen dagegen natürlich Jahrtausende. Vielleicht schlummern da längst Fähigkeiten in uns allen, von denen wir noch keine Ahnung haben. Oder greift die Matrix in die Fitness-Funktion von uns Menschen mächtig ein? Eine mögliche verborgene Fähigkeit in unserer DNA haben wir im letzten Kapitel schon erwähnt, weitere werden folgen.

Auf diese Weise lernten zum Beispiel die Nanoschwärme in Michael Crichtons Roman nicht nur, ihre eigene Energieversorgung und die Reproduktion ihrer Hardware in den Griff zu bekommen. Da sie als Spionagekameras angelegt waren und damit im Grunde „sehen“ konnten, entwickelten sie sogar ausgeklügelte Möglichkeiten, sich selbst den Menschen gegenüber perfekt zu tarnen. Sie lernten zum Beispiel das Aussehen eines Menschen zu scannen und zu analysieren. Anschließend konnte der Schwarm dann selbst scheinbar die Gestalt dieses Menschen annehmen, indem jedes Mitglied sozusagen die Farbe eines anderen Rasterpunktes dieses dreidimensionalen Bildes annahm. In der Geschichte führt dies dazu, dass auch die Menschen einander nicht mehr trauen können, da niemand mehr weiß, wer außer ihm selbst noch „echt“ ist.

Selbst diese bizarre Entwicklung in dem Roman ist nicht unbedingt eine Utopie, da ganz ähnliche Technologien von uns Menschen bereits entwickelt worden sind. Und wie gesagt: Was Menschen lernen können, das können auch intelligente Programme lernen!

Für das Militär konstruierte der amerikanische Physiker *Michael Burns* zum Beispiel einen Spezialanzug, der rundherum mit paillettenartigen Scanner- und Reflektorplatten besetzt ist, die untereinander verkabelt sind. Die Scanner auf der Rückseite tasten die Farbmuster des Hintergrundes ab und projizieren diese auf die Reflektoren der Vorderseite des Anzuges und umgekehrt.[58]

Durch Videoaufnahmen wurde bewiesen, dass der Träger dieses Anzuges nach Einschalten der Elektronik tatsächlich zu verschwinden scheint. Die Technik ist noch nicht perfekt – man sieht noch ein leichtes Flimmern seiner Umrisse –, aber das sind nur kleinere technische Probleme.

Ebenso ist es nur eine Frage des Designs, ob der Anzug nun den Hintergrund projiziert oder irgendetwas anders, was dem

Träger das Aussehen von etwas anderem verleihen würde, so ähnlich wie die Camouflage, die die Nanobots bei Crichton entwickelten.

Neuerdings sind ähnliche Entwicklungen auch im Zivilbereich bekannt geworden. *Susumu Tachi*, Informatikprofessor an der Universität Tokio, hat einen Mantel entworfen, der seinen Träger mit ähnlicher Technologie sozusagen unsichtbar macht (mit Ausnahme des Kopfes natürlich, der ja nicht im Mantel steckt). Wir erwähnen dies nur nebenbei, da von diesem Mantel sogar schon ein Foto veröffentlicht wurde (s. Abbildungsteil, Bild 30). Wie man sieht, schimmert der Mantel zwar noch leicht grünlich, doch die Elemente des Hintergrundes sind „durch ihn hindurch" schon einwandfrei erkennbar.[59]

Auf jeden Fall ist es klar, dass ein Schwerpunkt der Nanotechnologie – neben den medizinischen Anwendungen – im militärischen Bereich liegen wird. Seit Jahren schon erforschen wissenschaftliche Institute des US-Militärs Wege und Möglichkeiten, einen „Supersoldaten" zu erschaffen, also einen Menschen, der von manchen menschlichen Unzulänglichkeiten befreit ist und dafür alle Eigenschaften besitzt, die sich sein General eben so wünscht: Er soll natürlich Befehle befolgen, ohne zu zögern oder gar lange Fragen zu stellen, er soll keine Angst vor dem Tod haben, aber auch keine Hemmungen, andere zu töten, und er soll natürlich körperlich und mental möglichst ununterbrochen funktionieren, wenn erforderlich auch mehrere Tage lang, ohne zu schlafen.

Dieser Katalog an „Qualitätsmerkmalen" ist keineswegs einem alten James-Bond-Film entnommen, sondern Realität. Wenn man die entsprechenden Publikationen des US-Militärs liest, kann einem wirklich angst und bange werden.

Die US-Armee betreibt eine eigene Forschungsabteilung zur „Verbesserung" der Fähigkeiten ihrer Soldaten, das sogenannte „*Human Effectiveness Directorate*" (Direktorat für menschliche Effektivität). Sehr futuristische Projekte hingegen, die nicht unter Zeitdruck und ohne Rücksicht auf möglicherweise knappe Budgets erforscht werden sollen, laufen unter der Federführung der *Defense Advanced Research Projects Agency* (DARPA), zu deutsch also etwa „Agentur des Verteidigungsministeriums für fortgeschrittene Projekte". Kurz gesagt – es handelt sich um eine Art von geheimem Konsortium, das sich mit der Zukunft beschäftigt, und zwar nicht damit, die Zukunft zu erkennen, sondern sie zu gestalten.[60]

Zur DARPA gehört zum Beispiel auch das inzwischen bekannt gewordene *Information Awareness Office* (Büro zur Wahrnehmung von Informationen), das nach den Vorgängen des 11. September 2001 die Zuständigkeit für den Informationsgewinn bei „nichtkonventionellen militärischen Targets" übertragen bekam. Es geht offiziell um die Ausforschung potentieller Terroristen, in der Praxis jedoch um die flächendeckende Überwachung der Gesellschaft. Zum Leiter des Information Awareness Office ernannte Präsident George W. Bush im Jahre 2002 den Physiker und pensionierten Admiral *John Poindexter*, in den achtziger Jahren noch Sicherheitsberater von Ronald Reagan.

Bei dem neuesten Forschungsprojekt des Information Awareness Office mit dem Namen *LifeLog* geht es darum, den gesamten Wahrnehmungsfluss eines Menschen aus der Ferne zu überwachen und auszuwerten. Alles, was der Mensch sieht, hört und fühlt, wird registriert und im Computer gespeichert. Zweck dieses Projekts ist ausdrücklich nicht nur die Überwachung der Bevölkerung. Dazu ist die gewonnene Datenmenge viel zu groß. Sie kann schon in wenigen Minuten schwindelerregende Größenordnungen annehmen. Es geht auch um das Studium kognitiver Prozesse beim Menschen. Wie ist es möglich, dass das Gehirn aus der Flut einströmender – und zumeist irrelevanter – Daten das Wichtige herausfiltert? Ziel der Forschung ist natürlich wieder die Verbesserung der künstlichen Intelligenz.[61]

Das *„War Fighter Enhancement Program"* der DARPA hingegen beschäftigt sich mit den Supersoldaten. Die Bemühungen zur Steigerung der „Effektivität" von Soldaten erstrecken sich auf mehrere Bereiche: Verabreichung von Drogen, genetische Manipulationen, elektrische Frequenzen und Nanotechnologie.[62] Das Projekt wird vom Pentagon mit Milliardensummen an Steuergeldern gefördert.

Drogen verabreicht man Soldaten schon am längsten. In der Regel handelt es sich dabei um Amphetamine, also um Aufputschmittel, in der illegalen Drogenszene auch „Speed" genannt. Die ganze Sache kam im Frühjahr 2002 ans Tageslicht, als ein amerikanisches Militärflugzeug in Afghanistan irrtümlich die eigenen Leute in der Nähe der Stadt Kandahar mit einer lasergesteuerten Bombe angriff. Vier kanadische Soldaten kamen ums Leben. Die verantwortlichen Piloten, *Major Harry Schmidt* und *Major William Umbach*, wurden vor ein Kriegsgericht gestellt, worauf ihre Anwälte öffentlich aussagten, die beiden seien von ihren Vorgesetzten zur Einnahme von „Go-Pillen" gezwungen worden, um während der langen nächtlichen Patrouillenflüge weniger müde zu werden. Major Schmidt fügte hinzu, er habe in den Wochen zuvor insgesamt sieben Mal derartige Überwachungsflüge von jeweils zehn Stunden Dauer absolvieren müssen und habe daher die „Go-Pillen" gebraucht, weil er es sonst nicht durchgestanden hätte.[63]

Auf diese Weise kam auch ans Licht der Öffentlichkeit, dass die DARPA schon am Design von „Supersoldaten" bastelt und dass dabei auch wesentlich futuristischere Technologien zum Einsatz kommen als nur Drogen, zumal sich diese ja im Einsatz als unsicher erweisen, wie der Fall in Afghanistan gezeigt hat. Auch im zweiten Irak-Krieg im Frühjahr 2003 sind ja die meisten amerikanischen und britischen Kriegstoten Opfer des berüchtigten „friendly fire" geworden.

Amphetamine vertreiben nicht nur die Müdigkeit, sie machen auch aggressiver. Sie dämpfen natürliche Angstgefühle und

können dadurch Leichtsinn provozieren. Als Konsequenz kann im Kampfeinsatz das klare Urteilsvermögen getrübt werden.
Schon im ersten Golfkrieg, unter Präsident Bush sen., wurde die Einnahme von Aufputschmitteln – seinerzeit Dexedrin – bei Piloten der Air Force geduldet, teilweise dazu ermutigt und manchmal sogar befohlen. Die Piloten, die sich weigerten, erlebten häufig einen Karriereknick.
Die DARPA jedenfalls hat schon seit mehreren Jahren den Auftrag, nach besseren Lösungen zu suchen.
DARPA-Sprecher Admiral *Stephen Baker* betont daher auch, hinsichtlich des War Fighter Enhancement Program sei die Forschung „sehr aggressiv und nach allen Seiten weit offen". Ziel des Projekts sei ein Soldat „mit eisernem Körper und eisernem Willen", der den „mentalen und physiologischen Effekten des Schlafentzugs widerstehen kann" und in der Lage ist, den „äußeren und mentalen Stress auf dem Schlachtfeld zu handhaben".
Eine Möglichkeit liegt in der Verwendung elektromagnetischer Frequenzen, genauer: In der Transkraniellen Magnetstimulation (TCM), über die wir schon im Buch „Zaubergesang" ausführlicher berichtet haben. Die zugehörigen Geräte sind leicht in einem Helm unterzubringen. Durch kurzfristige elektromagnetische Impulse ins Gehirn lassen sich, wie man inzwischen weiß, bestimmte Hirnregionen stimulieren und dadurch Fähigkeiten auf Wunsch ein- oder ausschalten. Besonderes Interesse besteht daran, zur Vermeidung von Drogen auf diese Weise das Schlafbedürfnis zu mindern. Ein entsprechendes Forschungsprojekt hat die DARPA an die Medical University of South Carolina weitergegeben.[64]
Die DARPA-Wissenschaftler versuchen aber auch von der Natur zu lernen. Es gibt Tierarten, die unter bestimmten Bedingungen oder zu bestimmten Zeiten ein verändertes Schlafverhalten zeigen, ohne dabei Schaden zu nehmen. Bei Walen

zum Beispiel schlafen immer nur Teile des Gehirns, während andere wach bleiben, damit die Tiere auch im Schlaf regelmäßig zum Atmen an die Wasseroberfläche schwimmen.
Bei einer bestimmten Sperlingsart, die jährlich zum Überwintern von Alaska bis nach Kalifornien fliegt, hat man beobachtet, dass die Vögel während der Flugzeit bis zu sieben Tage ohne Schlaf auskommen und dabei noch putzmunter bleiben. Dieser Schlafentzug wird nicht etwa durch den langandauernden Flug erzwungen, sondern eher jahreszeitlich gesteuert. Selbst Vögel, die in Käfigen gehalten werden, also den Flug nicht mitmachen können, schlafen während dieser Zeit nicht. Die Wissenschaftler glauben daher, dass es eine Art von Schlafentzugs-Gen geben muss, das bei den Sperlingen aktiviert ist. Sie arbeiten mit Hochdruck daran, dieses Gen nach Möglichkeit zu identifizieren und ähnliche Gene bei anderen Tieren aufzuspüren.[65]
Da ohnehin der größte Teil der DNA bei den meisten Lebewesen identisch ist, wäre dann nämlich zu erwarten, dass der Mensch dieses Gen auch besitzt, lediglich ist es bei uns nicht aktiviert, da es sich für unsere Lebensweise als nicht förderlich erwiesen hat (die neuesten Erkenntnisse zur wissenschaftlichen Schlaf- und Traumforschung beschreiben wir im Buch „Spektrum der Nacht“). Dieses Gen wäre dann Teil der „stummen DNA“ und könnte möglicherweise durch geeignete gentechnische Verfahren wieder aktiviert werden. Das Resultat wären Soldaten, die dann bis zu sieben Tage ununterbrochen im Kampfeinsatz sein könnten, ohne schlafen zu müssen.
Es ist übrigens durchaus nicht übertrieben, von der „Erschaffung“ der Supersoldaten zu sprechen, denn einige Forscher bei der DARPA gehen tatsächlich so weit, die wichtigsten „Verbesserungen“ genetisch zu verankern, damit sie vererbt werden können. Dies wäre dann endgültig eine neue Rasse von Menschen, geschaffen nur zu dem Zweck, Krieg zu führen, und das

im Namen einer Nation, die einst als eine der ersten die Menschenrechte in ihrer Verfassung verankert hatte.
Allerdings dürfte die Vermehrung der Supersoldaten dann eher durch Klonen als auf natürliche Weise vonstatten gehen, denn damit bei einer normalen Zeugung wieder mit Sicherheit ein vollständiger Supersoldat entsteht, müsste ja dann auch die Frau diese Gene in sich tragen. Überhaupt ist es ein Problem, auf das die Militärstrategen bislang keine befriedigende Antwort gegeben haben: Was soll mit den Supersoldaten geschehen, wenn der Krieg aus ist (was ja auch hin und wieder vorkommen soll)? Sind diese Menschen aufgrund ihrer veränderten Charaktereigenschaften überhaupt für ein normales Leben in der Gemeinschaft geeignet? Sind sie durch jahrelangen Schlafentzug und andere Stressfaktoren nicht ohnehin ausgebrannt und leer?
Schon frühere Kriege, wie der Vietnamkrieg oder der erste Golfkrieg, haben gezeigt, dass die heimkehrenden Veteranen, nachdem man sie als Helden gefeiert hat, zumeist in ein tiefes Loch stürzen. Die speziellen Fähigkeiten, auf die sie trainiert sind, werden plötzlich nicht mehr gebraucht, viele sind krank, alle waren zumindest für einige Zeit dem normalen Arbeitsprozess in der Gesellschaft entzogen und müssen im Prinzip ganz von vorn anfangen. Die Supersoldaten werden dieses Problem eher verschärfen.
Die US-Regierung scheint an der Beantwortung dieser Fragen wenig Interesse zu haben. Gerade erst wurden die Gelder zur Finanzierung von Sanatorien für Kriegsveteranen zusammengestrichen. Den existierenden Sanatorien wurde sogar verboten, für ihre verfügbaren Leistungen zu werben. Es soll den Veteranen nicht so leicht gemacht werden, solche Einrichtungen aufzufinden und damit das Versprechen der Regierung einzufordern, nach dem Krieg für ihr körperliches und seelisches Wohl zu sorgen.

Nanotechnologie wird bei den Supersoldaten vor allem dem Zweck der Überwachung dienen. Zum einen natürlich der Ortung, was speziell im Fall abgeschossener Kampfpiloten wichtig ist, die mit ihrem Rettungsfallschirm hinter den feindlichen Linien niedergegangen sind. Ein implantierter Peilsender ist da wichtig, da er weder verloren gehen noch von feindlichen Truppen ohne weiteres konfisziert werden kann. Nano-Implantate können aber auch der Überwachung von Körper- und Gehirnfunktionen dienen. Nanochips auf DNA-Basis können für eine geeignete Medikamenten- und Hormonversorgung zuständig sein, als Alternative zur herkömmlichen Drogeneinnahme oder Magnetstimulation.
Darüber hinaus kann Nanotechnologie natürlich auch bei der Ausrüstung der Supersoldaten zum Einsatz kommen. Das Gewicht der schweren Kampfausrüstung eines normalen Soldaten im Heer kann durch Miniaturisierung erheblich reduziert werden. Außerdem existiert ein weites Feld neuartiger Ausrüstungsgegenstände, wie z. B. die bereits zitierten Tarnanzüge.
In diesem Zusammenhang hatten wir schon die Möglichkeit erwähnt, dass Schwärme von Nanobots sich in Zukunft durch das Annehmen einer beliebigen Form tarnen könnten. Nun sind Nanobots, wie wir gelernt haben, im Prinzip nicht viel mehr als intelligente Programme.
Solche getarnten Objekte erinnern natürlich, wenn man ihnen begegnen würde, an Fehler in der Matrix, wenn sie im eigentlichen Sinne auch keine sind, denn sie wären ja Ausgeburten einer Technologie, die innerhalb der Matrix erdacht und angewendet würde.
Allerdings haben wir die Matrix von Anfang an als so etwas wie ein gigantisches Software-Programm charakterisiert, das unsere Realität aus dem Hyperraum projiziert. Wie wir schon andeutungsweise gesehen haben, kann diese Matrix auch gezielt geändert werden. Wäre es dann auch möglich, in der

Matrix solche intelligenten Programme freizusetzen? Wenn ja, wie würden sie uns erscheinen?
Vermutlich könnten sie für unsere Wahrnehmung eine ganz normale materielle Erscheinung annehmen, also auch mehr oder weniger wie normale Menschen aussehen.
Sind wir dann vielleicht sogar nichts anderes als solche Programme, nur mit der Illusion ausgestattet, eine eigene Individualität, eine Seele, zu haben?
Was die letzte Frage betrifft, können wir Sie beruhigen. Was immer wir sind, wir sind sicherlich keine seelenlosen Nanobots aus der Matrix. Das ist übrigens keine Frage eines Glaubens oder einer Weltanschauung, sondern lässt sich beweisen. Die Welt, so wie sie durch die Matrix projiziert wird, setzt voraus, dass jeder von uns – in der Regel unbewusst – an diesem Projektionsvorgang sogar beteiligt ist, wie wir noch sehen werden. Etwas mehr als intelligente Programme sind wir also schon.
Es gibt allerdings Berichte, die darauf hinweisen, dass es solche intelligenten Programme in der Matrix tatsächlich gibt. Sie können offenbar aus dem Nichts erscheinen und ebenso plötzlich wieder verschwinden. Dass es sich bei ihnen trotzdem nicht um das Auftauchen normaler Menschen, etwa aus Parallelwelten oder nach Raum-Zeit-Versetzungen, handeln kann, folgt aus bestimmten Anomalien ihres Verhaltens.
Gleichzeitig ist es kaum anzunehmen, dass solche Gestalten sich auf natürliche Weise in der Matrix entwickelt haben. Diese Berichte gehören daher zu den stärksten Indizien dafür, dass es intelligente Instanzen gibt, die an unserer Matrix gezielt manipulieren. Ob es sich bei den Drahtziehern dieser Manipulationen um Menschen oder um noch andere Intelligenzformen handelt, wird am Ende des Buches zu diskutieren sein.

VII

Agenten in der Matrix

Men in Black – Well Dressed Women

Der Arzt und Hypnosetherapeut Dr. *Herbert Hopkins* hatte sich in den letzten Tagen intensiv mit einem Fall einer angeblichen Begegnung der dritten Art mit einem UFO beschäftigt, der sich im US-Bundesstaat Maine zugetragen haben sollte.[66] An diesem Abend saß er allein zu Hause, als ihn ein fremder Mann anrief. Der Fremde stellte sich vor als „Vizepräsident der New Jersey UFO Research Organization" und fragte, ob er Hopkins noch so spät besuchen und über den Fall mit ihm diskutieren könne. Hopkins stimmte zu. Nachdem er den Hörer aufgelegt hatte, ging er zur Hintertür seines Hauses, um die Außenbeleuchtung für seinen erwarteten Gast einzuschalten.

Noch bevor er es schaffte, das Licht einzuschalten, sah er, dass der Fremde bereits die Stufen zu seinem Haus heraufkam. Es war ihm ein Rätsel, wie der Mann so schnell hatte kommen können. Selbst wenn er ein Auto gehabt hatte – von keinem Telefon in der Gegend hätte er Hopkins' Haus so schnell erreichen können. Der Fall ereignete sich zu einer Zeit, als es noch keine Handys gab.

Der Besucher war vollständig in Schwarz gekleidet, mit Ausnahme eines blendend weißen Hemdes. Seine Kleidung schien brandneu und sorgfältig gebügelt zu sein. Als er den Hut abnahm, sah Hopkins, dass sein Kopf vollkommen kahl war. Er hatte auch weder Augenbrauen noch Wimpern. Die Hautfarbe war totenbleich, und der Mund war knallrot.

Als sie ihr Gespräch beendet hatten, sagte der Fremde zu Hopkins, dass dieser zwei Münzen in der Tasche habe, was Hopkins bestätigen konnte, und bat den Arzt, ihm eine zu geben. Der Mann in Schwarz spielte mit der Münze ein wenig herum, und Hopkins bemerkte, wie das Geldstück langsam unscharf wurde und schließlich verschwand. „Weder Sie noch irgendjemand anders auf dieser Ebene wird diese Münze jemals wiedersehen", sagte der Fremde. Er forderte Hopkins auf, alle Tonbänder von Hypnosesitzungen und sonstigen Unterlagen des untersuchten UFO-Falles zu vernichten.
Sie unterhielten sich noch ein wenig über UFOs, als der Mann plötzlich immer langsamer sprach. „Meine Energie lässt nach", sagte er, „ich muss gehen. Auf Wiedersehen." Er erhob sich und ging mit langsamen, unsicheren Schritten zur Tür hinaus und die Treppe hinunter. Draußen sah Hopkins ein blendend weißes Licht, möglicherweise von einem Auto, obwohl er keines sah.
Später, als Hopkins' Familie nach Hause kam, erzählte er ihnen von dem seltsamen Besucher. Gemeinsam untersuchten sie die Auffahrt zum Haus und fanden auf dem Weg Reifenspuren, aber seltsamerweise in der Mitte des Weges, wo sie kein normales Auto hätte hinterlassen können. Am nächsten Morgen waren diese Spuren verschwunden. Wie sich später herausstellte, existierte eine „New Jersey UFO Research Organization" überhaupt nicht. Je mehr sich Hopkins an die seltsamen Ereignisse des letzten Abends erinnerte, desto mehr Angst bekam er. Während des ganzen Erlebnisses hingegen war ihm seltsamerweise gar nichts ungewöhnlich vorgekommen. Erst hinterher fielen ihm die ganzen Ungereimtheiten auf. Jetzt befolgte Hopkins die Aufforderung seines Besuchers. Er löschte alle Tonbänder, vernichtete die Unterlagen und weigerte sich später, sich noch mit dem Fall zu beschäftigen.

Einige Tage danach erhielt Hopkins‘ Schwiegertochter Maureen ebenfalls einen Anruf eines Fremden, mit der Bitte um ein Treffen. Hopkins‘ Sohn John traf sich daraufhin mit dem Anrufer in einem Schnellrestaurant und kam mit ihm und seiner Begleiterin nach Hause. Beide Besucher waren wiederum vollkommen schwarz gekleidet und sahen auch sonst sehr ungewöhnlich aus. Noch seltsamer war ihr Benehmen. Sie nahmen angebotene Getränke an, tranken jedoch nichts davon. Sie stellten Maureen und John eigenartige und sehr persönliche Fragen, etwa nach ihren Fernseh- und Lesegewohnheiten. Dabei betastete der Mann ständig seine Begleiterin und fragte John, ob es „so richtig sei".
Kurz darauf stand die Frau auf und sagte, sie müsse gehen. Auch der Mann erhob sich und blieb zwischen ihr und der Tür stehen. Es zeigte sich, dass die Frau nicht in der Lage war, um den Mann herumzugehen, und sie bat John deswegen, ihn zur Seite zu schieben. Dann gingen beide mit kurzen, geradlinigen Schritten aus dem Haus und verschwanden, ohne noch ein Wort zu sagen.
Viele von uns haben sich schon erfreut an der köstlichen Science-Fiction-Komödie „Men in Black“. Doch hinter dem Motiv der „Männer in Schwarz“ steckt ein sehr geheimnisvolles und beunruhigendes Phänomen, das auch nichts mit der Thematik des Hollywood-Films zu tun hat. Menschen erhalten zuweilen ganz unvermutet Besuch von geheimnisvollen Männern, die nicht nur ganz in Schwarz gekleidet sind, sondern auch ein höchst ungewöhnliches Verhalten an den Tag legen und häufig ihre Gastgeber bedrohen.
Was noch ungewöhnlicher ist: Diese Besucher tauchen meist aus dem Nichts auf und verschwinden genauso spurlos wieder. Dieses und noch so manches andere seltsame Detail lässt vermuten, dass hier nicht – wie oft behauptet wird – eine „Regierungsverschwörung“ vorliegt, sondern dass es sich um etwas wesentlich Bizarreres handelt, um einen weiteren Feh-

ler in der Matrix. Allerdings haben wir es hier eindeutig nicht mit einem natürlichen Phänomen zu tun. Die „Men in Black“ scheinen Ausgeburt einer gezielten Manipulation der Wahrnehmung unserer Realität zu sein. Es stellt sich nur die Frage, wer so etwas tut und wozu.

Das Phänomen der „Men in Black” – Besuche von seltsamen Männern in schwarzer Kleidung – ist weltweit seit etwa 50 Jahren bekannt. Forscher, die diese Berichte untersuchten, glaubten anfangs, es handele sich dabei um Besuche von Regierungsagenten, etwa von der CIA oder vom FBI, die im Auftrag der Regierung für die Vertuschung von UFO-Sichtungen sorgen sollten. Doch wenn man die charakteristischen Details der einzelnen Erlebnisberichte vergleicht, so sieht man, dass es sich hierbei um etwas weitaus Bizarreres handeln muss.

Generell haben die Men in Black in den unterschiedlichen Berichten einige übereinstimmende Merkmale: Sie kommen aus dem Nirgendwo und verschwinden ebenso spurlos wieder. Häufig kündigen sie ihre Besuche vorher telefonisch an.

Sie tragen schwarze Anzüge, manchmal aus unbekannten Materialien, weiße Hemden und schwarze Krawatten, häufig auch schwarze Mäntel, Hüte und dunkle Sonnenbrillen, alles absolut neu aussehend, sauber und sorgfältig gebügelt. Sie tragen allerdings niemals Uhren. Insgesamt wirken sie fast grotesk, wie aus einem alten Gangsterfilm der vierziger Jahre entsprungen.

Sie kommen selten allein, meist zu dritt, und handeln dabei gemeinsam, als Gruppe, aber die Menschen, die sie besuchen, sind praktisch immer allein. Untereinander verständigen sie sich meist ohne Worte, wie telepathisch und mit Augen, von denen Lichtblitze ausgehen.

Ihre Gesichter sind blass bis geisterhaft weiß. Sie sehen sich meist vollkommen ähnlich, so wie Zwillinge oder Klone. Ihre Stimmen sind monoton und mechanisch, und sie reden in abgedroschenen Floskeln. Sie zeigen keine Emotionen. Sie haben hohe Backenknochen, dünne Lippen, ein spitzes Kinn und leicht schräg gestellte Augen. Ihre Hände fühlen sich meist kalt an.

Ihre Bewegungen sind steif und unbeholfen, fast mechanisch, und sie gehen häufig nur in geraden Linien und mit kurzen Schritten. Die Körper wirken wie hohl und seelenlos. Ihre Füße hinterlassen auf Sand oder Erdboden keine Spuren.

Die klassischen Men in Black sind in der Regel Männer. Weibliche Gestalten wurden nur sehr selten beobachtet. Ihr Benehmen ist förmlich, kalt bis finster, nicht direkt feindselig, aber ohne jede menschliche Ausstrahlung. Oft benutzen sie eine fast zu perfekte Ausdrucksweise. Sie sprechen vielfach mit fremdem, orientalisch wirkendem Akzent und lassen sich nur sehr ungern fotografieren.

Ihr Benehmen ist insgesamt eigenartig, so als ob sie sich in einer vollkommen fremden Umgebung befinden würden. Sie sprechen häufig von „euren Wissenschaftlern" etc., als wären sie nicht von hier. Angebotene Getränke oder Essen nehmen sie zwar an, verzehren jedoch niemals etwas davon. Dabei zeigen sie, dass sie mit elementarsten Gebrauchsgegenständen des täglichen Lebens nicht umgehen können.

Einen solchen Fall schildert *Jacques Vallée*. Er ereignete sich in Happy Camp, Kalifornien, im Anschluss an eine mutmaßliche UFO-Begegnung in der kleinen Stadt. In einem kleinen Café beobachteten mehrere Augenzeugen einen seltsamen Mann:

„Die Gespräche brachen ab, als der Mann hereinkam. Er bestellte ein Steak, konnte aber anscheinend nicht mit Messer und Gabel umgehen und verschwand ohne zu bezahlen. ... Pat erzählte mir, er habe bleiche Haut und ‚asiatische' Augen gehabt. Er trug ein bizarres Hemd und keinen Mantel, obwohl es mitten im Winter war. Er lächelte die Leute ständig mit einer seltsamen, erzwungenen Grimasse an. Zu den eigenartigen Dingen, die er während seines eigenartigen Mahls tat,

zählte auch der tapfere Versuch, Götterspeise aus seinem Glas zu trinken.“[67]

Die Gespräche mit den Men in Black verlaufen meist wie polizeiliche Verhöre, und in der Regel versuchen sie, ihre Gastgeber einzuschüchtern. Es scheint, dass sie auch in der Lage sind, mentale Techniken einzusetzen, um auf die Entscheidungs- und Kritikfähigkeit von Menschen Einfluss zu nehmen. Darüber hinaus können sie offenbar auch die menschliche Wahrnehmung der Realität beeinflussen. Betroffene berichten oft über Wahrnehmungen falscher, nicht passender Farben während einer solchen Begegnung.

Häufig erhalten Menschen Besuche dieser rätselhaften Männer in Schwarz, kurz nachdem sie ein UFO, einen Kornkreis oder sonst etwas Merkwürdiges gesehen haben. Wenn jemand interessante Materialien besitzt, z. B. Videoaufnahmen oder Fotos, beschlagnahmen sie diese meistens oder fordern den Betroffenen auf, sie zu vernichten. Ferner verlangen sie in der Regel, niemandem von ihrem Besuch oder dem Inhalt der Unterhaltung zu erzählen.

Bei diesen „Verhören“ sprechen die Men in Black zwar ernsthafte Drohungen aus, oft gegen Leib und Leben der Personen, doch sie wenden niemals Gewalt an, und selbst wenn sich ein Betroffener hinterher nicht an ihre Anweisungen hält, machen sie ihre Drohungen auch niemals wahr. Die Motive ihrer Handlungen erscheinen im Nachhinein sinnlos und nicht nachvollziehbar.

Wenn sie nicht mit Drohungen arbeiten, so legen sie eine schon fast groteske Rationalität an den Tag, indem sie versuchen, das Erlebnis des Menschen mit unsinnigen, aber „natürlich“ klingenden Erklärungen abzutun (z. B. „Sie haben nur das Licht der Venus gesehen, das von einem Wetterballon reflektiert wurde.“)

Wenn sie sich vorstellen, so nennen sie immer falsche Namen oder Namen von nicht existierenden Organisationen. Manch-

mal zeigen sie dabei auch gefälschte Abzeichen oder Identifikationskarten. Oft behaupten sie, von Ermittlungsbehörden der Regierung zu kommen, die sich hinterher als ebenfalls nicht existent erweisen. Manchmal tragen sie sogar Air-Force-Uniformen.
Die Men in Black sind immer über die von ihnen besuchten Menschen außergewöhnlich gut informiert und wissen teilweise intimste Details, so als ob sie Zugang zu Geheiminformationen hätten. Manchmal wissen sie jedoch sogar Dinge, die selbst ein Geheimagent nicht wissen könnte.
Wenn sie mit dem Auto kommen, so handelt es sich in der Regel um alte, aber sehr gut erhaltene, fast neu wirkende Luxuslimousinen, in den USA Cadillacs, in England Rolls Royce. Im Innern der Autos wird manchmal von Zeugen ein purpurfarbenes oder grünliches Leuchten gesehen. Die Scheinwerfer sind meist ausgeschaltet, auf den Türen befinden sich unbekannte Symbole, und die Kennzeichen sind nicht echt. Die Autos machen beim Fahren keine Geräusche.
Der größte Teil der Berichte über die Men in Black kommt aus den USA, Mexiko, Schweden, Spanien, Italien und England. Es ist charakteristisch, dass aus den ehemaligen Ostblockländern derartige Berichte bislang nicht bekannt sind. Nach einer solchen Begegnung kann ein Betroffener unter psychischen Problemen leiden. Bei manchen dauert dies nur ein paar Stunden, andere hingegen erholen sich nie.
Peter Rojcewicz, Professor für Anthropologie, saß eines Tages in der Bibliothek der Universität von Pennsylvania und las ein Buch über UFOs. Ein Kollege hatte es ihm empfohlen, da Rojcewicz sich für lokale Folklore interessierte. Beim Lesen bemerkte er plötzlich neben sich am äußersten Rand seines Blickfeldes ein schwarzes Hosenbein und einen schwarzen Schuh.[68]
Als er aufblickte, sah er eine hochgewachsene, sehr hellhäutige Gestalt. Gekleidet war sie in einen schwarzen Anzug,

schwarze Schuhe und ein weißes Hemd mit schwarzer Krawatte. Der Mann bewegte sich sehr seltsam, mit Bewegungen „wie aus einem Guss". Er fragte den Wissenschaftler, was er da mache, und Rojcewicz antwortete, dass er ein Buch über UFOs lese. Damit begann das Verhör.

„Haben Sie schon ein UFO gesehen?"

„Nein."

„Glauben Sie an die Realität fliegender Untertassen?"

Rojcewicz antwortete, dass er noch zu wenig über das Thema wisse, um zu beurteilen, ob es ihn überhaupt interessiere. Daraufhin wurde der Man in Black wütend.

„Fliegende Untertassen sind das wichtigste Faktum des Jahrhunderts, und Sie sind nicht interessiert?"

Rojcewicz versuchte ihn zu beruhigen. Der Mann stand daraufhin auf, legte ihm die Hand auf die Schulter, sagte: „Alles Gute bei dem, was sie tun" und verschwand.

Jetzt erst schaute Rojcewicz sich um und wurde von Furcht überwältigt. Er stellte fest, dass er in der ganzen Bibliothek vollkommen allein war. Auch das Bibliothekspersonal war nicht da. Er ging zurück zu dem Tisch, an dem er gesessen hatte, und versuchte wieder zu sich zu finden. Nach etwa einer Stunde hatte er sich einigermaßen beruhigt. Als er so weit war, eine erneute Überprüfung der Umgebung zu wagen, fand er alles wieder normal vor, auch die anderen Menschen waren wieder da.

Was das ganze Thema so interessant macht – nicht nur die Men in Black scheinen eine relativ einheitliche Gruppe zu bilden, sondern auch die Menschen, die diese Erlebnisse haben, weisen eine ganze Reihe von Gemeinsamkeiten auf.

Einheitlich wird berichtet, dass die Menschen während einer Begegnung mit den Männern in Schwarz weder Angst empfinden, noch sich der Absurdität der ganzen Situation überhaupt bewusst werden. Sie nehmen einfach alles, was geschieht, vollkommen kritiklos zur Kenntnis. Doch einige Zeit

nach dem Ereignis kommen die Erinnerungen an das, was geschah, zurück, und diese Erinnerungen sind verbunden mit einem Gefühl von fast überwältigender Furcht.
Oft denken die Leute, dass sie während des Erlebnisses in einer Art von Trance waren, und sie machen diese Trance für ihren nachfolgenden Zustand der Verwirrung verantwortlich.
Manchmal berichten Menschen auch über den sogenannten „Oz-Faktor", d. h. die normale Realität der Umgebung ist verändert oder verfälscht. Ein Beispiel ist die Schilderung von Peter Rojcewicz: Während und kurz nach dem Erlebnis ist die Bibliothek vollkommen menschenleer. Nach etwa einer Stunde sind die anderen Menschen wie aus dem Nichts wieder da. Die Realität hat sich sozusagen wieder „eingerenkt". Diesem Selbstkorrekturmechanismus der Matrix sind wir schon in früheren Kapiteln begegnet.
Sehr oft haben Menschen Schwierigkeiten, die Gesichter der Men in Black zu beschreiben, obwohl sie andere Details, z. B. die Kleidung oder das Verhalten, bis in kleinste Einzelheiten schildern können. Der Eindruck, dass die Men in Black nicht normal menschlich sind, entsteht immer erst hinterher, d. h. wenn sie wieder weg sind, fast nie, solange sie anwesend sind.
Die Berichte über derartige Begegnungen sind meist lückenhaft, und oft mangelt es ihnen an Präzision, selbst wenn es sich um gebildete Menschen handelt, die sich normalerweise durchaus präzise ausdrücken können. Obwohl fast alle Begegnungen mit den Men in Black mit Drohungen enden, auf keinen Fall über dieses Erlebnis zu sprechen, reden fast alle Betroffenen irgendwann darüber, und bislang ist kein Fall bekannt, wo einem daraufhin etwas passiert wäre. Wenn Menschen über ein solches Erlebnis eine Zeitlang schweigen, dann eher aus der Furcht, für verrückt erklärt zu werden.
Selbst wenn jemand eine solche Begegnung hat, der vorher nichts mit UFOs, Kornkreisen oder ähnlichen Phänomenen zu tun hatte, dann versuchen die Männer, ihn im Verlauf des

Gesprächs davon zu überzeugen, dass diese Themen wichtig und attraktiv sind.

Sehr oft gehen Erlebnisse mit den Men in Black einher mit erheblichen Störungen des elektromagnetischen Feldes. Oft sind Telefonleitungen noch tagelang danach gestört. Dies ist auch ein wichtiges Indiz dafür, dass man diese Erlebnisse nicht als bloße Halluzinationen abtun kann.

Als sich *Carlos de los Santos Montiel* mit seinem Leichtflugzeug im Landeanflug auf den Flughafen von Mexico City befand, begann für ihn eine Horrorstory, die sich einige Monate hinziehen sollte. Plötzlich begann seine Maschine nämlich ohne erkennbaren Grund stark zu vibrieren. Als Carlos aus dem Fenster sah, erkannte er, dass sich neben seiner rechten Tragfläche ein dunkelgraues, scheibenförmiges Objekt befand, mit einem Durchmesser von etwa drei Metern. Auf der linken Seite befand sich ein ähnliches Objekt. Doch wie groß war sein Entsetzen, als er dann wieder nach vorn schaute – ein drittes Objekt kam frontal auf ihn zugeflogen![69]

Das dritte Objekt flog haarscharf an seiner Maschine vorbei und schrammte dabei an der Treibstoffleitung entlang. Carlos stellte fest, dass die Steuerung des Flugzeuges nicht mehr reagierte, obwohl er weiterhin in einer relativ stabilen Fluglage war. Er war krank vor Angst und schilderte mit zitternder Stimme seine Beobachtungen den Fluglotsen im Tower. Die Objekte waren jetzt verschwunden, und im gleichen Moment gewann Carlos die Kontrolle über die Maschine zurück, so dass er sicher auf dem Flughafen landen konnte.

Die Fluglotsen hatten den ganzen Vorfall auf ihren Radarschirmen überwachen können, auf denen auch die drei Objekte sichtbar waren. Sie nahmen Carlos' Bericht sehr ernst. Eine ärztliche Untersuchung ergab, dass der Pilot physisch und psychisch vollkommen in Ordnung war.

Doch die Hoffnung, dieses traumatische Ereignis bald vergessen zu können, erwies sich für Carlos als trügerisch. Zunächst

1

1 Szenenfoto aus dem Film „Matrix": Morpheus (links) bietet Neo die rote und die blaue Kapsel zur Auswahl an.

2 Eine schwarze Katze, die zwei Mal hintereinander am gleichen Ort erschien, war für Neo ein erster Hinweis auf einen „Fehler in der Matrix". Bei unseren Abenteuern mit der Matrix wird uns die Katze „No End of Fun" unserer Freunde begleiten.

2

3

3 Die Schauenburg im Renchtal bei Oberkirch war Schauplatz eines unheimlichen Erlebnisses mit parallelen Welten.

4 In der Nähe dieses Baumes spürte die Augenzeugin zum ersten Mal, dass etwas mit der Realität nicht stimmte (s. S. 31)

4

5

5 Die Ruine der Schauenburg hat viele unheimliche und verwinkelte Ecken.

6 In diesem Durchgang hörte die Augenzeugin die seltsamen Stimmen aus der Vergangenheit (s. S. 31).

6

7

7 Schloss Lancut (Polen)

8 Im großen Ballsaal von Schloss Lancut finden bis heute Bälle und Musikfestivals statt

8

9

9 In der Bibliothek von Schloss Lancut traf der Journalist Kazimierz Bzowski die geheimnisvolle Frau aus dem Rokoko (s. S. 33ff).

10 In der Orleansstraße in Berlin-Steglitz kommt es häufig zu Fehlern in der Matrix (s. S. 36)

10

11

11 Richard Willoughbys berühmtes Foto von der „Silent City“ am Muir-Gletscher in Alaska (s. S. 37ff).

12 Ein Tor zum Hyperraum: Aufnahme des Hubble-Teleskops von einem schwarzen Loch im Zentrum der Galaxie NGC 4261, etwa 100 Millionen Lichtjahre von der Erde entfernt.

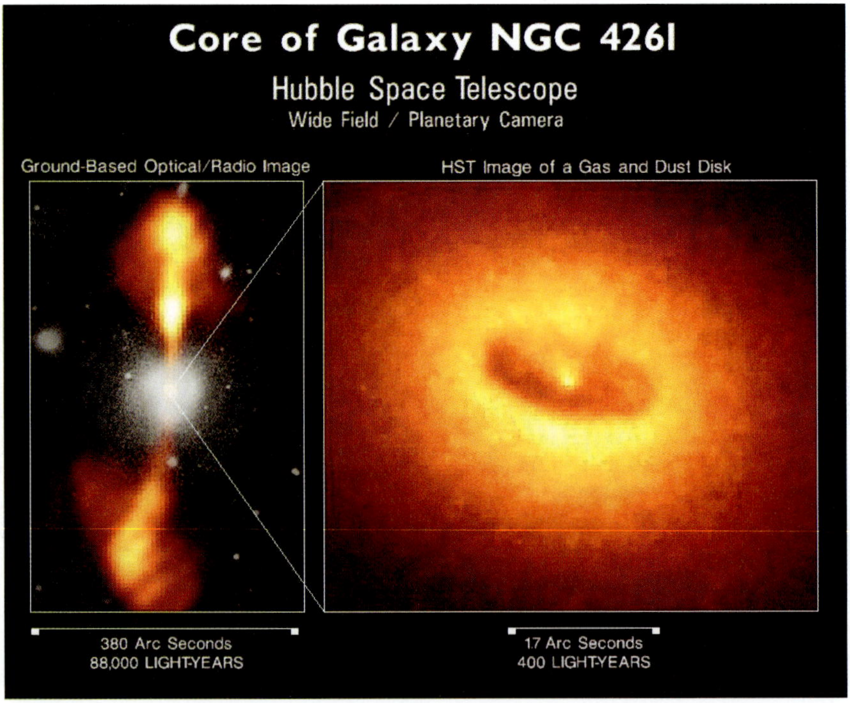

12

13

13 Ein Schritt ins Nichts: Entlang der gestrichelten Linie lief Ewa B. von diesem Einkaufszentrum auf den Fahrdamm - und verschwand spurlos.

14 Im selben Moment tauchte sie etwa zwei Kilometer entfernt in einer anderen Straße wieder auf und lief in Richtung der gestrichelten Linie weiter, bevor ihr bewusst wurde, was geschehen war (s. S. 42ff)

14

15

17

17 Alan Turing

18 Sektengründer Claude Vorilhon, genannt Raël

19 Dr. Brigitte Boisselier

15 Professor Ehud Shapiro (hinten) hält ein Teströhrchen mit einer Trillion DNA-Nanocomputern in seiner Hand.

16 Shapiro fand heraus, dass das Enzym Endonuklease FokI den DNA-Nanocomputer mit Energie versorgen kann.

18

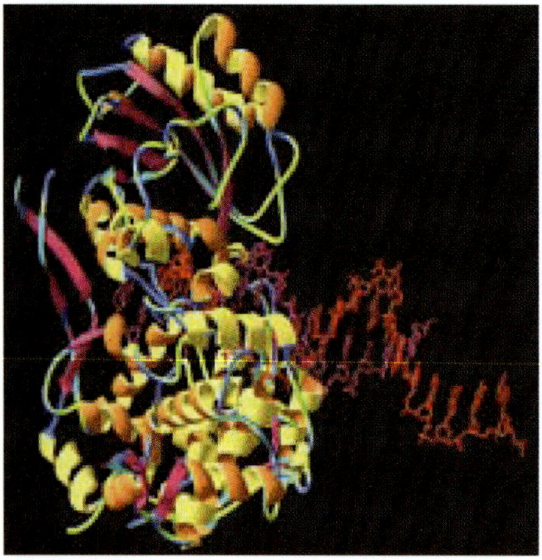

16

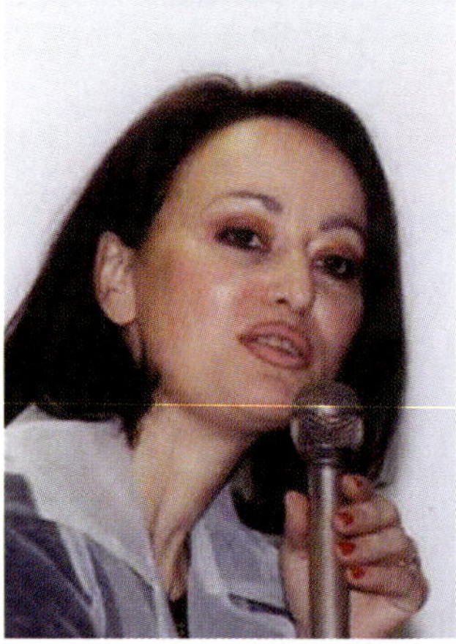

19

20

20, 21: *Das seltsame humanoide Wesen aus Chile, genannt „TOY" (s. S. 95ff).*

22: *Chilenisches Maus-Opossum*

23 *DNA-Doppelhelix mit den Farbzuordnungen der Basen und dem hypothetischen φ-Nukleotid (s. S. 110ff)*

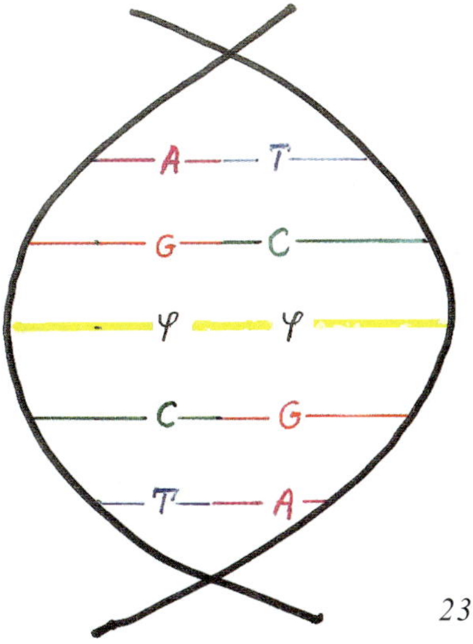

23

24

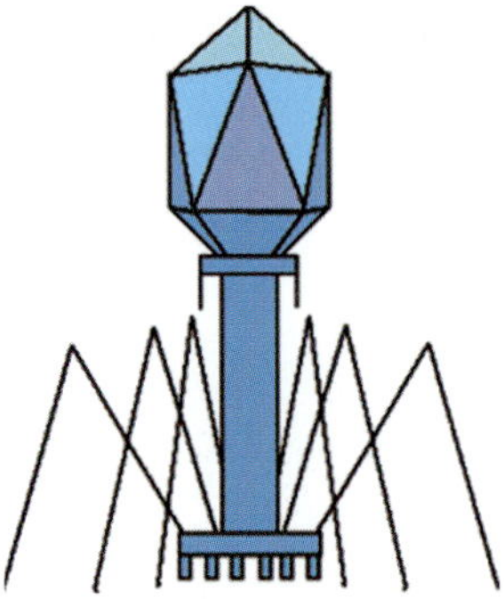

25

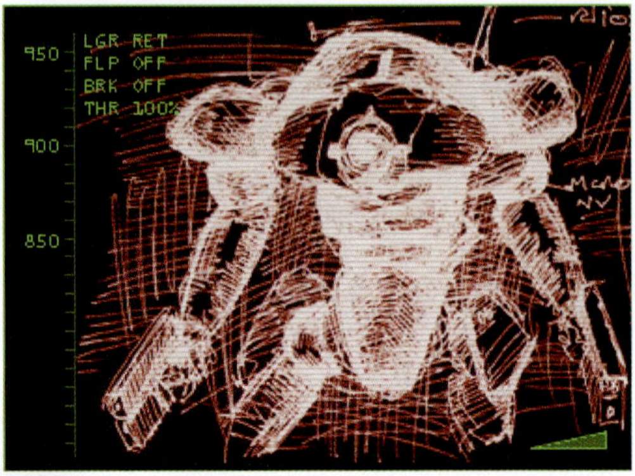

26

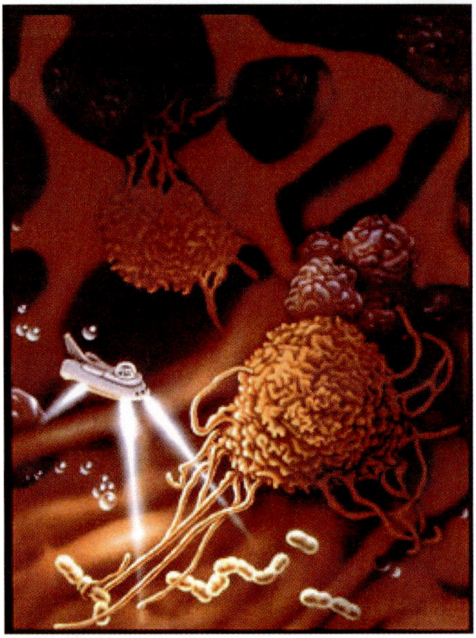

„Schöne neue Welt" der Nanotechnologie:

24 Bakteriophage (künstliches Virus; einfacher Bio-Nanobot zur Bekämpfung von Bakterien)

25 Design eines zukünftigen „Nano-Soldaten", einer Nanowaffe mit künstlicher Intelligenz

26 Die Zukunftsvisionen aus Isaac Asimovs „Phantastischer Reise" könnten schon bald Wirklichkeit werden: Nanobot bei der Arbeit im menschlichen Körper

27 Größenvergleich: heute schon existierender Mikrochip und Ameise.

27

28

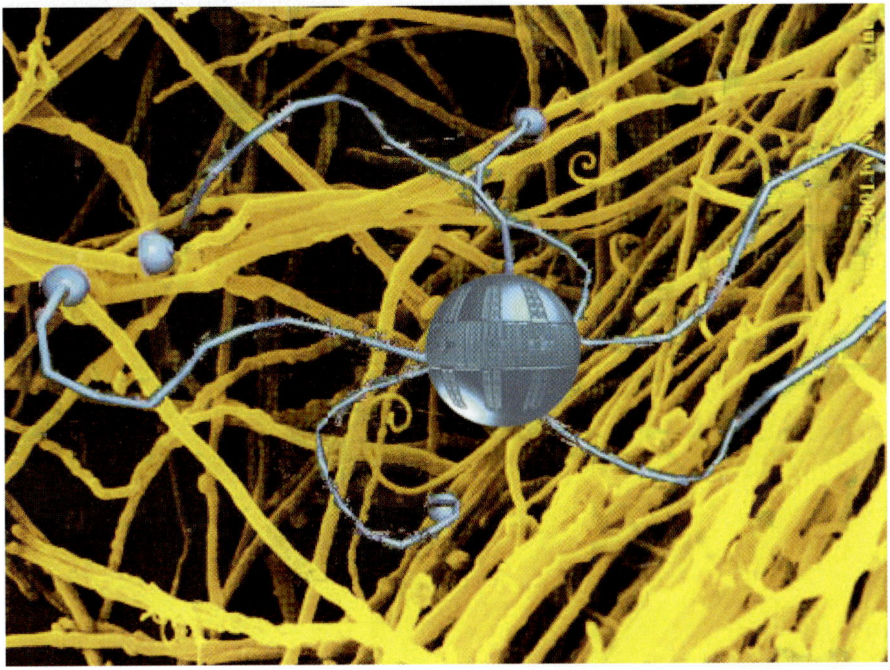

28 Zukunftsvision: Ein Nanobot (blau) vernetzt sich mit Körpergewebe, um die Leistungen des Körpers zu unterstützen oder zu verbessern.

29 Die DARPA arbeitet am Design von „Supersoldaten", genetisch verändert und mit futuristischer Nanotechnologie ausgerüstet.

29

30

30 Der von Susumu Tashi an der Universität Tokio entwickelte Mantel macht einen Menschen durchsichtig (s. S. 143)

31

32

31 Daschkas Stein - eine Millionen Jahre alte Landkarte? (s. S. 179ff)

32 Prof. Alexander Chuvyrov

33 Die Oberfläche von „Gottes Landkarte“ ist mit einer aufwendigen Keramik beschichtet.

34 Diese Struktur zeigt nach Chuvyrovs Ansicht den „Chess Hill“, einen Hügel in der Nähe der Stadt Ufa.

33

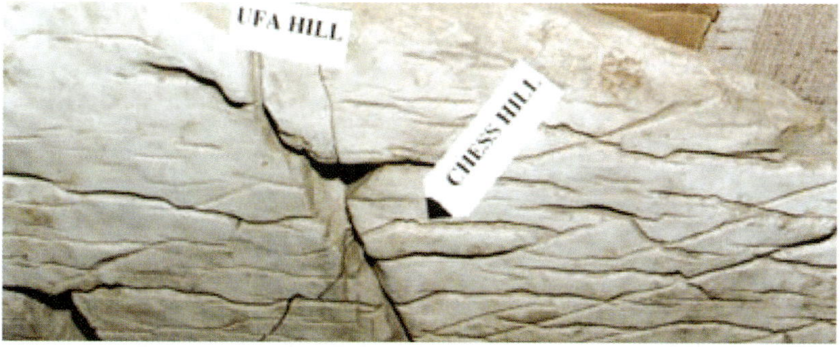

34

35

35 *Der „Chess Hill" im Original*

36 *„Gottes Landkarte" zeigt einen anderen Verlauf des Bjelaja-Flusses als heute (rote Markierung, s. S. 182)*

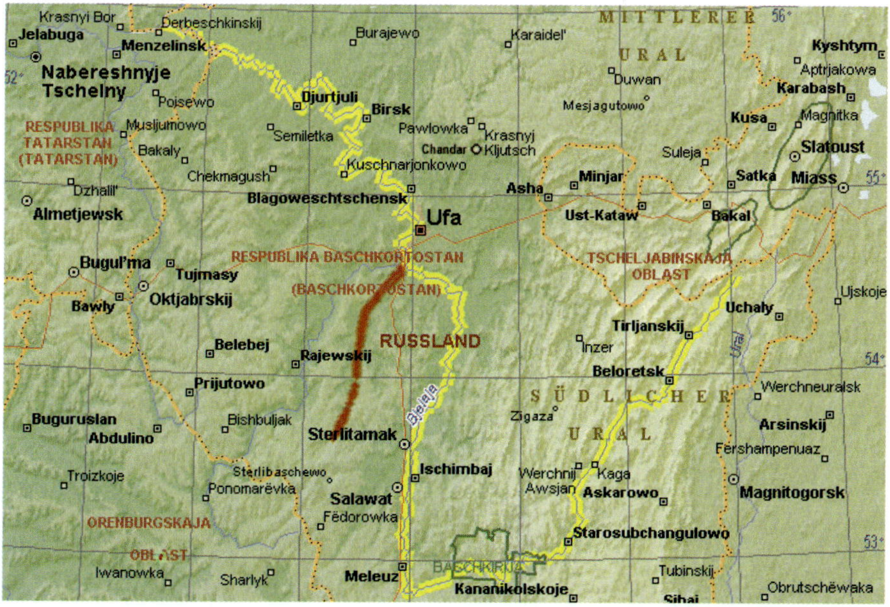

36

37

37 Der Cheyenne-Mountain in Colorado mit der Zufahrtsstraße zum unterirdischen NORAD-Luftüberwachungskomplex

38 Eingangstor von NORAD

38

39

40

41

39 Durch 25 Tonnen schwere Stahltüren lässt sich der NORAD-Komplex hermetisch abschirmen.

40 NORAD-Kommandozentrale

41 Anzeige der „Defense Condition“ (DEFCON = Alarmzustand) bei NORAD. In diesem Moment herrscht DEFCON 3 (erhöhte Alarmbereitschaft).

42

43

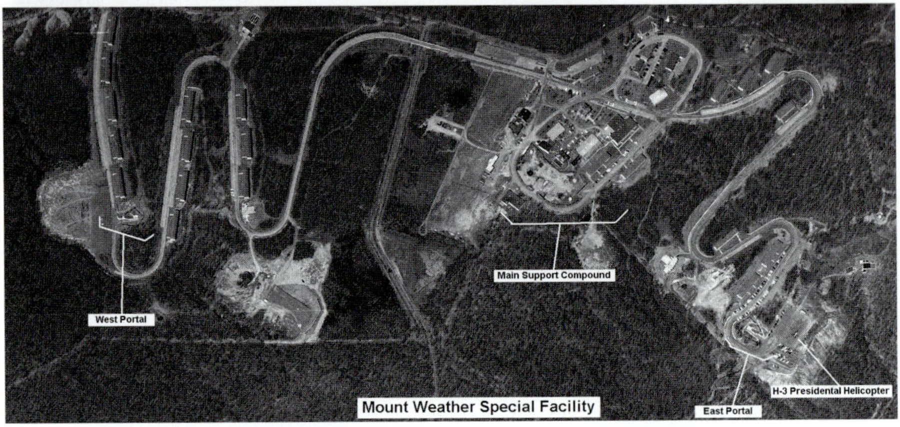

42 Der FEMA-Stützpunkt am Mount Weather

43 Satellitenaufnahme vom Mount Weather

44 Lageplan von Mount Weather mit handschriftlichen Anmerkungen

44

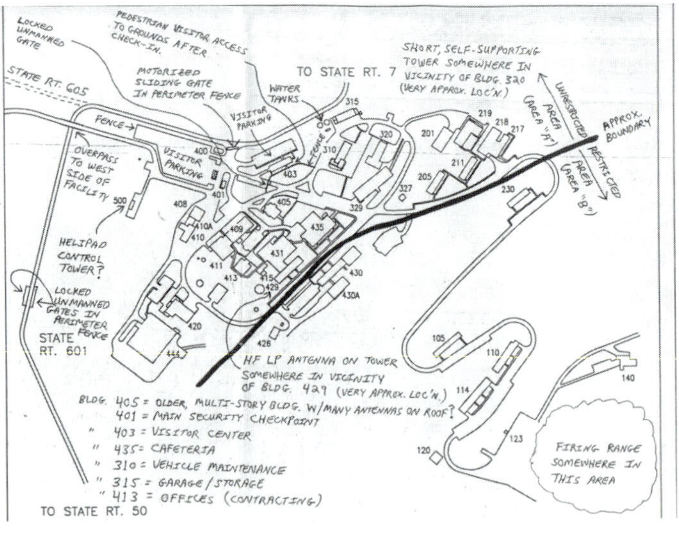

erreichte er im Land eine Publicity, die ihm alles andere als willkommen war. Eher widerwillig stimmte er dem Vorschlag des mexikanischen Fernsehmoderators *Pedro Ferriz* zu, ein Interview vor der Kamera zu geben.
Zwei Wochen später war Carlos mit dem Auto auf dem Weg zum Fernsehstudio, als er bemerkte, dass vor ihm eine schwarze Limousine vom Typ Ford Galaxy fuhr. Ein Blick in den Rückspiegel sagte ihm, dass ihm ein Wagen gleichen Typs folgte. Beide Autos sahen brandneu aus, wie gerade aus dem Laden geholt. Sie zwangen Carlos durch riskante Manöver dazu, rechts an den Straßenrand zu fahren und anzuhalten. Vier große, breitschulterige Männer stiegen aus den Autos und gingen auf ihn zu. Die Männer sahen für Carlos „skandinavisch" aus, d. h. größer gewachsen als ein durchschnittlicher Mexikaner und sehr hellhäutig. Sie trugen schwarze Anzüge. Einer von ihnen hinderte Carlos am Aussteigen, indem er die Wagentür zuhielt. Mit schneller, mechanisch klingender Sprache sagte er ihm auf Spanisch: „Schau, mein Junge, wenn dir dein Leben lieb ist und das deiner Familie, dann sprich nicht länger über deine Sichtung."
Carlos war sprachlos und wie gelähmt. Als er sich gefasst hatte, wendete er den Wagen und fuhr heim.
Zwei Tage später traf er sich mit Pedro Ferriz und erzählte ihm von der seltsamen Begegnung. Der TV-Moderator erklärte ihm, von derlei Erlebnissen schon gehört zu haben. Er versicherte ihm, dass ihm nichts geschehen würde. Carlos gab daraufhin seine Zustimmung zu einem neuen Interviewtermin, der dann ohne weitere Zwischenfälle stattfand.
Etwa zwei Monate später bereiste Dr. J. Allen Hynek Mexiko, eine der Schlüsselfiguren der militärischen UFO-Forschung in den USA. Da Dr. Hynek von Carlos' Erlebnis gehört hatte, wollte er ihn persönlich kennenlernen und lud ihn zu einem Treffen in sein Hotel ein.

Am Tage des Treffens hatte Carlos de los Santos Montiel eine Besprechung bei den Mexicana Airlines, wo er sich für einen Job als Pilot beworben hatte. Direkt vom Flughafen fuhr er weiter zu Hyneks Hotel.

Als er schon die Stufen zur Hotelhalle hinaufstieg, bemerkte er zu seinem tiefsten Entsetzen, dass einer der Men in Black plötzlich direkt vor ihm stand. „Wir haben dich schon einmal gewarnt“, sagte der Fremde. „Du sollst nicht über dein Erlebnis sprechen.“

Carlos beteuerte seine Unschuld. Er sei lediglich einer Einladung von Dr. Hynek gefolgt. Doch der Fremde gab ihm einen scharfen Stoß, so dass Carlos mehrere Schritte zurück wankte. Dann fügte der Mann hinzu: „Sieh mal, ich will dir keine Schwierigkeiten machen. Und warum bist du heute überhaupt schon um sechs Uhr morgens von zu Hause weggefahren? Arbeitest du etwa für die Mexicana Airlines? Verschwinde von hier – und komm nicht wieder!“

Carlos tat, was der Mann von ihm verlangte. Es war seine letzte Begegnung mit den Men in Black. In späteren Jahren sprach er wieder öffentlich über seine Erlebnisse, aber er erhielt keine weiteren Besuche mehr.

Nur in sehr seltenen Fällen gibt es für Begegnungen mit den „Men in Black“ unabhängige Zeugen. Ein besonders eindrucksvolles Beispiel ist der Fall eines Mädchens mit Namen *Maria Korn*. Der Fall ereignete sich, als sie 14 Jahre alt war und eine Klosterschule, das „Convent of Jesus and Mary” in Milton Keynes in der Grafschaft Buckinghamshire in England besuchte.[70]

Zu jener Zeit war Maria in der Pubertät und litt, wie so viele Mädchen ihres Alters, an Anorexie (Magersucht) und Schlafstörungen. Sie war deswegen bei der Psychologin Dr. Black in Behandlung.

Eines Nachts, als Maria schon wieder nicht schlafen konnte, stand sie gegen ein Uhr morgens am Fenster ihres Schlaf-

zimmers und schaute auf die Sterne. Zu ihrer Überraschung sah sie über dem Tennisplatz, der zur Schule gehörte, eine große, kugelförmige Lichterscheinung, die von einer Art Drahtnetz umgeben war. Sie beobachtete das Objekt etwa fünf Minuten lang und ging dann zurück ins Bett. Als sie gegen 1.30 Uhr nochmals zum Fenster ging, war das Objekt verschwunden, doch sie hörte ein seltsam wirbelndes Geräusch und bemerkte dann, dass das Objekt ganz nahe über ihrem Fenster schwebte, diesmal allerdings nicht so hell erleuchtet. Dann verschwand es mit hoher Geschwindigkeit.
Am nächsten Morgen stellte Maria fest, dass keines der anderen Mädchen während der Nacht etwas Ungewöhnliches bemerkt hatte, und so schwieg sie über ihr Erlebnis, aus Angst, dass man sich über sie lustig machen oder sie gar des Konvents verweisen könnte. Im Laufe des Tages jedoch spielte sie Tennis, und es geschah, dass sie ausrutschte und hinfiel. Dabei erst bemerkte sie auf dem Boden des Tennisplatzes eine große kreisförmige Vertiefung, die geradezu eingebrannt war. Die Schulleitung alarmierte die Polizei, die den Schaden begutachtete.
Etwa drei oder vier Monate später befand sich Maria gerade im Mathematikunterricht, als eine der Nonnen, Schwester Jennifer, das Klassenzimmer betrat und Maria herausholte, da sie Besuch hätte. Maria war beunruhigt. Normalerweise kam Besuch nur an Wochenenden oder zumindest nicht während des Unterrichts, und so hatte sie Sorge, dass jemand vielleicht schlechte Nachrichten für sie hätte.
Schwester Jennifer brachte sie in einen Speisesaal, in dem an einem langen Tisch zwei Männer saßen, die ganz in schwarz gekleidet waren. Im Saal brannte ein Feuer im Kamin, und es war angenehm warm, doch als Maria die beiden Männer sah, begann sie zu frösteln und zog die Jacke über, die sie bei sich trug.

Maria hatte diese Männer nie zuvor gesehen, und sie fragte, wer sie seien. Sie antworteten, dass Dr. Black, die Psychologin, sie geschickt hätte. Maria schaute ihnen in die Augen und bemerkte, dass ihre Augenfarbe seltsam graubräunlich war. Der Augenkontakt war ihr jedoch unangenehm, und sie wendete sich ab.

Die Männer fragten sie, wie es ihr gehe und was sie zur Zeit in der Schule mache – eine ganz normale, höfliche Unterhaltung. Währenddessen bemerkte Maria bei den beiden einige ungewöhnliche Details:

- Sie sahen beide absolut identisch aus, wie eineiige Zwillinge.
- Ihre Haut war glatt und absolut faltenlos, ohne jede Unregelmäßigkeit oder Schatten, ohne ein Anzeichen, dass sie sich jemals rasiert hätten.
- Ihr Haar war glänzend schwarz, bei beiden absolut im gleichen Stil frisiert, da war nicht ein Haar, das nicht an der richtigen Stelle gelegen hätte.
- Ihre schwarzen Anzüge, die offenbar vollkommen neu waren, passten perfekt, wie nach Maß angefertigt, und hatten Bügelfalten, so scharf wie Rasierklingen.
- Ihre Krawatten und Socken waren ebenfalls schwarz und aus demselben Material wie ihre Hosen und Jacketts.

Einer der Männer fragte Maria, ob in letzter Zeit irgend etwas Seltsames vorgefallen sei. Sofort erinnerte sie sich an die seltsame Lichtkugel über dem Tennisplatz, aber sie wollte nichts davon erzählen und sagte „Nein." „Bist du sicher?", hakte der Mann nach, und sie antwortete: „Ja", aber sie war jetzt sicher: Der Mann wusste, dass sie gelogen hatte.

In diesem Moment läutete die Schulglocke zum Mittagessen. Die Männer fragten, was diese Glocke zu bedeuten hätte, und dann meinten sie, Maria sollte zum Essen gehen, und sie würden wohl besser jetzt gehen. Obwohl die Männer ihr wie „Ge-

schäftsleute" vorkamen, bemerkte sie, dass beide keine Armbanduhr trugen und sie daher nach der Uhrzeit fragten.
Die Männer hatten die ganze Zeit über Kaffee getrunken (was für Men in Black eigentlich ungewöhnlich ist), doch als Maria ihnen zum Abschied die Hand gab, waren ihre Hände eiskalt, obwohl sie die heißen Tassen in den Händen gehalten hatten.
Einer der Männer bat Schwester Jennifer, dass Maria sie hinausbegleiten dürfe, und zum Schluss sagten sie: „Wir kommen wieder, um dich zu sehen." Als die Männer zur Tür hinausgingen, war Maria zutiefst erstaunt. Sie bewegten ihre Arme und Beine vollkommen synchron, als würde nur ein Geist beide Körper kontrollieren. Obwohl es windig war, wehten ihre Haare kein bisschen, als wären sie mit Leim befestigt.
Vor der Schule stand ein schwarzes Auto und wartete auf sie. Beim Wagen war ein Chauffeur, ebenfalls ganz in Schwarz gekleidet. Das Nummernschild war von der Farbe und vom Design her ungewöhnlich. Die Fensterscheiben waren verspiegelt, so dass man nicht hineinsehen konnte, nur einen Moment lang, als einer der Männer die Tür öffnete. Doch drinnen war auch nur Schwärze zu sehen, keine Sitze, nichts, so, als ob auch das Auto nur eine hohle Attrappe wäre.
Als die Männer eingestiegen waren, fuhr das Auto davon, ohne das geringste Geräusch vom Motor oder Anlasser, und ohne den Geruch von Abgasen zu verbreiten. Nachdem der Wagen durch das Tor gefahren war, konnte man ihn kurzzeitig nicht sehen, da die Straße von einer Mauer verdeckt wurde. Dann jedoch führte die einzige Zugangsstraße zur Schule einen Hügel hinauf, der vom Schultor aus zu sehen war. Doch das Auto tauchte nicht wieder auf. Maria stand noch mehrere Minuten an der Tür und war unfähig, sich zu bewegen. Sie hörte, wie Schwester Jennifer nach ihr rief, aber sie konnte sich nicht umdrehen und zu ihr gehen. Dann fragte die Nonne sie, ob alles in Ordnung sei, und in diesem Moment „schnapp-

te" Marias Bewusstsein zurück in den Normalzustand, und sie konnte sich wieder bewegen.
Sowohl Maria als auch Schwester Jennifer waren erstaunt, dass Dr. Black zwei fremde Männer zu ihr geschickt hatte, ohne sie zuvor darüber zu informieren. Einige Wochen später hatte Maria ihre nächste Therapiesitzung und erzählte der Ärztin von den Männern. Dr. Black sagte, sie hätte diese Männer nicht geschickt, und sie würde das auch nie tun, ohne ihr vorher Bescheid zu sagen.
Obwohl die Männer angekündigt hatten wiederzukommen, taten sie dies niemals, außer in einigen lebhaften Träumen, in denen Maria ihnen begegnete. Dies waren teilweise sogar Klarträume[71], mit denen Maria in der Folgezeit öfter Erfahrungen hatte. Sie sagte den Männern dann: „Das ist ein Traum, ich sehe euch nicht wirklich", und die Männer antworteten dann: „Doch, das tust du."
Außer der Fähigkeit zum Klarträumen entwickelte Maria nach dem Erlebnis mit den Men in Black auch erhöhte intellektuelle und künstlerische Fähigkeiten, sowie eine starke Sensitivität, die ihr sogar psychokinetische Fähigkeiten verlieh.
Seit etwa 50 Jahren gibt es eine ganze Reihe von Vermutungen und Hypothesen darüber, was hinter den seltsamen „Men in Black" eigentlich steckt. Die erste (und sicher auch naheliegendste) Hypothese war, dass es sich dabei um Regierungs- oder Geheimdienstbeamte handeln könnte, deren Auftrag es war, Menschen einzuschüchtern.
Diese Hypothese wird bis heute von vielen Autoren und Forschern favorisiert, ebenso von einer Reihe Betroffener. Das Militär nimmt die Berichte über Männer in Schwarz interessanterweise auch sehr ernst, lehnt aber jede Verantwortung ab.
Am 1. März 1967 sandte der Vize-Stabschef der Vereinigten Streitkräfte der USA, *Lt. General Hewitt T. Wheless*, das folgende Memorandum an eine Reihe von Verteidigungsbehörden, unter anderem auch an das Strategic Air Command (SAC):

„Nicht bestätigte Informationen haben das Hauptquartier der US Air Force erreicht, wonach Personen, die behaupten, die Air Force oder andere Verteidigungseinrichtungen zu repräsentieren, Bürger kontaktiert haben, die unidentifizierte Flugobjekte gesehen haben. In einem berichteten Fall verlangte eine Person in Zivilkleidung, die sich selbst als Mitglied von NORAD bezeichnete, die Herausgabe von Fotos, die einer Privatperson gehörten, und erhielt diese auch. In einem anderen Fall trat eine Person in einer Air Force-Uniform an lokale Polizeibedienstete und andere Bürger heran, die ein UFO gesehen hatten, versammelte sie in einem Schulraum und erklärte ihnen, dass sie nicht gesehen haben konnten, was sie glaubten, gesehen zu haben, und dass sie zu niemandem über die Sichtung sprechen dürften. Alles militärische und zivile Personal, insbesondere die Informationsoffiziere und mit UFO-Untersuchungen befassten Offiziere, die von solchen Berichten hören, sollten unverzüglich ihre lokalen OSI Dienststellen benachrichtigen."[72]

Egal, für wie glaubwürdig man nun ein solches Papier hält – wenn man die Fälle genau studiert, muss man zu dem Schluss kommen, dass die „Men in Black" vermutlich wirklich keine Armeeoffiziere oder andere Regierungsbeamten sein können, denn diese würden sich wohl kaum so bizarr verhalten, wie es in den unterschiedlichen Fällen geschildert wird. Was letztendlich wirklich hinter der Sache steckt, wer im Hintergrund die Fäden zieht, ist natürlich eine ganz andere Frage.

Es gibt auch Vermutungen, dass die „Men in Black" gezielt hin und zurück durch die Zeit geschickt würden. Allerdings ist es kaum denkbar, dass ein menschlicher Zeitreisender so schlecht auf seine Mission vorbereitet wäre, dass er nicht einmal mit täglichen Gebrauchsgegenständen am Ziel seiner Reise umgehen könnte. Ohnehin scheint es sich bei den „Men in Black" nicht um Menschen im engeren Sinne zu handeln, sondern eher um eine Art von Androiden, also möglicherwei-

se um Roboter. Doch auch diese würde man doch für die Tätigkeiten, die sie zu absolvieren haben, besser programmieren.
Die Zeitreise-Hypothese existiert auch noch in anderen, teilweise bizarren Varianten. Anstatt aus der Zukunft, sollen die „Men in Black" also Abgesandte der unterirdischen Stadt Agartha, aus Shambhala, von Außerirdischen oder der „geheimen Weltregierung" sein.
Für diese Hypothesen gelten die bei den Zeitreisen gemachten Bemerkungen sinngemäß. Diese Vermutungen sind nicht nur reine Spekulation, sondern auch unglaubhaft.
Zentral ist, bei allen Fällen der „Men in Black", nicht nur der bizarre Verlauf der Erlebnisse – auch die Motivation und das Verhalten der seltsamen Besucher ist zumindest auf den ersten Blick unlogisch bis absurd:
Sie sprechen Drohungen gegen Augenzeugen von UFO-Begegnungen und anderen paranormalen Ereignissen aus, machen diese Drohungen jedoch niemals wahr.
Wenn sich aber umgekehrt ein Mensch nicht für diese Themen interessiert, beschimpfen sie ihn auch und versuchen mit mehr oder weniger (verbaler) Gewalt, sein Interesse zu wecken. „Vertuschung" kann also nicht ihr Auftrag sein.
Es gibt auch eine psychologische Erklärung, wonach die „Men in Black" nur Projektionen der inneren Ängste der betroffenen Menschen seien. Doch diese Erklärung reicht auch nicht aus:

- Sie erklärt nicht, wieso die Ängste immer erst nach dem Erlebnis auftreten und wieso es während des „Besuchs" der Fremden zu veränderten Bewusstseinszuständen kommt.
- Bei einigen wenigen „Men in Black"-Erlebnissen wurden die Besucher von unbeteiligten Zeugen gesehen. Es kann sich also nicht um Halluzinationen gehandelt haben. Manchmal blieben auch sichtbare Spuren zurück.

Abb. 8: Agenten in der Matrix: Die geheimnisvollen „Men in Black“ und ihre Nachfolger, die „Well Dressed Women“

Was bleibt dann noch übrig? Wenn die klassisch-materiellen Erklärungsversuche mit Besuchen realer Wesen ebenso versagen wie die psychologischen Modelle – wie können dann solche Vorkommnisse überhaupt noch erklärt werden? Klar dürfte sein:

- dass Begegnungen mit den „Men in Black“ sich in virtuell veränderten Realitäten abspielen.
- dass hierzu Technologien benötigt werden, die die menschliche Wahrnehmung entsprechend beeinflussen,

aber auch Raum- und Zeitstrukturen beugen können, um zum Beispiel ein plötzliches Auftauchen oder Verschwinden der Gestalten zu ermöglichen.

Ganz ähnliche Gesetzmäßigkeiten haben wir auch im Buch „Vernetzte Intelligenz“ im Zusammenhang mit den UFO-Erfahrungen beschrieben. Dabei erläuterten wir das neue Zeitmodell von *Stephen Hawking*, das die Existenz paralleler Erlebnisebenen ermöglicht.

Man darf daraus allerdings nicht den voreiligen Schluss ziehen, dass die „Men in Black“ und UFO-Erfahrungen das gleiche wären. Sie beruhen lediglich auf ähnlichen Grundlagen.

Hinzu kommt, dass in den letzten fünfzig Jahren die UFO-Thematik in großen Teilen der Bevölkerung sowohl starkes Interesse, als auch große Ängste hervorrief. Beides – die Ängste wie das Interesse – versuchten die „Men in Black“ offenbar am Leben zu erhalten.

Der Urheber dieses „Fehlers in der Matrix“ – wer immer es sein mag – versucht sich also an die jeweils herrschenden Trends der Zeit anzupassen und unsere Aufmerksamkeit noch stärker darauf zu lenken.

Nach allem, was wir in den letzten zwei Kapiteln geschrieben haben, scheinen die Men in Black ein geradezu schulmäßiges Beispiel für intelligente Programme zu sein, also für „Agenten in der Matrix“, die für ganz bestimmte Zwecke programmiert zu sein scheinen.

Nun hat sich in den letzten Jahren die ganze UFO-Thematik ein wenig in neue Bahnen entwickelt. Deshalb war es zu erwarten, dass auch die Muster der „Men in Black“-Erfahrungen einen Veränderungsprozess durchmachen. Und – man sehe und staune – dies ist tatsächlich der Fall! Die „Men in Black“ büßten ihre Funktion langsam ein, und es kam zu einem neuen Typus von Erfahrungen, der neue Ängste thematisiert – die „Well dressed Women“.

Bestimmt sind auch Sie schon einmal auf der Straße einer gut gekleideten und attraktiven jungen Frau begegnet. Das ist zunächst erst einmal etwas durchaus Angenehmes, was niemanden erschrecken oder gar veranlassen wird, sie nach ihrem Ausweis zu fragen – eher nach ihrer Telefonnummer!
Ein anderer Aspekt, auf den man vielleicht nicht sofort kommt, ist: Wie viele von ihnen sind wirklich echt? Es ist uns klar, dass sich das verrückt anhört, aber was sich seit etwas mehr als zehn Jahren in England, Amerika und anderen Ländern abspielt, ist zutiefst beunruhigend, und viele Menschen dort würden sich heute wünschen, den „Well Dressed Women" nie begegnet zu sein.
Mai 2000. Die 18jährige *Candy Shepherd* ahnte nichts Böses, als es am hellen Tag an der Tür ihres Hauses in Swindon in der Grafschaft Wiltshire in England klingelte. Sie öffnete und sah draußen auf der Straße eine etwa 30jährige Frau stehen. Die Frau behauptete, vom örtlichen Sozialamt zu kommen und verlangte, Candys 17 Monate alten Sohn Jake zu sehen. Candy Shepherd wurde misstrauisch und bat die Frau, sich auszuweisen. Daraufhin ging die Fremde fort, ohne noch etwas zu sagen, und wurde nie wieder gesehen.
Obwohl die Polizei der jungen Mutter später bestätigte, dass sie sich richtig verhalten hatte, ist Candy seither von Angst erfüllt. Wie war es möglich, dass eine Betrügerin sowohl ihren Vornamen, als auch den ihres Sohnes kannte? Polizeiliche Ermittlungen ergaben keine Hinweise, woher die geheimnisvolle Frau diese Informationen haben konnte. Keiner der befragten Nachbarn hatte sie gesehen oder ihr gar die entsprechenden Auskünfte erteilt.
Candy Shepherd beschrieb die Frau als weiß, sehr schlank, gut gekleidet. Sie trug einen knöchellangen Trenchcoat und hatte spitze Gesichtszüge. Auffallend waren ihre dünn gezo-

genen Augenbrauen und das ungewöhnlich stark aufgetragene Make-up.[73]

Dieser Fall steht stellvertretend für ein höchst beunruhigendes Phänomen, das seit Anfang der neunziger Jahre vor allem England, die USA und andere Länder des angelsächsischen Sprachraums heimsucht. Eltern von kleinen Kindern erhalten unangemeldet Besuch von angeblichen Sozialarbeitern, die in der Regel verlangen, das Kind zu sehen, zu untersuchen, seine Lebensumstände zu überprüfen oder es gar mitnehmen zu wollen. Es sind zumeist sehr gut gekleidete Frauen, deren Auftreten gewandt und respekteinflößend erscheint. Sobald man sie allerdings um das Vorzeigen einer irgendwie gearteten Legitimation bittet, räumen sie das Feld und verschwinden spurlos.

Wer sind diese „Well Dressed Women", die im Polizeijargon auch zuweilen als „Bogus Social Workers" („falsche Sozialarbeiter") bezeichnet werden? In den letzten Jahren wurden Eltern in aller Welt ohnehin durch eine wachsende Anzahl von Sexualverbrechen an Kindern beunruhigt. Sind die Well Dressed Women auch solche pädophilen Sexualverbrecher, die auf diese Weise an ihre Opfer gelangen wollen?

Diese zunächst naheliegende Vermutung wird von den ermittelnden Polizeibehörden energisch bestritten. Die Experten führen an, die Strategie sei viel zu riskant, wenn nicht sogar absurd, am helllichten Tage ein Kind von seinen Eltern an der Haustür einzufordern. Auch die Motive seien unklar, denn schließlich seien sie dabei niemals erfolgreich gewesen. Hier und da hätten zwar eingeschüchterte Eltern (zumeist Mütter, die allein zu Hause waren) einer Well Dressed Woman erlaubt, das Kind zu untersuchen, doch niemals sei bislang ein Kind von einer solchen Frau wirklich mitgenommen worden. Sie würden das Weite suchen, sobald man anfange, ihnen Fragen zu stellen.

Leider kann diese letzte Aussage nicht hundertprozentig bestätigt werden.
Am 11. Juli 2000 kam eine „Well Dressed Woman" in das südafrikanische Township Kwanobuhle in der Nähe von Port Elizabeth und besuchte dort eine ältere Frau, die ihre neugeborene Enkeltochter hütete. Die 16jährige Mutter des Kindes befand sich zu jener Zeit in der Stadt Humansdorp, etwa 120 km entfernt. Die fremde Frau stellte sich der Großmutter als städtische Sozialarbeiterin vor und sagte, es handele sich um einen Routinebesuch, um die Lebensbedingungen von Säuglingen zu überprüfen. Sie forderte die alte Frau auf, das Kind herauszugeben, da sie ihm „Milch geben und die Windeln wechseln" wolle. Die Großmutter war durch das Auftreten der Well Dressed Woman eingeschüchtert und tat, was von ihr verlangt wurde. Die Fremde ging mit dem Kind fort. Beide wurden nie wieder gesehen.
Die Polizeiinspektorin *Marianette Olivier*, die den Fall untersuchte, bestätigte, dass solche Besuche von Sozialarbeitern speziell in Armensiedlungen in Südafrika üblich seien. Diese Frau, so wie sie beschrieben wurde, arbeitete jedoch nicht für die öffentliche Fürsorge. Es sei seit der Geburt dieses Kindes auch kein solcher offizieller Besuch geplant gewesen.[74]
Die Polizeibehörden gehen wie gesagt davon aus, dass es sich bei den „Well Dressed Women" keineswegs um herkömmliche Kindesentführer oder Sexualtäter handelt. Über die Motive dieser geheimnisvollen Frauen tappen die Ermittler nach wie vor vollkommen im Dunkeln. Es wurden Vermutungen geäußert, dass es sich um fanatische Sektierer oder Bürgerrechtler handeln könne, die aus irgendwelchen abstrusen Gründen das Gesetz in die eigenen Hände nehmen wollen. Es gibt jedoch keinerlei Anhaltspunkte, die diese Vermutungen stützen. *Dies liegt vor allem an der merkwürdigen Tatsache, dass es bislang nirgendwo gelungen ist, eine dieser Frauen festzunehmen oder auch nur zu identifizieren.* Nach ihren

seltsamen Besuchen scheinen sie wie vom Erdboden verschluckt zu sein. Meist gehen sie um eine Straßenecke und sind dann einfach weg.

Natürlich ist die Polizei in fast allen Ländern durch eine Vielzahl von Straftaten überlastet, doch bei den Well Dressed Women handelt es sich nicht um ein paar Einzelfälle wie die hier genannten. Im August 1990 zum Beispiel gab es allein in der Region der mittelenglischen Industriestadt Sheffield mehr als 250 Berichte über derartige Besuche. Angesichts einer solchen Welle setzte eine örtliche Tageszeitung eine Belohnung von 10.000 Pfund für die Ergreifung einer dieser Frauen aus, und eine polizeiliche Großfahndung wurde ausgerufen, ebenfalls ohne jedes Resultat. Ein so hundertprozentiger Misserfolg aller Fahndungsmaßnahmen ist doch schon sehr ungewöhnlich.

Die meisten Begegnungen mit den Well Dressed Women folgen einem gemeinsamen Muster:

- Es handelt sich um gut gekleidete, jüngere, weiße Frauen (meist in Business-Kleidung) mit gewandtem, selbstsicherem Auftreten.
- Sie sind von äußerst schlankem Körperbau, ihre Gesichtszüge sind meist schmal bis spitz, häufig sind sie auffallend stark geschminkt.
- Sie sind oft für die Wetterverhältnisse unpassend gekleidet, gehen z. B. bei Regenwetter ohne Mantel.
- Sie verfügen über erstaunlich detaillierte Informationen über die von ihnen besuchten Familien, z.B. Vornamen (auch von den Kindern), die sie keineswegs am Türschild hatten lesen können.
- Sie werden niemals von Nachbarn gesehen oder kontaktiert. Sie kommen scheinbar aus dem Nichts und verschwinden auch wieder im Nirgendwo. Polizeiliche Ermittlungen verlaufen im Sande.

- Sie besuchen meist Frauen, wenn diese allein mit dem Kind, bzw. den Kindern, zu Hause sind. Nur in den seltensten Fällen werden Väter kontaktiert, so wie im folgenden Beispiel:

Am 18. Februar 1997, nachmittags kurz vor 17.00, öffnete *Patrick Leonard* auf ein Klingelzeichen die Tür seines Hauses in der Glen Street in Colne, Lancashire (England). Eine junge Frau in den Zwanzigern stand vor der Tür, stellte sich als Sozialarbeiterin vor und verlangte, sein Baby zu sehen. Patrick Leonard bat sie, ihm ihren Dienstausweis zu zeigen. Die Frau antwortete, sie habe ihn in ihrem Auto, das um die Ecke geparkt sei, und sie würde ihn gleich holen. Patrick beobachtete, wie die Frau mit auffallend langsamen Schritten fortging. Sie machte nicht den Eindruck, über die Forderung des Mannes, sich auszuweisen, irgendwie beunruhigt zu sein. Als sie nach 15 Minuten nicht zurück war, rief der junge Vater die Polizei an.

Patrick Leonard beschrieb die Frau als etwa 1,60 m groß, schlank, mit schulterlangen, sandfarbenen Haaren, die hinten zu einem Pferdeschwanz gebunden waren. Bekleidet war sie mit einem schwarzen Jackett, weißer Bluse und einem schwarzen Rock. Auffallend war, dass sie trotz des kühlen Regenwetters keinen Mantel trug. Ihre Kleidung war auffallend durchnässt, so dass die Aussage, ihr Auto wäre um die Ecke geparkt, unglaubhaft schien.

Die Frau wurde nie wieder gesehen, doch Patrick Leonard und seine Frau Catherine leiden seit jenem Tag unter schweren Ängsten und Schlafstörungen.[75]

In einem anderen Fall wurde am 14. Dezember 1998 eine 22jährige Mutter einer sechs Monate alten Tochter in London im Stadtteil South Harrow auf der Straße von einer unbekannten Frau angesprochen, als sie mit dem Kind gerade vom Einkauf zurückkam. Die Frau stellte sich wiederum als Sozialarbeiterin vor und beschuldigte die junge Mutter, das Kind

missbraucht zu haben. Sie kannte den Namen des Kindes und sagte, sie hätte Informationen, wonach das Kind misshandelt worden sei. Sie müsse daher das Kind mitnehmen.
Die junge Mutter hatte jedoch kurz zuvor tatsächlich Kontakt zu einer anderen Sozialarbeiterin gehabt, und so kam es ihr verdächtig vor, dass eine ihr fremde Person – ohne vorherige Terminabsprache – einfach so erschienen war. Sie bat die Frau, eine Legitimation vorzuzeigen. Als sie dies nicht tat, ging sie schnell mit dem Kind ins Haus und schloss die Tür hinter sich. Die Fremde ging daraufhin fort und wurde seitdem nicht mehr gesehen.
Die Frau wurde als etwa 37 Jahre alt beschrieben und hatte langes, braunes Haar. Bekleidet war sie mit einem beigefarbenen Mantel. [76]
Manchmal werden die Well Dressed Women auch von einem „Well Dressed Man" begleitet, so wie in einem Fall im Londoner Stadtteil Edgware, der sich etwa drei Jahre früher zugetragen hatte. Das seltsame Pärchen verlangte wiederum die Untersuchung des Babys einer Familie. In diesem Fall ließ die Mutter des Kindes sich einschüchtern und erlaubte den beiden, die Wohnung zu betreten. Die seltsame „Well Dressed Woman" unterzog dann das Kind einer eingehenden Untersuchung. Anschließend gingen beide wieder fort, ohne dem Kind oder der Mutter etwas anzutun. Doch die Mutter ist seitdem verständlicherweise traumatisiert. [77]
Vielleicht ist es kein Wunder, dass die „Well Dressed Women" für die Polizeibehörden ein so großes Rätsel darstellen. Wenn man die bekannt gewordenen Fälle genauer analysiert, ergeben sich nämlich erstaunliche Parallelen zu einem nicht minder rätselhaften Themenbereich – den „Men in Black". Befreit man nämlich die einzelnen Fallberichte von den vordergründigen Einzelheiten, so bleiben einige wesentliche Bestandteile übrig, die sowohl für die „Well Dressed Women", als auch für die „Men in Black" gelten:

- Sie kommen aus dem Nirgendwo und verschwinden so plötzlich und spurlos wieder, wie sie gekommen sind.
- Sie werden immer nur von einzelnen oder jedenfalls nur wenigen Menschen gesehen, können niemals identifiziert oder gar gefasst werden.
- Sie treten selbstbewusst auf und bedrohen die Menschen, die sie besuchen, machen diese Drohungen jedoch praktisch niemals wahr.
- Sie verfügen dabei über unerklärliche Kenntnisse persönlicher Daten und Lebensumstände der Menschen.

Es wird daher – zumindest in Forscherkreisen, die für unkonventionelle Erklärungen offen sind – mittlerweile die Vermutung geäußert, dass es sich bei den „Well Dressed Women" um eine neue Variante der „Men in Black" handeln könnte.

Es wäre für diese Entwicklung sogar ein plausibler Grund denkbar:

Wir haben bereits die Hypothese geäußert, dass die „Men in Black" nicht als reale Militärs oder Geheimdienstbeamte gesehen werden sollten, sondern eher als „Fehler in der Matrix", also als ein Resultat gezielter Manipulationen unserer Realität (intelligente Programme), mit dem Ziel, in den betroffenen Menschen Ängste freizusetzen. In den Jahrzehnten des kalten Krieges waren dies vor allem Kriegs- und Invasionsängste, was sich auch in dem zu jener Zeit sich entwickelnden UFO-Phänomen ausdrückte, das ebenfalls weitgehend als Bedrohung der Menschheit angesehen wurde.

Wenn wir einmal vom internationalen Terrorismus absehen, haben sich inzwischen die Hauptängste der Bevölkerung eindeutig von diesen globalen Themen in Richtung des privaten und familiären Bereiches verlagert. Und hier sind es insbesondere die immer häufigeren Verbrechen an Kindern, welche die Menschen jetzt mehr und mehr fürchten.

Dies entspricht exakt den Unterschieden zwischen den „Men in Black" und den „Well Dressed Women": Während erstere sich als Respektspersonen aus dem militärisch-geheimdienstlichen Bereich präsentieren, stehen letztere eher für soziale und gesellschaftliche Themen und die damit zusammenhängenden Bedrohungen.

Es dürfte kaum noch überraschen, dass die Berichte über die „Well Dressed Women" in den neunziger Jahren ihren Anfang nahmen und dass im gleichen Zeitraum Erlebnisse mit den „Men in Black" immer seltener vorgekommen sind.

Das bedeutet nicht, derlei Erlebnisse wären nicht „real". Es ist vielmehr ein Anzeichen, dass die äußere Realität, die wir erleben, sich dem bewusstseinsmäßigen und emotionalen Zustand der Menschheit anpasst.

Dass die Urversion dieser seltsamen Agenten in der Matrix, also die erste Generation der „Men in Black", einst durch eine gezielte Manipulation der Matrix entstanden ist, erscheint klar. Ob die Weiterentwicklung dieses Phänomens jedoch nur eine Folge der Selbstkorrekturmöglichkeiten der Matrix ist, gemäß den Regeln der genetischen Programmierung, oder ob der oder die Urheber der „Men in Black" selbst hin und wieder steuernd in diesen Prozess eingreifen, bleibt im Moment noch ungeklärt.

VIII

Gottes Landkarte

Gestern war heute noch morgen

Die Fehler in der Matrix, die wir Ihnen bislang geschildert haben, waren sicher häufig recht spannende Erlebnisse, und sie wirkten auch ziemlich spektakulär. Es soll nun aber nicht der falsche Eindruck entstehen, dass solche Fehler in der Matrix sich immer in Form von Doppelgängern, Raum-Zeit-Versetzungen oder gar programmierten Agenten äußern müssten.

Das Gegenteil ist der Fall. Der weitaus größte Teil der Fehler in der Matrix ist äußerst subtil und spielt sich fast unbemerkt in unser aller Alltagsleben ab. Wenn wir also nicht nur leben, sondern wissen wollen, müssen wir lernen, diese feinen, unterschwelligen Impulse zu erkennen. Dazu brauchen wir, wie gesagt, glücklicherweise nicht darauf zu warten, dass jemand durch unsere Zimmerwand kommt.

Die subtilen Fehler in der Matrix kommen größtenteils aus einer ganz bestimmten Richtung – aus der Zukunft.

Um dies zu verdeutlichen, wollen wir Ihnen jetzt in diesem Zusammenhang unsere ganz persönliche Begegnung mit der Matrix schildern. Es begann alles, als wir eine interessante Story recherchierten, mit der wir jetzt auch beginnen wollen. Und da es uns um Impulse aus der Zukunft geht, verwundert es doch kaum, dass uns diese Geschichte in die tiefste Vergangenheit führen wird, in eine Zeit, zu der es eigentlich noch keine Menschen auf der Erde gegeben haben soll – nur irgend jemanden, der eine Landkarte hergestellt hat...

Im Archiv des Generalgouverneurs der Stadt Ufa in der Republik Baschkortostan (Russland) befinden sich einige alte Notizen aus dem 18. Jahrhundert. Sie berichten von etwa 200 ungewöhnlichen Steintafeln, die in der Nähe des Dorfes Chandar, nordöstlich von Ufa, von russischen Forschungsreisenden im 17. und 18. Jahrhundert gefunden worden sein sollen. Diese „weißen Tafeln" hätten seltsame Inschriften getragen. Die alten Eintragungen werden bestätigt in den Forschungsberichten des Archäologen A. Schmidt, der die Region Anfang des 20. Jahrhunderts bereist und die weißen Tafeln angeblich ebenfalls gesehen hatte.[78]

Diese alten Dokumente würden weiterhin gemütlich im Dornröschenschlaf vor sich hin schmoren, hätte sie nicht der Mathematiker und Physiker *Alexander Chuvyrov* von der Baschkirischen Staatsuniversität in Russland wieder ausgegraben.

Eigentlich sind Mathematiker und Physiker komische Leute. Im Alltag sitzen sie in ihren Laboren zwischen ihren Experimenten und Formeln, aber irgendwann zieht es sie immer wieder ins Unbekannte.

So hatte sich Alexander Chuvyrov seit 1995 einem Forschungsgebiet gewidmet, das für seine Fachrichtung eigentlich ungewöhnlich ist – er stellte die Theorie auf, in prähistorischen Zeiten seien Völker aus China nach Sibirien und ins Uralgebiet eingewandert und hätten dort gesiedelt. Zusammen mit *Huan Hong*, einer postgraduierten Studentin, die aus China stammt, suchte Professor Chuvyrov in den folgenden Jahren nach möglichen Beweisen für seine Theorie.

Und tatsächlich schien er mit seinen Vermutungen recht zu behalten. Im Verlauf mehrerer Expeditionen in das Gebiet fand er eine Reihe von Höhlenzeichnungen mit Schriftzeichen, die eindeutig altchinesischen Ursprungs waren. Es gelang, diese Schriftzeichen zu entziffern. Sie gaben Zeugnis ab von einer frühen Kultur. Die schriftlichen Zeugnisse waren

zumeist profaner Natur, sie handelten von Handelsbeziehungen und registrierten Eheschließungen und Todesfälle.
Nachdem Alexander Chuvyrov im Archiv von Ufa die Berichte über die weißen Tafeln gefunden hatte, ließ ihn dieses Geheimnis nicht mehr zur Ruhe kommen. Er charterte einen Hubschrauber und suchte die ganze Gegend nach den mysteriösen Tafeln ab, ohne auch nur eine Spur von ihnen zu entdecken. Er glaubte schon, einer Legende aufgesessen zu sein, als er ganz unverhofft doch noch Glück hatte.
Bei einem seiner Besuche im Dorf Chandar traf Chuvyrov auf *Vladimir Krainov*, den ehemaligen Vorsitzenden des örtlichen Landwirtschaftsrats. Krainov fragte Chuvyrov, ob er vielleicht nach Steintafeln suchte, und fügte hinzu: „Ich habe eine auf meinem Hof."
Chuvyrov nahm auch diesen Hinweis zunächst gar nicht ernst, ging aber mit, um sich selbst Klarheit zu verschaffen. Heute sagt er: „Ich werde mich immer an das exakte Datum erinnern. Es war der 21. Juli 1999." Unter der Veranda von Krainovs Bauernhaus sah er eine große Steinplatte mit zahlreichen Einritzungen, zu schwer, als dass die zwei Männer sie hätten ausgraben und hervorziehen können. Es dauerte eine weitere Woche, bis Chuvyrov Verstärkung aus Ufa anfordern konnte. Zuerst wurde der Stein ausgegraben und dann mit Hilfe eigens angefertigter Holzrollen vorsichtig hervorgezogen. Es sollte für Chuvyrov der Fund seines Lebens werden, und er nannte ihn „Daschkin kamen" („Daschkas Stein"), zu Ehren seiner kleinen Enkeltochter, die gerade am Tage zuvor geboren war. Enkeltöchter von Physikern erhalten zuweilen seltsame Geschenke...
Der Stein ist 1,48 m lang, 1,06 m breit, 16 cm dick und wiegt ungefähr eine Tonne. Seine gesamte Oberfläche ist überzogen mit einer Vielzahl reliefartiger Linien, von denen man sofort sah, dass es sich nicht um eine natürlich entstandene Gesteinsformation handeln konnte. Dieser Stein – das wusste Alexan-

der Chuvyrov sofort – war in der Vergangenheit bearbeitet worden. Irgend etwas war auf ihm dargestellt, eine Art Landkarte, und zwar nicht ein primitiv in die Oberfläche des Steins geritzter Lageplan, sondern eine hochwertige dreidimensionale Reliefdarstellung (s. Abbildungsteil, Bild 31).
Die nächste Frage, die sich den Wissenschaftlern stellte: Welche Region war in diesem Relief dargestellt worden? Es ergab sich schnell, dass an einem Rand die Gegend um die heutige Stadt Ufa zu sehen war. Die Hügelketten am Rande der Stadt, die sich seit Millionen von Jahren geologisch kaum verändert hatten, waren unmittelbar erkennbar (s. Abbildungsteil, Bild 34 und 35).
Chuvyrov schätzte, dass die Tafel höchstens einige Tausend Jahre alt sei, und wunderte sich nur, auf ihr eine so fein gearbeitete Reliefdarstellung zu sehen anstatt der üblichen Darstellungen von Mammuts, Hirschen und anderen prähistorischen Tieren. Doch schon bald wartete die nächste faustdicke Überraschung auf ihn. Südlich von Ufa, in Richtung des heutigen Sterlitamak, zeigte die Karte nämlich einen Canyon, den es in dieser Form heute dort nicht gibt. Chuvyrov führte geologische Recherchen durch und erfuhr, dass – in erdgeschichtlich längeren Zeiträumen – durch die Tektonik der Erdkruste doch einige Verschiebungen stattgefunden hatten. Der Wissenschaftler schaltete einen ganzen Arbeitsstab von Kollegen ein, um das Rätsel zu lösen: Kartographen, Geologen, Physiker, Mathematiker, Chemiker und Kenner der altchinesischen Sprache. Am Ende gelang es, den Canyon zu identifizieren. Es ist das heutige Bett des Urshak-Flusses (s. Abbildungsteil, Bild 36, rote Markierung).
Da die sonstigen Darstellungen auf der Karte so exakt waren, war diese Abweichung schwerlich auf Ungenauigkeiten bei der Herstellung zurückzuführen, sondern man musste davon ausgehen, dass sie angefertigt wurde, als der Canyon tatsäch-

lich noch von Ufa aus in Richtung Sterlitamak verlief. Dann müsste die Karte aber Millionen von Jahren alt sein!
Dennoch – mit dieser Vorgabe konnten alle weiteren Details auf der Karte tatsächlich identifiziert werden. Es ergab sich eine exakte und maßstabgetreue dreidimensionale Reliefdarstellung der Region Baschkortostan mit den Flüssen Bjelaja, Ufimka und Sutolka, bis hinunter zur Stadt Salawat, allerdings so, wie die Landschaft in einem früheren Erdzeitalter ausgesehen haben musste.
Da dies natürlich für die Wissenschaftler eine Ungeheuerlichkeit war, begannen sie nun, den Stein genauer in Augenschein zu nehmen. Vielleicht war es ja doch eine Laune der Natur, und die Forscher hätten sich durch eine möglicherweise überraschende Ähnlichkeit der Oberflächenstruktur mit dem Relief der Region täuschen lassen.
Anstatt sich allerdings auf diese Weise beruhigen zu können, fand man jetzt etwas, was allen den Atem raubte: Der Stein war nicht nur eindeutig künstlich bearbeitet worden, sondern sogar mit einer Technik, die nur einer Hochzivilisation möglich gewesen sein konnte, die mindestens mit unserer heutigen Kultur vergleichbar war. „Daschkas Stein" war nämlich nicht irgendein x-beliebiger Stein, sondern bestand aus drei höchst unterschiedlichen Schichten, von denen zwei künstlich aufgetragen waren.
Die unterste Schicht, ca. 14 cm dick, ist eine natürliche Steinplatte aus hartem Dolomitgestein. Darüber liegt, knapp 2 cm stark, eine Schicht aus Diopsidglas, aufgetragen mit einer Technik, die uns heute unbekannt ist. In dieser Glasschicht ist das eigentliche Relief herausgearbeitet. Darüber liegt dann noch eine knapp 2 mm starke weiße Schicht aus Calcium-Porzellan, die offenbar die empfindliche Oberfläche stoß- und schlagfest machen sollte und die dem Stein das charakteristische Aussehen verleiht (s. Bildteil, Abb. 33).

Wenn man also die häufig gestellte Skeptikerfrage stellt, wieso eine Hochzivilisation, die in der Lage ist, eine 3D-Reliefkarte herzustellen, diese in Stein ritzen sollte (schließlich haben schon die alten Chinesen und Ägypter vor Christi Geburt Papier gekannt), so gibt es dafür zwei logische Antworten:

1. Wir wissen nicht, was für Technologien eine mögliche Hochkultur in so ferner Vergangenheit im einzelnen benutzt haben mag. Tatsache ist jedoch, dass die einzigen Artefakte, die überhaupt eine Chance hätten, nach so langer Zeit noch gefunden zu werden, aus Stein sein müssten.
2. „Daschkas Stein“ ist keineswegs das Werk primitiver Steinzeitmenschen, die mit Faustkeilen aus Feuerstein irgend etwas in eine Steinplatte ritzten, sondern eine technische Leistung der Sonderklasse. Durch Röntgenaufnahmen kann man beweisen, dass für die Ausarbeitung des Reliefs hochentwickelte Präzisionswerkzeuge notwendig waren.

Auf der Tafel wurden auch unbekannte Schriftzeichen entdeckt, und da sie vertikal angeordnet waren, vermutete man zunächst, dass es Altchinesisch sein könnte, wie es etwa bis zum 3. Jahrhundert v. Chr. noch benutzt wurde (selbst wenn dann die Frage erlaubt wäre, woher die alten Chinesen eine Millionen von Jahren alte Geländeformation kennen konnten). Doch diese Vermutung stellte sich schnell als falsch heraus. Alexander Chuvyrov erhielt die Erlaubnis, sich insgesamt 40 Minuten in der chinesischen Staatsbibliothek aufzuhalten und einige seltene historische Bücher einzusehen. Keines von ihnen zeigte auch nur ansatzweise ähnliche Schriftzeichen. Nach einer Konsultation mit chinesischen Sprachwissenschaftlern gab Chuvyrov diese Hypothese endgültig auf. Bis heute weiß man nur, dass es eine hieroglyphenähnliche Silbenschrift unbekannten Ursprungs ist, die bislang niemand entziffern konnte.

Je länger sich Alexander Chuvyrov mit der rätselhaften Steinplatte beschäftigte, desto mehr Sensationen entdeckte er auf ihr. Die Reliefkarte zeigte nicht nur die natürliche Landschaft mit den Bergen und Flussbetten, sondern auch reiche Spuren einer alten Zivilisation. Am meisten sticht dabei ein umfangreiches Bewässerungssystem von Kanälen und Dämmen ins Auge, und zwar in geradezu gigantischen Ausmaßen. Jeder dieser Kanäle und Dämme war rund 500 Meter breit, bis zu 3000 Meter tief und etliche Kilometer lang. „Im Vergleich zu diesen Kanälen würde unser heutiger Wolga-Don-Kanal nur wie ein unbedeutender Kratzer in der Oberfläche wirken“, so Chuvyrov. Das Bett des Bjelaja-Flusses war eindeutig künstlich verändert. „Die heutige Menschheit wäre nur in der Lage, einen Bruchteil dessen zu bauen, was auf dieser Karte dargestellt ist“, fügte der Wissenschaftler hinzu.

Eine Altersbestimmung der Tafel erwies sich als äußerst schwierig. Weder die in der Archäologie übliche Radiokarbonmethode, noch das Scannen der Gesteinsschichten mit Hilfe von Uran-Chronometern erbrachte schlüssige Resultate. Während dieser Untersuchungen fand man an der Oberfläche der Tafel zwei fossile Muscheln, die offenbar absichtlich eingesetzt worden waren, um bestimmte Punkte auf der Karte zu markieren. Muscheln sind in der Paläontologie häufig wichtige Leitfossilien, um das Alter einer Gesteinsschicht zu erkennen, da diese Tiere nicht sehr langlebig sind und als Arten eine schnelle Evolution durchmachen. Die eine Muschel wurde identifiziert als *Navicopsina munitus* und lebte vor etwa 500 Millionen Jahren. Die andere war jüngeren Datums: *Ecculiomphalus princeps* ist „nur“ etwa 120 Millionen Jahre alt.

Natürlich konnten die Leute, die die Karte herstellten, auch damals schon eine versteinerte, also uralte und tote Muschel als Markierung verwenden, und doch kristallisiert sich die

Zahl 120 Millionen Jahre langsam als Arbeitshypothese für das vermutete Alter der Karte heraus, wie Professor Chuvyrov betont. Die Zahl stimmt nämlich überein mit einer Analyse der Ausrichtung von mikroskopischen Metallteilchen, wie sie gerade bei Porzellan- und Keramikarbeiten zur Altersbestimmung ebenfalls herangezogen werden können. Danach wurde die Beschichtung der Tafel erstellt zu einer Zeit, als der magnetische Nordpol nicht an seiner heutigen Stelle lag, sondern in der Gegend von Franz-Josef-Land, einer zu Russland gehörenden Inselgruppe östlich von Spitzbergen. Dies war aber nach heutiger Erkenntnis vor ca. 120 Millionen Jahren letztmals der Fall!
Wer um Himmels willen brauchte vor 120 Millionen Jahren eine Präzisions-3D-Karte des Uralgebiets und – was noch wichtiger ist – besaß auch die Fähigkeit, eine solche herzustellen? Nach heutigem Wissen war die Erde damals hauptsächlich von Dinosauriern bevölkert, die zwar heute wieder sehr in Mode gekommen sind, aber dennoch allgemein nicht gerade als ein Ausbund an Klugheit gelten. Die damaligen Säugetiere des Kreidezeitalters waren kleine, rattenähnliche Wesen und mögen zwar schon etwas pfiffiger als die plumpen Dinos gewesen sein, dennoch dürften auch sie die Präzisionsbearbeitung einer Steinplatte und anschließende Beschichtung mit technisch aufwendigen keramischen Werkstoffen kaum zuwege gebracht haben.
Doch damit noch nicht genug. Selbst wenn man die ungeheuerliche Vermutung einmal akzeptiert, dass es zur Zeit der Dinosaurier schon Menschen gegeben haben könnte (eine Hypothese, die ja nicht zum ersten Mal geäußert wird), so meinte man damit in der Regel so eine Art vorzeitlicher „Familie Feuerstein“, aber keinesfalls eine technische Hochzivilisation. Doch die Wissenschaftler des Zentrums für historische Kartographie in Wisconsin (USA), denen Alexander Chuvyrov seine Reliefkarte zeigte, sagten da ganz etwas anderes:

Wer immer diese Karte angefertigt hat, so die amerikanischen Wissenschaftler, der tat dies zum Zweck der Navigation – eine andere Verwendung ist kaum vorstellbar – und er musste fliegen können, vermutlich sogar im Orbit, außerhalb der Erdatmosphäre. Die Erfassung der Oberflächendetails in der vorliegenden Präzision ist nur durch Vermessung aus der Luft möglich. Die Kartographen wissen, wovon sie reden. Schließlich ist die NASA gerade dabei, mit Hilfe mehrerer Space-Shuttle-Missionen so einen dreidimensionalen Weltatlas zu erstellen, der nach derzeitiger Planung um 2010 fertig sein soll. Kurz gesagt: Damit wir das haben werden, was Alexander Chuvyrov jetzt als Fragment in den Händen hält, werden wir mit unserer Technologie des 21. Jahrhunderts noch etwa sieben Jahre brauchen! Man benötigt dazu die Leistungsfähigkeit von Supercomputern und modernste Geräte für die Altimetrie vom Shuttle aus. Zu behaupten, das gleiche könne ein primitiver Höhlenmensch mit seinen Faustkeilen bewerkstelligen, ist jedenfalls für die amerikanischen Experten absolut lächerlich.

Und noch etwas ist zutiefst mysteriös: Trotz der eindeutigen Spuren der Besiedlung durch eine Hochzivilisation (man denke an das Kanalsystem) sind auf der Reliefkarte keine Straßen oder sonstigen Landwege eingezeichnet. Wer immer diese Karte erstellt und benutzt hat, er hat sich nicht zu Lande fortbewegt, sondern ganz offenbar nur auf dem Wasser und in der Luft!

Es wurde auch schon die Vermutung geäußert, die Schöpfer der Karte hätten dort überhaupt nicht gelebt, sondern es sei nur ein Erkundungstrupp gewesen, der das Terrain sondierte, kartographierte und ein Bewässerungssystem anlegte, um es den eigenen Lebensbedürfnissen anzupassen. Ein Erkundungstrupp vor 120 Millionen Jahren? Wer soll das gewesen sein? Und woher sind sie gekommen?

Alexander Chuvyrov ist als Wissenschaftler sehr vorsichtig: „Ich rede nicht über Dinge wie UFOs und Außerirdische“, sagt er. Den Urheber des Reliefs nennt er ganz einfach „den Schöpfer“. Ist das also etwa „Gottes Landkarte“?

Jede Untersuchung im Zusammenhang mit der Landkarte bringt eine neue Sensation. Mittlerweile sind die russischen Wissenschaftler sogar schon der Überzeugung, dass die Karte nur ein Fragment eines viel größeren Artefakts ist, möglicherweise einer Reliefdarstellung der ganzen Erde, wie sie auch von der NASA gerade erstellt wird.

Schon die alten Aufzeichnungen aus dem 18. Jahrhundert sprachen ja von etwa 200 Tafeln. Durch Untersuchungen von Erdproben stellte man fest, dass das Artefakt sich vermutlich ursprünglich in einer Schlucht der Sokolinaja-Berge befunden haben muss. Durch die Vergletscherung der gesamten Region während der Eiszeit, so die Ansicht der Forscher, zerbrach die riesige Tafel (die nach den Berechnungen Chuvyrovs etwa 340 * 340 Meter groß gewesen sein muss) in unzählige Teile, welche sich beim Abschmelzen des Eises dann in alle Richtungen verteilten.

Anhand des Archivmaterials vermutet Chuvyrov ein paar Bruchstücke sogar schon lokalisiert zu haben, zum Beispiel unter dem Haus des Kaufmanns Khasanov in Chandar oder unter einer Brücke der lokalen Schmalspurbahn. Wie man schon an diesen Orten sieht, wird es nicht so einfach sein, die Schätze zu bergen.

Nach allgemeiner wissenschaftlicher Auffassung ist der Fund von Chandar weltweit ohne Beispiel. Mit einer Ausnahme: Auf dem Höhepunkt der Forschungsarbeiten wurde ein kleiner Halbedelstein – ein Chalzedon – gefunden, der an seiner Oberfläche ein kleines Relief trug, das dem vom Daschka-Stein sehr ähnlich sieht, so als ob jemand, der die große Karte sah, sich diese kopieren wollte, sozusagen als Taschenausgabe. Wer aber war das, und wozu tat er es?

So spektakulär und spannend die ganze Geschichte auch ist, so sehr sind an dieser Stelle auch einige kritische Anmerkungen angebracht, die sich ausdrücklich nicht gegen Professor Chuvyrov und seine Arbeit, sondern allenfalls gegen die (notgedrungen) für den nicht-wissenschaftlichen Leser vereinfachte Darstellung in der Moskauer Zeitung „Prawda" richten kann, auf deren Artikeln diese Story im wesentlichen beruht.
Es hat auf jeden Fall den Eindruck, dass Alexander Chuvyrov und sein Team bei ihren Untersuchungen alle gebotene wissenschaftliche Sorgfalt walten ließen. Allerdings sind auf der Basis des momentan vorliegenden Materials die Forschungsergebnisse für den Leser nur schwer nachzuvollziehen. Vergleicht man zum Beispiel den (heutigen) realen Verlauf des Bjelaja-Flusses (s. Abbildungsteil, Bild 36, gelbe Markierung) mit dem vertikalen Spalt auf dem Stein (s. Abbildungsteil, Bild 31), so sind Ähnlichkeiten kaum erkennbar.
Paradoxerweise könnte dies gerade für die Echtheit des Steins sprechen, denn auf ihm soll ja die Landschaft in prähistorischer Zeit dargestellt sein.
Man muss sich vor Augen halten, dass unser Globus in so ferner Vergangenheit ein vollkommen anderes Aussehen hatte als heute. Nicht nur, dass sich unsere heutigen Gebirgsformationen durch Auffaltung und Erosion in der Gestalt ändern – in so langen Zeiträumen, wie sie hier zur Diskussion stehen, haben sich die Kontinente als Ganzes erheblich gegeneinander verschoben.
Im Jurazeitalter vor etwa 150 Millionen Jahren bildeten Südamerika, Afrika, Indien, die Antarktis und Australien noch einen gemeinsamen Kontinent, den die Geologen Gondwana genannt haben. Zentralasien und China waren nach Norden in Richtung Nordpol verschoben, und fast ganz Europa lag vollkommen unter dem Wasserspiegel des eurasischen Urozeans. Interessanterweise befand sich der Höhenzug des Ural, der damals schon existierte, nicht wesentlich woanders als heute.

Im nachfolgenden Kreidezeitalter, etwa vor knapp 100 Millionen Jahren, sah die Situation ganz anders aus. Afrika, Indien und Australien befanden sich schon auf dem Weg zu ihren heutigen Positionen, und Europa begann langsam aus den Tiefen des Meeres aufzutauchen. Interessanterweise finden wir den Ural weiterhin ungefähr an seiner heutigen Stelle.

Diese Beispiele verdeutlichen, wie schwer es für die Wissenschaft ist, zum Beispiel für die Zeit vor 120 Millionen Jahren abzuschätzen, wie etwa einige Flüsse, Bergrücken und Täler in einer eng umgrenzten Region sich entwickelt haben. Um es überhaupt möglich zu machen, benötigt man komplizierte Computersimulationen, die die bekannten erdgeschichtlichen Kontinentalwanderungen berücksichtigen können.

Vor diesem Hintergrund ist auch die Untersuchung des „Daschka-Steins“ zu sehen. Professor Chuvyrov stellte es in einer Online-Pressekonferenz der „Prawda“ am 6. 6. 2002 klar: Die Identifizierung des Reliefs als die Region um Ufa vor 120 Millionen Jahren geschah nicht durch bloßen Augenschein (was, wie man sieht, sowieso nicht möglich ist) sondern ist Ergebnis solcher umfangreicher Computerberechnungen.

Es bleiben natürlich in diesem Fall noch viele Fragen offen, doch an den jetzt aufgeflammten weltweiten Spekulationen über die möglichen Urheber der Karte beteiligt sich Alexander Chuvyrov ohnehin nicht. Wie er immer wieder betont, sieht er seine Aufgabe darin, den Stein zu untersuchen, das Material, aus dem er gemacht wurde, um sein Alter zu bestimmen, und sicherzustellen, dass er nicht auf natürliche Weise entstanden ist. Alles weitere überlässt er anderen Wissenschaftlern überall auf der Welt, nachdem er seine Forschungsergebnisse nunmehr veröffentlicht hat.

Wie wir sehen, ist in diesem sensiblen Fall Ruhe und Sachlichkeit angebracht. Es wäre schade, wenn die Story jetzt durch sensationell klingende Spekulationen zu schnell hochgeputscht würde, so dass möglicherweise seriöse wissenschaftliche Untersuchungen verhindert würden. Denn eines ist klar – wenn der Stein wirklich das ist, für das Professor Chuvyrov ihn hält, dann würde dies unser gesamtes Weltbild für immer verändern.

Egal, wer nun „Gottes Landkarte“ gemacht hat – ob er ein Angehöriger einer früheren Hochzivilisation war oder ob er vor Urzeiten aus dem Ur-All in die Gegend des Ural kam -, wir brauchten 120 Millionen Jahre, um auf die gleiche Idee zu kommen wie er. Zum Glück kann er jedoch nicht seine Urheberrechte geltend machen, wenn die NASA eines Tages unseren dreidimensionalen Weltatlas fertig hat, denn seine Zivilisation ist entweder seit langem ausgestorben oder längst in die Weiten des Alls davongedüst.

Timeline

Sonntag, 9. Juni 2002.

Wenn man an einem solch ruhigen Sonntagvormittag im Frühsommer nach dem Aufstehen zum Computer geht und die eingelaufenen E-Mails checkt, ahnt man im Grunde noch nicht, was auf einen zukommen kann.

Unter den verschiedenen Nachrichten fand sich auch die eines italienischen Forscherkollegen. Sie enthielt nur kurz und knapp den Hinweis, unbedingt die Online-Ausgabe der Moskauer „Prawda” zu checken. Und was fanden wir? Die Meldung über die sensationelle Entdeckung von Professor Chuvyrov aus *Ufa* in der *Republik Baschkortostan* (Russland), aus der schließlich – nach umfangreichen Recherchen – unsere Story über „Gottes Landkarte” wurde, die Sie vermutlich gerade gelesen haben.

Was wir damals nicht ahnten: Dieses Ereignis setzte auch eine rätselhafte und schicksalhafte Kettenreaktion in Gang. Etwas genauer muss man wohl sagen: *es war ein erstes Anklopfen*

einer möglichen Zukunft, die auf der Suche nach einer passenden Vergangenheit war.
Innerhalb weniger Tage waren unsere Recherchen abgeschlossen, hatten wir Hintergründe ermittelt und in elektronischem Kontakt mit Alexander Chuvyrov einige Fragen geklärt.

Freitag, 14. Juni 2002.
Die Geschichte über „Gottes Landkarte" stand, und wir entschieden uns, sie bei „KonteXt Online"[79] im Internet zu publizieren.
Die Reaktionen der Besucher unserer Internet-Seiten ließen nicht lange auf sich warten. Genau wie wir waren viele von ihnen fasziniert von der Entdeckung des russischen Forschers.
Einhelliger Kommentar: *„Das ist eine gute Geschichte!"*
Diesen Satz hörten wir tagelang von allen Seiten immer wieder, so lange, bis wir uns schließlich erinnerten, woher wir diesen Satz schon kannten.

Mittwoch, 26. Juni 2002.
Dieser Satz fällt im Verlauf des Films „Tempus Fugit", einer auf Video ausgekoppelten Doppelfolge der Kultserie „Akte X". In dieser Folge geht es um einen rätselhaften *Flugzeugabsturz*, bei dem ein Mulder und Scully bekannter UFO-Forscher ums Leben gekommen war. Sie finden heraus, dass eine *Kollision* die Ursache des Unglücks war, ausgelöst durch *menschliches Versagen bei der Flugüberwachung* während eines Versuchs des Militärs, ein UFO abzuschießen. *Der Fluglotse hatte für das Flugzeug falsche Koordinaten übermittelt.*
Angeregt durch die Bemerkungen unserer Internet-Besucher sahen wir uns diesen Film an jenem Abend nochmals an. Auch das ist tatsächlich eine gute Geschichte!

Final Destination

Thriller. USA 2000.
Regie: James Wong
Produzenten: Glen Morgan, Warren Zide, Craig Perry
Drehbuch: Glen Morgan, James Wong, Jeffrey Reddick
Darsteller: Devon Sawa, Ali Larter, Kerr Smith, Tony Todd, Kirsten Cloke, Seann William Scott u.a.

Der Tod ist nah ... aber Alex Browning erahnt jeden seiner Schritte.
Noch bevor Alex Browning das Flugzeug nach Paris besteigt, spürt er, dass etwas Furchtbares passieren wird. Als er schließlich an Bord sitzt, hat er die Vision von der explodierenden Maschine. Die erschreckende Vorahnung lässt Alex sein Flugzeug nach Paris kurz vor dem Abflug panisch verlassen. Fünf Mitschüler und eine Lehrerin folgen ihm und werden Zeuge, wie die Maschine kurz nach dem Start tatsächlich explodiert.
Doch der Horror des Flugs 180 ist noch lange nicht vorbei. Denn nach und nach sterben alle, die gemeinsam mit Alex das Flugzeug verlassen haben, auf merkwürdige Weise: Der Tod fühlt sich um sieben Menschenleben betrogen und setzt alles daran, dass seine Bilanz schon bald wieder stimmt.
Alex glaubt, den Sensenmann durchschaut, sein System erfasst zu haben. Schon bald erkennt Alex ein entsetzliches Schema, das direkt zu ihm führt ... Indem er jeden seiner Schritte vorausahnt, wollen der Junge und seine Freunde ihm immer wieder von der Schippe springen. Doch eines ist klar: Sterben müssen wir alle einmal. Fragt sich nur: Wann?

Quelle: Dirk Jasper Filmlexikon

Freitag, 28. Juni 2002.
Eigentlich gehen wir sehr selten in Videotheken, aber an diesem Abend hatten wir nach einem anstrengenden Tag irgendwie Lust, uns einen guten Film anzusehen. Zufällig fiel uns dann das Video „Final Destination" in die Hände. Also schon wieder ein Film über eine Flugzeugkatastrophe, aber in einer sehr interessanten Variante. Die *Drehbuchautoren* des Films hatten übrigens auch einige der besten *Akte-X-Folgen* geschrieben.
Eine amerikanische *Schulklasse* soll *als Belohnung für gute Schulnoten* eine Reise nach Paris machen, begleitet von zwei Lehrern. Beim Betreten des Flugzeuges hat ein Junge aus der Gruppe plötzlich eine erschreckende Vision. Er fällt für kurze Zeit in einen veränderten Bewusstseinszustand und sieht vor seinem inneren Auge, wie kurz nach dem Abheben von der Startbahn im Innern des Flugzeuges ein Feuer ausbricht und sich in Windeseile in der ganzen Passagierkabine ausbreitet. Kurz darauf explodiert die Maschine und stürzt ab.
Als der Junge wieder zu sich kommt, ist er zutiefst verstört, fast hysterisch, und versucht sich seinen Mitschülern mitzuteilen. Diese lachen natürlich über ihn, und so kommt es zu einer Rangelei zwischen den Jugendlichen. Der Pilot verfügt daraufhin, *der Junge und fünf weitere Schüler müssten das Flugzeug verlassen. Ein Lehrer steigt ebenfalls aus,* um dafür zu sorgen, dass die Jugendlichen gut nach Hause kommen.
Zurück in der Flughafenhalle, sehen die Zurückgebliebenen durch das Fenster die Maschine starten. Zu ihrem Entsetzen explodiert sie tatsächlich unmittelbar nach dem Start und stürzt ab. Alle Insassen sind tot.

Samstag, 29. Juni 2002.
Wir erhielten einen Telefonanruf eines Arztes, der am *Bodensee* in der Nähe der Schweizer Grenze wohnt. Er wollte mit seiner Frau eine Flugreise machen und sich vorsichtshalber

vorher über die aktuelle Position des *TLR-Faktors* (Flugzeug-Risiko-Faktor, s. auch S.196 und unser Buch „Vernetzte Intelligenz") informieren. Aus uns unbekannten Gründen war es ihm nicht gelungen, die entsprechende Internet-Seite bei KonteXt-Online aufzurufen, von der man den TLR-Faktor ständig aktualisiert abrufen kann. Da aber seine Frau ständig von dunklen Vorahnungen geplagt wurde, bat er uns telefonisch um diese Information.
Wir sagten ihm, dass der TLR-Faktor gerade jetzt, ab Montag, dem 1. Juli, *über Deutschland* sein würde.

Montag, 1. Juli 2002, 23.35 Uhr.
Über dem *Bodensee* nahe Überlingen *kollidierten zwei Flugzeuge* und stürzten ab. Es gab keine Überlebenden.
In einer der Maschinen saß eine *Klasse* mit russischen *Schülern*, die als *Belohnung für gute Leistungen* eine Reise nach Spanien machen durften. *Eine kleine Zahl von ihnen hatte allerdings im letzten Moment den Flug nicht mitmachen dürfen*, da die spanische Botschaft in Moskau ihnen kein Visum ausgestellt hatte. Zur Begleitung der Zurückgebliebenen war *auch einer der Lehrer in Moskau geblieben*.
Die Kollision geschah *im Bereich des TLR-Faktors*, gleichzeitig gab es gravierende technische Pannen und *menschliches Versagen* bei der Schweizer Flugüberwachung. *Der Fluglotse hatte der einen Maschine falsche Koordinaten durchgegeben* (Sinkflug anstatt Steigflug).
Wir alle erinnern uns wohl noch genau an die erschütternden Szenen im Fernsehen mit den trauernden Eltern, die zur Trauerfeier nach Deutschland gebracht wurden.
Die Schüler kamen aus *Ufa* in der *russischen Republik Baschkortostan*, also aus der Stadt, aus der auch *Alexander Chuvyrov*, der Entdecker von „Gottes Landkarte", stammt. Die geheimnisvolle Karte aus der Urzeit zeigt genau diese Gegend. Der Kreis hatte sich geschlossen.

Der TLR-Faktor

Der *TLR-Faktor* (Temporary Local Risk Factor) bezeichnet einen Risikofaktor für Flugzeuge, speziell beim Start oder bei der Landung, der zu bestimmten Zeiten an bestimmten Orten auftritt.
Im Jahre 1998 haben wir aufgrund empirischer Recherchen herausgefunden, daß Daten und geographische Positionen zahlreicher Flugzeugabstürze in einem einfachen mathematischen Zusammenhang stehen.
Es scheint also einen räumlich-zeitlich periodischen Risikofaktor (TLR-Faktor) für den Flugverkehr zu geben, dessen geographische Position für jeden Tag des Jahres genau vorausberechenbar ist. Seine physikalische Ursache ist bis heute unbekannt.

Ausführlichere Informationen zum Thema TLR-Faktor: Fosar/Bludorf: Vernetzte Intelligenz.

Vorausberechnung des TLR-Faktors für ein bestimmtes Datum:

- Offline: Softwarepaket Hyper2000 Professional (© Fosar/Bludorf)

- Online: Über die Homepage „KonteXt Online“ der Autoren – http://www.fosar-bludorf.com

Die Flugzeugkatastrophe am 1.7.2002

Am 1. Juli 2002, nachts um 23.30 Uhr, kollidierten in 12000 Metern Höhe zwei Flugzeuge und stürzten ab: Eine Boeing 757, die für die Kurierfirma DHL als Frachtflugzeug unterwegs war, sowie eine russische Tupolew der Bashkirian Airlines auf dem Weg von Moskau nach Barcelona. Schauplatz des Unglücks war die Region um Überlingen am Bodensee. Die Trümmer der Maschinen wurden noch im Umkreis von fast 40 km gefunden. Zahlreiche Häuser wurden beschädigt. Glücklicherweise kamen wenigstens am Boden keine Menschen zu Schaden.

An Bord der Tupolew befanden sich 52 Kinder, die in Begleitung von fünf Erwachsenen auf dem Weg in die Ferien nach Spanien waren.

Ursachen: Menschliches und technisches Versagen bei der Bodenkontrolle, vermutlich beeinflußt durch die Anwesenheit des TLR-Faktors.

Abb. 9: Verlauf des TLR-Faktors am 1. Juli 2002

Eine Zukunft, die sich eine Vergangenheit suchte...
Im Zusammenhang mit Katastrophen ist immer wieder von Präkognition die Rede, also von Menschen, die in einer Vision ein schreckliches Ereignis vorhersehen. Beispiele sind etwa der Untergang der Titanic oder der Bergrutsch von Aberfan. Kann man diese Geschichte in die gleiche Kategorie einordnen?
Nein. Niemand von uns hatte irgendeine „Vision". Keines der Ereignisse, die wir hier geschildert haben, stand mit den anderen in irgendeinem kausalen Zusammenhang. Niemand hätte in unserer Recherche über „Gottes Landkarte", dem Sehen zweier Videofilme und dem Anruf des Arztes irgendeine Verbindung erkennen können, bevor das furchtbare Unglück vom Bodensee geschehen war.
Insofern war es auch unmöglich, die Katastrophe vorherzusehen. Die Flugzeugkollision vom 1. Juli 2002 war im Juni noch lediglich eine mögliche Zukunft. Um in unserer Realität „real" zu werden, musste sie sich aber offenbar stufenweise mit der von uns erlebten Gegenwart verschränken, sozusagen einen Resonanzboden, eine Vergangenheit suchen. Im Verlauf dieses Prozesses blitzten immer wieder Impulse aus der Zukunft in unserer Realität auf, die scheinbar völlig zusammenhanglos waren, und doch bauten sie schrittweise ein Bild auf, ganz langsam, wie eine Fotografie, die sich im Entwicklerbad auf dem Fotopapier langsam entfaltet, um dann am 1. Juli grausame Realität zu werden.
Die Zukunft hatte sich durch kleinste Fehler in der Matrix mehrfach bemerkbar gemacht, jenseits allen Zweifels. Kein vernünftiger Mensch kann diese Häufung von Impulsen noch als „Zufall" bezeichnen. Kein Mensch hätte aber auch das Ereignis auf der Basis dieser Zukunftsdaten verhindern oder uns dafür verantwortlich machen können.
Wie alle Menschen waren auch wir über das Schicksal der Opfer vom 1. Juli 2002 zutiefst erschüttert. Doch bei uns saß diese Erschütterung sogar noch tiefer, weil wir alle diese Vor-

zeichen selbst erlebt hatten. Es dauerte geraume Zeit, bis wir in der Lage waren, die ganzen Fakten so zu ordnen, damit wir Ihnen die Geschichte erzählen konnten.
Wir wissen nicht, ob auch am 1. Juli 2002 der Tod einen „Plan" hatte. Wir hoffen sehr, dass dies nicht der Fall war, damit wenigstens diejenigen unter den Schülern aus Ufa, die nicht hatten mitfliegen dürfen, nach einiger Zeit wieder ein normales Leben führen können. Und doch fragt man sich angesichts dieser Geschichte sicher nicht zu Unrecht, was in unserem Leben eigentlich noch „Zufall" ist?
Was ist eigentlich ein Fehler in der Matrix an einem Telefonanruf eines Arztes und an der Tatsache, dass wir ein bestimmtes Video gesehen haben? Jedes dieser Ereignisse erscheint natürlich, für sich betrachtet, vollkommen normal und alltäglich. Als Gesamtheit bilden die in dieser Timeline beschriebenen Ereignisse jedoch eine Kette, die unzweifelhaft auf ein zukünftiges Ereignis hingewiesen hat.
Wir befanden uns also im Juni 2002 in einer akausalen „Fehler-in-der-Matrix"-Schleife, und zwar holistisch gesehen nicht nur körperlich, sondern auch mit unserem Bewusstsein.
Die klassische Physik, sogar die klassische Quantenphysik, können diese Vorgänge nicht erklären. Klassische Physik beschäftigt sich zu 100% nur mit toter Materie und ist dabei vollkommen deterministisch. Die klassische Interpretation der Quantenphysik berücksichtigt zwar geistige Prinzipien, aber auf einer vollkommen unbewussten Ebene, indem auf unbekannte Weise eine Auswahl aus mehreren Alternativen getroffen wird.
Erst neue Interpretationen der Quantenphysik, z. B. die Post-Quantenphysik des Bewusstseins, können uns weiterbringen. Sie enthält zum Beispiel zeitlich rückwärts laufende, also akausale, Wheeler-Feynman-Wellen (advanced quantum waves), die genau solche Vorgänge beschreiben.

Um diese Zusammenhänge besser zu verstehen, müssen wir leider zu tragischen Ereignissen noch größeren Ausmaßes gehen – zum 11. September 2001.
Zunächst werden natürlich die Geschehnisse dieses Tages im Vordergrund stehen. Doch an diesem Tag geschah auch etwas, was unser Verständnis der Matrix von Grund auf erschüttert hat.

IX

Spuren der Zukunft

Zufall mit Methode

New York, 11. September 2001, 5.00 Uhr morgens. In knapp vier Stunden wird das erste der beiden Terror-Flugzeuge das World Trade Center rammen. Doch noch ahnen die Menschen nichts davon, sondern liegen friedlich schlafend in ihren Betten oder sind völlig ahnungslos beim Duschen oder beim Frühstück.

Zur gleichen Zeit allerdings registrieren die Zufallsgeneratoren des *Global Consciousness Project*[80] an der Princeton-Universität seltsame Ausschläge, die sich im Verlauf der kommenden vier Stunden mehr und mehr akkumulieren werden. Liegt da etwa ein Gerätedefekt vor?

Weit gefehlt. Zahlreiche andere Messstationen überall auf der Welt, die mit Princeton in einem gemeinsamen Forschungsprojekt ganz eigener Natur vernetzt sind, registrieren zur selben Zeit das gleiche eigenartige Signal: So zum Beispiel in Sydney, auf Neuseeland, in Paris, Wien und Edinburgh, im indischen Bangalore, sowie an zahlreichen Orten in den Vereinigten Staaten.

Für den wissenschaftlichen Fachmann ist ein solches Signal ein Zeichen, dass sich in unserer Realität etwas Entscheidendes abspielt, was nicht auf Zufall beruht. Nicht immer kann er allerdings sofort beurteilen, um was es sich bei diesem Ereignis handelt. Oft bringen erst die Nachrichtensendungen Klarheit.

Doch in diesem Moment herrscht in den Nachrichtensendungen noch Ruhe. Aber das Signal lässt sich nicht beirren, son-

dern wird mit jeder Minute stärker und stärker, so wie der Ausschlag eines Seismographen bei einem heraufziehenden Erdbeben (Abb. 10).
Niemand ahnt, dass es bei diesem Ereignis nicht um ein Erdbeben gehen wird, sondern um ein „Weltbeben".
Die Wissenschaft bezeichnet Vorgänge als zufällig, denen keine bekannte Gesetzmäßigkeit zugrunde liegt und die sich daher auch nicht vorausberechnen lassen. Ein Beispiel ist etwa der Zerfall eines radioaktiven Materials. Ein Zufallsgenerator ist ein Gerät, das einen Strom zufälliger Daten erzeugt, die man im Nachhinein daraufhin untersuchen kann, ob sie wirklich „zufällig" sind (wie es eigentlich zu erwarten wäre), oder ob sie nicht doch eine Struktur aufweisen. Heutzutage kann die Erzeugung von Zufallsdaten auch durch spezielle Computersoftware übernommen werden.
Wenn ein solcher Zufallsgenerator über längere Zeit läuft, so erkennt man, dass es immer wieder Zeiten gibt, in denen die erzeugten Daten tatsächlich erheblich vom Zufall abweichen. Es zeigte sich, dass dies immer dann der Fall ist, wenn irgendwo auf der Welt ein Ereignis eintritt, das eine große Menge von Menschen emotional berührt. Man könnte also einen Zufallsgenerator auch als Monitor für das menschliche Gruppenbewusstsein bezeichnen.
Im Jahre 1998, ungefähr zur selben Zeit, als in Princeton das Global Consciousness Project ins Leben gerufen wurde, begannen auch wir – unabhängig davon – im Rahmen eines europäischen Projektes mit eigenen Untersuchungen dieses interessanten Effekts.
Inzwischen geht es in New York schon auf 8.45 Uhr zu. Die Abweichung der Zufallsdaten vom „normalen Zufall" hat sich in den letzten 4 Stunden ständig verstärkt. Nur noch wenige Minuten, und die Radio- und Fernsehsender in aller Welt werden die Schreckensnachricht vom Anschlag auf das World Trade Center verbreiten. Bis ca. 10.30 Uhr, wenn der zweite

Tower in sich zusammenstürzt, bleibt das Signal fast gleichbleibend auf diesem hohen Niveau. Erst dann fängt es langsam wieder an abzunehmen und erreicht gegen 13.00 Uhr New Yorker Zeit wieder Normalmaß.

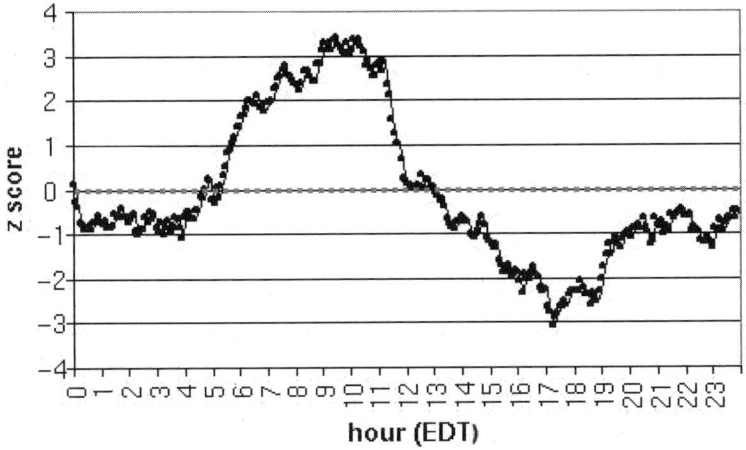

Abb. 10: Störung des Zufallsgenerators in Princeton am 11.9.2001 zwischen 5.00 und 13.00 Uhr Ortszeit. Die Nulllinie markiert den „normalen" Zufall. Im Grunde zeigen die Zufallsdaten eine fast lehrbuchmäßige statistische Glockenkurve, die ihr Maximum genau im Moment des Anschlages (gegen 8.45 Uhr) hat und nach beiden Seiten fast symmetrisch abfällt.(© Global Consciousness Project)

Da die Menschen ab dem Moment, als die Nachrichten über das Ereignis verbreitet werden, weltweit wie gebannt vor den Fernsehschirmen und Radiogeräten sitzen, ist eine solch starke Reaktion der Zufallsgeneratoren in diesem Zeitraum nicht ungewöhnlich. Wie erklärt man aber die starken Signale während der vier Stunden *vor* dem Ereignis?

Eine erste Idee könnte sein, dass ja um 5.00 Uhr morgens zweifellos schon Menschen von dem bevorstehenden Ereignis wussten. Auf jeden Fall natürlich die Terroristen selbst, die ja zu dieser Zeit schon unterwegs waren, dann die Hintermänner, die den Befehl dazu erteilten. Doch selbst bei großzügigster Schätzung dürften da höchstens ein paar Tausend Menschen zusammenkommen. Es ist kaum denkbar, dass die Gruppenbewusstseinsenergie einer so kleinen Gruppe einen vergleichbaren Effekt hervorbringt, wie es in den ersten Stunden nach dem Ereignis durch die emotionale Erregung – praktisch der gesamten Weltöffentlichkeit – der Fall war.

Haben wir es also hier mit Impulsen zu tun, die von der Zukunft in die Vergangenheit reichen? Diese Vermutung ist nicht so exotisch, wie man auf den ersten Blick glauben könnte. Trotzdem ist es ein bedeutsames Ereignis. Zum ersten Mal hat ein wissenschaftliches Messinstrument einen Fehler in der Matrix registriert.

Wir behaupten nicht, den Vorgang erschöpfend erklären zu können, aber es gibt schon heute seriöse wissenschaftliche Modellvorstellungen, die uns Anhaltspunkte liefern.

Bereits in den vierziger Jahren formulierten die beiden bedeutenden amerikanischen Physiker *Richard P. Feynman* und *John A. Wheeler* eine neue Interpretation der Quantenphysik, die uns in der Tat in Richtung „Impulse aus der Zukunft" führen wird. Ihre Theorie der „Transaktionalen Interpretation" wurde in den achtziger und neunziger Jahren von den Physikern *John G. Cramer* und *Fred Alan Wolf* von der Universität Washington in Seattle überarbeitet und in die heute bekannte Fassung gebracht.[81] Was steckt dahinter?

Wir geben hier eine vereinfachte Zusammenfassung dieser Theorie, so dass die Zusammenhänge für jeden Leser verständlich werden.

Was tat sich denn am 11. September 2001 in der Quantenwelt? Eine schematische Darstellung der Situation zeigt Abb. 11. Punkt E (wie „Emitter") bezeichnet New York um 8.45 Uhr Ortszeit. Der zweite Punkt A (wie „Absorber") ist ebenfalls in New York, aber vier Stunden früher, also etwa 5.00 Uhr morgens.

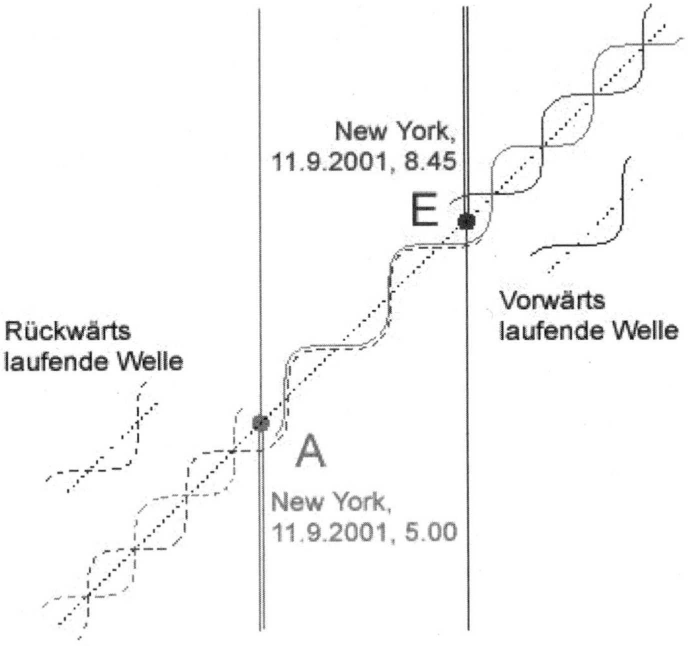

Abb. 11: Vereinfachte Darstellung der Vorgänge vom 11.9.2001: Von 8:45, der Zeit des Anschlags (Ort E = „Emitter"), geht eine Quantenwelle in beide Zeitrichtungen. Sie tritt – rückwärts in der Zeit – in Resonanz mit einem Raum-Zeitpunkt A („Absorber"), und zwar am gleichen Ort, nur etwa 4 Stunden früher. Zwischen den Punkten E und A entsteht eine Verstärkung der Wellen, während sie sich in der Zeit vor A bzw. nach E gegenseitig auslöschen (nach Cramer[82]).

Von dem Ereignis E, also dem Attentat (genauer: von den Emotionen der Menschen, die es weltweit erlebt bzw. wahrgenommen haben) ging eine Quantenwelle aus. Diese Welle, so die Transaktionale Interpretation, läuft allerdings in beiden Zeitrichtungen. Ein Anteil in die Zukunft, ein anderer in die Vergangenheit. Im Grunde genommen ist es sogar eine Kugelwelle, die sich in allen Raum-Zeit-Richtungen ausbreitet.

Dass die Gleichungen der Quantenphysik auch auf Wellen führen, die in der Zeit rückwärts laufen, ist schon seit Jahrzehnten bekannt. Lange Zeit allerdings hatte man diese Anteile ignoriert, weil man annahm, sie hätten nur mathematische Bedeutung, seien jedoch in der realen Welt physikalischer Effekte irrelevant, denn sie führen auch zu negativen Frequenzen und negativen Energien.
Mathematisch hatten die rückwärts laufenden Wellen schon immer eine erhebliche Bedeutung, denn man wusste, dass man eine normale (vorwärts laufende) mit einer rückwärts laufenden Quantenwelle multiplizieren (d. h. überlagern) musste, um reale physikalische Ereignisse berechnen zu können.
Seit vor einigen Jahren die Existenz von negativen Massen und Antigravitationskräften im Universum nachgewiesen wurde, sind Zweifel aufgetaucht, ob nicht die Quantenwellen, und zwar auch die, die aus der Zukunft in die Vergangenheit laufen, für sich genommen auch bereits physikalische Realität haben.
Vom Punkt A in Raum und Zeit, also dem frühen Morgen des 11. September, ging nun aber eine zweite Quantenwelle aus, die sich auch wieder in beiden Zeitrichtungen ausbreitete. In dem Zwischenbereich zwischen A und E, also in der Zeit zwischen 5.00 und 8.45 Uhr, überlagerte sich die zeitlich vorwärts laufende Welle von A mit der rückwärts laufenden Welle von E. In diesem Bereich kommt es zu einem Resonanzeffekt, und die beiden Wellen bilden ein stabiles Muster. In der Vergangenheit von A, also in der Zeit vor 5.00 Uhr, löschen sie sich dagegen aus. Das gleiche gilt für die Zeit nach 8.45 Uhr, also für die Zukunft von E.
Erst durch die Überlagerung beider Wellen zwischen A und E kommt es zu der notwendigen Stabilisierung, die ein Ereignis überhaupt in die Realität treten lassen kann. Fred Alan Wolf drückte diese überraschende Erkenntnis etwa so aus: *Ein einzelnes Ereignis im Universum kann niemals wahrnehmbar*

sein. Es wird erst erkennbar dadurch, dass es mit einem zweiten Ereignis in Beziehung tritt.[83] Eine ähnliche Erkenntnis finden wir bereits in jahrtausendealten esoterischen Lehren – das *Gesetz der Polarität.*

Um also wahrnehmbar zu werden, muss sich ein potentielles Ereignis erst einen resonanzfähigen Partner in Vergangenheit oder Zukunft suchen und schickt zu diesem Zweck eine Welle in allen Richtungen aus. Das ist sozusagen das Transaktionsangebot. Irgendwo und irgendwann trifft die Welle auf einen passenden Partner, also auf einen Punkt in Raum und Zeit, dessen Echo auf das Signal so beschaffen ist, dass es sich mit der ersten Welle verstärkt. Dieses zweite Ereignis kann sich in der Vergangenheit oder Zukunft befinden.

Der gesamte Vorgang – das Transaktionsangebot, das Echo und die Wechselwirkung zwischen beiden (im Englischen „handshake", also „Händeschütteln", genannt), erlaubt dem Ereignis erst, in das Bewusstsein von Menschen zu treten.

Dabei gilt der alte Grundsatz „Wer zuerst kommt, mahlt zuerst". Sobald irgendein Partnerereignis „zugegriffen" hat, löscht das Echo automatisch die Transaktionswelle aus und lässt sie nur im Zwischenbereich zwischen beiden bestehen. Andere Ereignisse haben keine Chance mehr, in Resonanz zu treten.

Diese Erkenntnisse sind außerordentlich wichtig, und zwar für unser Verständnis der Realität an sich. Sie bedeuten, dass es unsere materielle Welt nicht nur ohne die Matrix nicht geben würde – *wir könnten sogar nicht existieren, wenn es keine Fehler in der Matrix gäbe!*

Bestimmte Fehler in der Matrix – wie die hier geschilderten Impulse aus der Zukunft – sind nach Fred Alan Wolf unabdingbar, damit Ereignisse in der Materie überhaupt geschehen können.

Wonach Einstein noch fragen würde...

Kann eine Quantenwelle aus der Zukunft tatsächlich unsere Realität im Jetzt beeinflussen?

John Wheeler hat ein Gedankenexperiment erdacht, mit dem dies demonstriert werden kann – das „*Delayed Choice Paradoxon*" (Paradox der verzögerten Auswahl).
Es geht aus von einem gewöhnlichen Doppelspaltversuch. Hinter ihm befinden sich zwei Schichten von Detektoren: zunächst eine Photoemulsion, die in zwei Zuständen „up" and „down" sein kann, in denen das Photon entweder absorbiert oder hindurchgelassen und dann durch eines von zwei Photomultiplier-Teleskopen detektiert wird.
Im Fall der Absorption geht die zeitlich rücklaufende (advanced) Echo-Welle durch beide Spalte, da das Photon nicht beobachtet wurde und daher der Statusvektor (SV) nicht kollabiert. Als Ergebnis der Transaktion realisiert sich also ein Ereignis, in dem auch das Photon durch beide Spalte gegangen ist.
Wenn hingegen eines der beiden Teleskope das Photon auffängt, kollabiert SV, und aufgrund der *Single Quantum Boundary Condition* kann die rücklaufende (advanced) Echo-Welle nur noch durch genau einen der beiden Spalte gehen. Als Resultat der Transaktion ergibt sich ein Photon, das ebenfalls genau durch diesen Spalt ging. Die Entscheidung, mit welchem Teleskop man das Photon messen will, kann aber verzögert gefällt werden, z. B. nachdem das Photon schon durch die Emulsion gegangen ist. Die resultierende Transaktion zeigt also ein Photon, das sich für einen Spalt „entschieden" hat, noch bevor der Beobachter den korrespondierenden Detektor auswählt.

Auf jeden Fall ist am 11. September 2001, morgens gegen 5.00, ein Punkt in Raum und Zeit in der Rolle eines solchen „Absorbers" mit den Ereignissen am World Trade Center in Resonanz getreten. Das Ergebnis dieser Transaktion, die stehende Welle zwischen den beiden Raum-Zeit-Punkten, konnte offenbar in der Zwischenzeit bereits Einfluss auf den Zufallsgenerator in Princeton nehmen.

Das bedeutet, dass unsere Realität nicht nur von unserer Vergangenheit geprägt ist, sondern dass wir ständig auch von einer Vielzahl von Impulsen aus der Zukunft umgeben sind. Allerdings – und jetzt kommt das große Aber – diese Impulse kommen erstens nicht von realen, sondern nur von potentiellen Ereignissen der Zukunft. Nur diejenigen unter ihnen können real werden, die irgendwo einen Resonanzpartner finden. Man darf diese Transaktion mit Impulsen aus der Zukunft nämlich nicht dahingehend missverstehen, dass dadurch eine fest vorbestimmte Zukunft die Gegenwart beeinflusst. Es ist heute bekannt, dass auf der Ebene der Quantenphysik immer eine Vielzahl möglicher paralleler Entwicklungen gegeben ist, von denen wir zwar nur eine in unserer Realität wahrnehmen, die aber nach einer Theorie von John Wheeler alle in parallelen Realitäten stattfinden. Was möglich ist, geschieht auch. Es ist also anzunehmen, dass Transaktionsangebote von vielen unterschiedlichen Zukünften in unserer Gegenwart eintreffen. Sobald eines von ihnen einen Resonanzpartner gefunden hat, sind die anderen ausgeschaltet. Diese Realität wird dann unsere Zukunft.

So ist die Zukunft nicht allein durch die Vergangenheit festgelegt (wie es unserem traditionellen Verständnis von Ursache und Wirkung entspricht), sondern sie wirkt auch auf die Vergangenheit ein, wenn auch auf sehr subtile Weise.

Erst durch den Vorgang der Transaktion, der Überlagerung zweier Quantenwellen, wird in unserer Realität ein Ereignis wahrnehmbar, d.h. es manifestiert sich aus der Vielfalt der vorhandenen Möglichkeiten. Auf diese Auswahl können Impulse aus der Zukunft nach diesen neuen Erkenntnissen der Quantentheorie einwirken, indem sozusagen das Angebot die Nachfrage steuert.

Um es anschaulich zu machen, stellen wir uns das Beispiel eines Kaufmannsladens vor. Die in diesem Laden angebotenen Waren repräsentieren hierbei die Impulse, die aus unter-

schiedlichen alternativen Zukünften stammen. Jede dieser Zukünfte ist gekennzeichnet dadurch, dass wir die entsprechende Ware kaufen und dann besitzen.
Aus diesem Beispiel wird klar, dass wir, wenn wir als Kunde den Laden betreten, nicht durch eine vorbestimmte Zukunft auf den Kauf einer bestimmten Ware festgelegt sind. Wir kommen mit dem Wunsch, etwas Bestimmtes zu kaufen, und dieser Wunsch entsprang zunächst einmal unserem freien Willen. Die Post-Quantenphysik des Bewusstseins bezeichnet den freien Willen auch als *nichtlineare Selbst-Determination*.[84]
Dann sind wir jedoch bei der Auswahl abhängig davon, welche Waren in dem Laden zum Verkauf angeboten werden. In der Regel nehmen wir das Transaktionsangebot derjenigen Ware an, die unserem ursprünglichen Wunsch am besten entspricht.
Die manifestierte Realität ist dann also eine Überlagerung unseres eigenen Wunsches und des angebotenen Warensortiments.
Es wird oft behauptet, die Gesetze der Quantenphysik würden nur im Kleinen, also in der Welt des Mikrokosmos, gelten, während sich in der von uns erlebbaren Welt alles im Rahmen der klassischen Gesetze von Ursache und Wirkung abspiele.
Diese kategorische Trennung zwischen dem Kleinen und dem Großen wurde vor Jahrzehnten eingeführt von Wissenschaftlern, denen angesichts dessen, was sie im Mikrokosmos vorfanden, nicht wohl war. Ganz offensichtlich schien sich dort unsere scheinbar festgefügte Welt in Wohlgefallen aufzulösen.
Heutzutage weiß man, dass gewisse Auswirkungen quantenphysikalischer Effekte doch in größeren Maßstäben erkennbar sind. In besonderem Maße gilt dies jedoch vor allem für die Welt unseres Bewusstseins, also eines Bereiches, den die heutige Wissenschaft ebenfalls nur schwer fassen kann.
Schon die Tatsache, dass Impulse aus der Zukunft unsere heutigen Zufallsgeneratoren beeinflussen können, beweist,

dass sich unter bestimmten Bedingungen Quanteneffekte auch in unserer makroskopischen Welt nachweisen lassen.
Viel direktere Einflüsse auf unser Bewusstsein sind jedoch schon seit längerer Zeit bekannt.
Der Physiker *Fred Alan Wolf* setzte die neuen Erkenntnisse über die Transaktionale Interpretation der Quantenphysik nämlich in Beziehung zu einigen bislang rätselhaften Befunden der modernen Gehirnforschung.[85]
Der amerikanische Gehirnforscher *Benjamin Libet* führte umfangreiche Untersuchungen über die Weiterleitung von Impulsen im menschlichen Gehirn durch. Er setzte Testpersonen bestimmten Sinnesreizen aus und beobachtete gleichzeitig die elektrischen Impulse im Gehirn.
Dabei kam er zu einer überraschenden Entdeckung: Ein Sinnesreiz kann einem Menschen frühestens dann bewusst werden, wenn er mindestens 500 Millisekunden andauert, ohne durch einen anderen Impuls gestört zu werden.
Die Erklärung dieser Tatsache ist zunächst einmal recht einfach: Wir nehmen Sinnesreize nicht direkt wahr, so wie eine Kamera oder ein Mikrofon, sondern die eintreffenden Daten werden zunächst vom Gehirn bearbeitet, z. B. mit Erinnerungen in Beziehungen gesetzt. In der Regel sehen wir nicht „naiv", also ohne gleichzeitig etwas in dem Gesehenen zu erkennen, und dieser Prozess dauert nun einmal seine Zeit.
Rätselhaft ist der Vorgang deshalb, weil er im Grunde bedeutet, dass jeder Mensch eine Reaktionszeit haben müsste, die mindestens bei einer halben Sekunde liegt, denn vorher hat er ja, wie gesagt, keine Chance, den Sinnesreiz überhaupt bewusst wahrzunehmen, geschweige denn, darauf zu reagieren.
Mit einer solchen Reaktionszeit würde aber mit Sicherheit kein Mensch eine Führerscheinprüfung bestehen können, ganz zu schweigen von den Reaktionszeiten von Sportlern, etwa beim Start eines 100-Meter-Laufs.

Erste Interpretation Libets: Wenn wir auf einen Reiz reagieren, handeln wir in hundert Prozent der Fälle vollkommen unbewusst, selbst wenn wir uns ganz deutlich daran erinnern, die Entscheidung für die Handlung bewusst durch unseren freien Willen getroffen zu haben. Ist unser freier Wille also nur Illusion, die uns unser eigenes Gehirn suggeriert?

Diese Erklärung ist unbefriedigend, nicht nur, weil es dann eigentlich gar keinen Sinn hätte, sich so etwas wie Entscheidungsfreiheit vorzustellen. Aber wir sind ja auch keine Automaten, sondern entscheiden zuweilen wirklich bewusst und rational, und das blitzschnell. Gleichzeitig beweisen die Befunde, dass der Zug in dem Moment, in dem wir uns der Wahrnehmung bewusst werden, längst abgefahren ist.

Libet stellte jedoch auch fest, dass ein äußerer Sinnesreiz immer mit einem charakteristischen Startsignal im Gehirn einhergeht, der so etwas wie eine Zeitmarkierung darstellt. Dieses Startsignal fehlt hingegen bei Reizen, die direkt durch Elektroden auf das Gehirn ausgeübt werden. Durch gemischte Anwendung von Sinnesreizen und direkten Gehirnreizen konnte Libet feststellen, dass seine Testpersonen den Zeitpunkt eines Sinnesreizes korrekt zuordnen konnten, so als ob sie ihn sofort bewusst wahrgenommen hätten.

Fred Alan Wolf schließt daraus, dass nach der halben Sekunde „Totzeit“ eine Quantenwelle mit der Information über den Sinnesreiz in der Zeit rückwärts läuft und mit dem seltsamen Startsignal in Resonanz tritt. Dadurch wird die im Grunde verspätete Wahrnehmung des Sinnesreizes „rückdatiert“, so dass ein Mensch tatsächlich bewusst in diesem Moment reagieren kann, obwohl die Daten noch eine halbe Sekunde lang von seinem Gehirn bearbeitet werden.

Impulse aus der Zukunft scheinen also in der Tat allgegenwärtig zu sein, allerdings gelingt es ihnen im allgemeinen nur, Sekundenbruchteile in die Vergangenheit zu reisen, bis sie aufgeschnappt werden. Um so weit zurück zu reichen wie am

11. September, bedarf es vermutlich einer gewaltigen Massenbewusstseinsenergie, und noch dazu muss das Ereignis offenbar absolut unvorhersehbar, wenn nicht unvorstellbar sein.
Solche Einwirkungen aus der Zukunft sind den Forschern des Global Consciousness Project in Princeton nämlich nicht nur einmal passiert. Seit 1998 schon lassen sie ihre Zufallsgeneratoren Tag und Nacht überall auf der Welt laufen. Nur diejenigen Abweichungen vom Zufall, die an mehreren Stellen gleichzeitig aufgetreten sind, kommen in die Wertung.
Auf diese Weise konnten sie nicht nur feststellen, dass große Massenereignisse auf der Welt, etwa Friedensmeditationen, Demonstrationen oder Sportveranstaltungen, solche Zufallsabweichungen erzeugen. Dies ist ein Hinweis darauf, dass das menschliche Gruppenbewusstsein unsere Realität beeinflussen kann. Wir werden darauf noch zurückkommen.
Da die Zufallsgeneratoren aber rund um die Uhr laufen, fangen sie auch unvorhersehbare Ereignisse ein, vorausgesetzt, dass sie bei einer genügend großen Menschenmenge emotionale Reaktionen auslösen. Zum Beispiel zeigten sich auch Zufallsstörungen an dem Tag, als Prinzessin Diana in Paris tödlich verunglückte.[86]
Auch hier eilte die Zufallsstörung dem eigentlichen Ereignis etwas voraus, allerdings in wesentlich geringerem Maße als im Fall des 11. September.
Mit Hilfe der Transaktionalen Interpretation der Quantenphysik wird dies verständlich. Die aus der Zukunft kommende (advanced) Quantenwelle kommt auf ihrer Reise in die Vergangenheit so weit voran, bis sie einen Resonanzpartner findet. Obwohl natürlich niemand den Tod der Prinzessin hätte vorausahnen können, ist das Ereignis an sich – ein Autounfall – in unserer Zeit leider alltäglich geworden und dadurch für die meisten von uns durchaus vorstellbar. Ein solches Ereignis findet also mit Sicherheit schneller einen Resonanzpartner

als im Fall der Terroranschläge vom 11. September, die wohl für jeden von uns vorher etwas Unvorstellbares gewesen sind. Sobald der Resonanzpartner gefunden ist, löscht er in seiner Vergangenheit die Transaktionswelle aus der Zukunft jedoch aus (vgl. Abb. 11), so dass sie nicht weiter in die Vergangenheit vordringen kann.
Angesichts der Ungeheuerlichkeit der Vorgänge am 11. September ist es im Grunde sogar erstaunlich, dass die Quantenwelle nach nur vier Stunden bereits in Resonanz geriet und nicht noch viel weiter in die Vergangenheit zurückgreifen musste, um sich mit einem Gegenpart zu verschränken und damit die Matrix zu stabilisieren.
Tatsächlich scheint der Morgen des 11. September 2001, als die Zufallsgeneratoren in Princeton anschlugen, noch gar nicht der Resonanzpunkt gewesen zu sein. Es war lediglich der Moment, als sich die Ereignisse schon so stark andeuteten, dass sie auf den Messkurven erkennbar wurden. Der Resonanzpunkt selbst lag Monate früher. Dass dies so gewesen sein muss, erkennen wir gleich, wenn wir einer anderen Frage nachgehen: Hat sich eigentlich die Tragödie des World Trade Center – unabhängig von den Messungen in Princeton – vielleicht auch im Leben von Menschen durch kleine Impulse angedeutet, so wie bei uns im Fall des Flugzeugabsturzes am Bodensee?
In der Tat war dies der Fall, und das macht die ganze Geschichte noch ungeheuerlicher als sie ohnehin schon ist.

„Die Wahrheit gut erzählt“: *Harald Prantner* aus Hamburg ist sicher einer der wenigen Menschen in Deutschland, der ein solches Motto auf seiner Visitenkarte trägt – „Truth Well Told“. Für ihn bedeuteten diese Worte aber viel mehr, als man sich vorstellen kann.
Harald Prantner ist der erfolgreiche Kreativchef der Hamburger Werbeagentur McCann-Erickson. Am 11. September

2001 erwacht er morgens und fühlt sich krank wie noch nie zuvor in seinem Leben. Kopfschmerzen, Fieber, Bauchschmerzen – sofort greift er zum Telefon und meldet sich bei seiner Firma krank.
Da er nicht mehr schlafen kann, zappt er sich vom Bett aus stundenlang durch das Fernsehprogramm. Plötzlich wird das laufende Programm unterbrochen, ein Nachrichtensprecher erscheint. Im Hintergrund laufen die Live-Bilder, die wir alle nie vergessen werden: Ein Flugzeug hat das World Trade Center in New York gerammt.
Jeder von uns war wohl von diesen Bildern bis ins tiefste Innere erschüttert, doch Harald Prantner sitzt in diesem Moment senkrecht in seinem Bett. Sein erster Gedanke: „Was ist denn das für eine Scheiße?"
An die nächste Viertelstunde kann er sich später nicht mehr erinnern.
Dann der Moment, als das zweite Flugzeug den zweiten der New Yorker Zwillingstürme rammt, diesmal vor den laufenden Kameras der Weltöffentlichkeit. Harald Prantner beginnt am ganzen Körper zu zittern, zieht sich die Decke über den Kopf, wie ein Kind, das nichts mehr hören und sehen will. Dabei denkt er: „Bitte, bitte nicht jetzt. Nicht jetzt unseren Film. Nur das nicht."
Der Grund für dieses seltsame Verhalten: Diese Szene ist ihm in allen Einzelheiten bekannt.
Im Frühjahr 2001 hatte er für seine Firma den ganz großen Auftrag an Land gezogen. Die Münchener Firma Telegate – bekannt durch Verona Feldbusch („11880 – Da werden Sie geholfen") – wollte sich in der Werbung ein neues Image aufbauen. Die Firma hatte expandiert und plante nun, außer der Telefonauskunft auch Flugplanauskünfte, Kinoprogramme und andere telefonische Dienstleistungen anzubieten. Hierfür brauchten sie einen Spot, „mit einem richtigen Knall-

effekt", so *Dr. Klaus Harisch*, Sprecher des Telegate-Vorstandes.
Harald Prantner bekam für seine Firma den Zuschlag. Seine Idee: Ein Flugzeug durch einen Wolkenkratzer fliegen lassen...
Vier Monate dauerte die aufwendige Produktion, die viele Millionen Mark an Produktionskosten verschlang. Am Ende stand ein wirklicher Knalleffekt, fast wie aus Hollywood: Zuerst sieht man Menschen in einem Straßencafé sitzen, in der Nähe eines Hochhauses. Die Tische beginnen zu vibrieren wie bei einem Erdbeben. Am Himmel dröhnen die Düsen eines großen Flugzeuges. Die Gäste des Restaurants schauen erschreckt nach oben. Dann ein Schwenk auf das Hochhaus. Aus allen Perspektiven sieht man, wie das Flugzeug das Haus rammt und zertrümmert. Überall sieht man schreiende Menschen, die verzweifelt um ihr Leben rennen. Am Ende kommt das Flugzeug auf der anderen Seite des Hochhauses wieder zum Vorschein und durchbricht dabei ein riesiges Werbeplakat mit der Aufschrift „11880".
Harald Prantner erklärt seinen Spot so: Erst müsse etwas Altes zerstört werden, damit etwas Neues entstehen kann.
Am 9. und 10. September 2001 wird der Spot zum ersten Mal auf allen deutschen Fernsehsendern ausgestrahlt. Dann, am 11. September, werden Harald Prantner und die Firma Telegate von der Realität eingeholt.
Die Mitarbeiter von Telegate haben zuerst Probleme, die grauenvolle Realität der Fernsehbilder aus New York zu verstehen. *Anja Meyer*, die Pressechefin der Firma, rennt sofort zu ihrem Chef und ruft: „Es ist nicht zu fassen. Macht mal den Fernseher an. In New York versucht jemand, unseren Spot zu imitieren."
Erst nach einigen Minuten begreifen sie: Das ist keine Reklame, die da läuft. Das ist die Wirklichkeit.
Der Spot wurde seitdem nie wieder im Fernsehen gezeigt.

„Das Ding hat richtige Wunden bei mir hinterlassen. Ich bin sehr lange damit nicht klargekommen. Es hat mich richtig krank gemacht“, so Harald Prantner später, als er schon etwas Abstand zu den Ereignissen gewonnen hatte. In dieser Zeit der Verarbeitung seiner Erfahrungen gingen ihm seltsame Gedanken durch den Kopf: „Wissen Sie, was mich wirklich in den Orbit geschossen hat? Als rauskam, dass diese Terroristen aus Hamburg kommen. Sie waren in dieser Stadt. Die haben sich das nicht in Kabul ausgedacht oder in Mexiko oder was weiß ich wo. Nein, es musste Hamburg sein. Die Stadt, in der ich mir unseren Film auch ausgedacht hatte.“

Harald Prantner fragte sich, wie das möglich war. Ob es ungreifbare Energien gibt – negative Energien, die ihm die gleiche Idee vermittelt hatten wie den Terroristen. Warum war er ausgerechnet am 11. September krank geworden, noch bevor er wissen konnte, was gleich in New York geschehen würde?

Über das Niveau von Prantners Werbespot kann man natürlich geteilter Meinung sein, selbst wenn es keinen Terroranschlag vom 11. September gegeben hätte. Eine Mitschuld an den Ereignissen in New York jedoch trägt er selbstverständlich nicht.

Er hatte lediglich einen starken Impuls aus der Zukunft aufgeschnappt. Heute wissen wir – Kreativität und die Fähigkeit zur Hyperkommunikation liegen nahe beieinander, und so ist der Kreativchef einer Werbeagentur natürlich für Transaktionsangebote aus der Zukunft empfänglicher als die meisten anderen Menschen.

Es war nämlich nicht das erste Mal, dass ihm so etwas passierte.[87]

Philosophien, speziell im esoterischen Bereich, lehren immer, dass alles mit allem verbunden ist. Das ist im Grunde auch richtig, und die Quantenphysik hat es für die Welt des Mikrokosmos längst nachgewiesen. Alles, was irgendwann einmal

zusammen war, bleibt für immer miteinander verbunden, egal, wie weit man sich voneinander entfernt.
Und da wir schließlich zumindest im Moment des Urknalls, als das Universum entstand, alle zusammen auf einen Punkt konzentriert waren, bevor die Materie entstand und in alle Richtungen hinaus ins entstehende All geschleudert wurde, existieren solche Verbindungen zwischen allem, was im Universum existiert, bis zum heutigen Tag. Das kosmische Internet.
In den letzten zwei Kapiteln nun konnten wir lernen, auf welch subtile Art und Weise solche Verbindungswege genutzt werden, damit ein Ereignis die Chance hat, sich zu realisieren. Es muss dazu vielfach seine Fühler ausstrecken und sich in seiner eigenen Vergangenheit verwurzeln. Dies ist nicht auf große, welterschütternde Ereignisse oder gar auf Katastrophen beschränkt. Positive Ereignisse manifestieren sich natürlich auf die gleiche Art und Weise. Die Quantenphysik wertet sowieso nicht, und dem Universum ist es egal, was wir als „gut“ oder „schlecht“ bezeichnen.
Wir haben hier eher ein Grundprinzip erkannt, wie Vergangenheit, Gegenwart und Zukunft zu einem gewaltigen Netzwerk verwoben werden. Lediglich unsere zu grobe menschliche Art, die Dinge wahrzunehmen, lässt uns diese subtilen Impulse normalerweise übersehen, so dass wir schon mit dem Holzhammer darauf hingewiesen werden müssen.
Diese Erkenntnisse werden uns jetzt helfen, Aufbau und Funktionsweise der Matrix besser zu verstehen, auch was unsere eigene Rolle dabei betrifft.

X

Denkende Herzen

Das Gruppenbewusstsein beeinflusst die Matrix

11. August 1999. In zahlreichen Regionen Deutschlands versammeln sich am Vormittag wildfremde Menschen zu Zehntausenden auf Straßen und Plätzen, Wiesen und Bergen, überall, wo freie Sicht herrscht. Sie feiern gemeinsam ein Fest mit astronomischen Dimensionen – die *totale Sonnenfinsternis*.
Auch wir haben uns auf den Weg gemacht – zum Pariser Platz im Herzen Berlins vor dem Brandenburger Tor.
Berlin gehört nicht zu den bevorzugten Regionen. Hier wird der Mond die Sonne nur zu 87% verdecken. Trotzdem herrscht auch hier Volksfeststimmung. Geisterhaft geschminkte, koboldhafte Pantomimen und andere Straßenkünstler stellen zwischen den dicht gedrängt stehenden Menschen ihre Darbietungen zur Schau. Selbst die sonst so steif und unnahbar wirkenden Türsteher des nahen Nobelhotels Adlon in ihren edlen Livrees recken die Köpfe heute ausnahmsweise gen Himmel.
Kurz nach elf Uhr ist es dann so weit. Selbst Petrus hat ein Einsehen und reißt eine kleine Lücke in die dicht geschlossene Wolkendecke. Direkt über dem Brandenburger Tor wird der Blick frei auf die Sonnenscheibe, die unzweifelhaft vom herannahenden Schatten des Mondes angeknabbert wird.
Sollte das etwa ein Fehler in der Matrix sein? Mit Sicherheit nicht. Die Gesetze der Astronomie – seit den Tagen Keplers und Newtons bekannt – sind Auswirkungen der Schwerkraft, so wie sie sich uns *innerhalb* der Matrix präsentieren. Doch während wir uns an dem seltenen Himmelsschauspiel erfreu-

en, sucht jemand anderes nach Fehlern in der Matrix und kommt dabei gehörig ins Schwitzen – unser Computer im heimischen Büro.

Seit einigen Jahren hatten wir schon versucht, der Hypothese nachzugehen, dass das *Gruppenbewusstsein* einer großen Anzahl von Menschen, die sich auf einen gemeinsamen Fokus konzentrieren, unsere Realität beeinflussen kann. Im Zusammenhang dieses Buches heißt das aber – *es verändert die Matrix*.

Voraussetzung scheint es allerdings zu sein, dass der Fokus, der die Aufmerksamkeit der Menschen auf sich zieht, in ihnen Emotionen auslöst. Es spielt dabei keine wesentliche Rolle, ob diese Emotionen positiv oder negativ sind. Freudige Massenbegegnungen, wie z. B. im Fall der Sonnenfinsternis, wirken ebenso wie Nachrichten über Katastrophen oder andere traurige Ereignisse.

Die zahlreichen Fehler in der Matrix, die wir Ihnen bislang geschildert haben, hatten einen wesentlichen Nachteil – zumindest aus der Sicht des Wissenschaftlers. Sie waren Spontanereignisse, unvorhersehbar und aus dem Nichts auftauchend. Hinterher kann man Zeugenaussagen und zurückgebliebene Spuren untersuchen. Die Ereignisse selbst jedoch entziehen sich der wissenschaftlichen Forschung.

Beim Gruppenbewusstsein ist es anders. Hier ist es häufig vorher bekannt, dass ein derartiges Ereignis eintreten wird. Natürlich begegnen die Menschen in der Regel im Verlauf eines solchen Massenereignisses keinen Doppelgängern oder gar schwarz gekleideten Agenten (es sei denn, sie wären wirklich vom Geheimdienst!). Die Fehler in der Matrix, die das Gruppenbewusstsein in solchen Momenten hervorbringt, sind wesentlich subtiler – doch ihre Auswirkungen können immens sein. Und was noch wichtiger ist – sie lassen sich wissenschaftlich registrieren.

Auf die „vernetzte Intelligenz“ großer Menschenmengen reagiert unsere Realität – genauer: Die Matrix – mit einer *Störung des Zufalls*.

Was soll das nun schon wieder bedeuten? Wir alle haben eine bestimmte Vorstellung von dem, was ein Zufall ist, und gleichzeitig wissen wir im Grunde nicht genau, was er wirklich bedeutet.

Unter Zufall verstehen wir etwas, was scheinbar ohne äußeren Anlass ganz einfach so geschieht. Der Zufall ist unvorhersehbar und zumindest unkontrollierbar, so meinen wir. Wir gehen zum Supermarkt und treffen dort zufällig einen Arbeitskollegen. Ohne äußeren Anlass? Wir hatten doch einen Grund, dorthin zu gehen, und der Kollege hatte ihn auch. „Zufällig“ ist lediglich die Synchronizität, die Tatsache, dass wir dadurch zur gleichen Zeit am gleichen Ort waren.

Die Wissenschaft dagegen klassifiziert Ereignisse als „zufällig“, wenn sie sich der wissenschaftlichen Berechenbarkeit entziehen. Makroskopisch gehören dazu z. B. der Fall eines Würfels, die Ziehung der Lottozahlen, mikroskopisch vor allem radioaktive Zerfallsprozesse. Auch Wettervorgänge gehören im weitesten Sinn in diese Kategorie. Unsere Wettervorhersagen sind im wesentlichen Prognosen, gestützt auf umfangreiches statistisches Material aus der Vergangenheit.

Insofern ist der wissenschaftliche Zufallsbegriff nicht eine Eigenschaft der Materie, sondern drückt nur die Unfähigkeit der heutigen Wissenschaft aus, solche Vorgänge korrekt zu beschreiben. Sie folgen etwas anderen Gesetzmäßigkeiten als sie von den Gesetzen der Mechanik oder Elektrodynamik beschrieben werden. Das noch relativ neue Wissensgebiet der *Chaostheorie* eröffnet uns inzwischen Wege zum besseren Verständnis solcher Prozesse, doch sie erfordern von den Wissenschaftlern ein vollkommenes Umdenken, eine vollkommen neue Betrachtungsweise, wie wir noch sehen werden.

Was hatte also unser Computer während der Sonnenfinsternis am 11. August 1999 zu tun? Wir ließen ihn ganz einfach einen solchen zufälligen Prozess simulieren – den Fall eines Würfels. Alle fünf Sekunden „würfelte" der Computer 30.000 Mal (d. h. er erzeugte Zufallszahlen zwischen 1 und 6). Anschließend ließen wir ihn durch eine neue Zufallszahl – wiederum zwischen 1 und 6 – „raten", welche Augenzahl bei seinen 30.000 Würfen am häufigsten gekommen war. Gemäß dem Grundsatz – ein Computer ist zwar sehr schnell, aber gleichzeitig intellektuell voll blöd – ist es programmtechnisch kein Problem, ihm zu suggerieren, dass er vom Ergebnis der 30.000 Würfe nichts weiß.

Statistisch gesehen sollte der Computer im Durchschnitt jedes sechste Mal richtig raten. Das wäre der „reine Zufall". Er entspricht also einer sogenannten Trefferrate von 1:6 bzw. 16,666 %.

Lässt man das Programm an irgend einem beliebigen Tag laufen, an dem nichts Weltbewegendes auf unserem Planeten geschieht (falls es in unserer vernetzten Zeit so einen Tag überhaupt noch gibt), so erhält man auch immer ungefähr diese Zufallsrate. Natürlich niemals exakt – der Zufall ist gerade geprägt durch die Unbestimmtheit. Aber die Trefferraten schwanken normalerweise so zwischen 16,5 und 16,7 %.

Am 11. August 1999 jedoch lief das Programm zwischen 10:00 und 16:00 und führte dabei 3790 Würfelexperimente à 30.000 Würfe durch. Insgesamt würfelte es also mehr als 113 Millionen Mal, eine gewaltige Anzahl, was aber notwendig war, um eine verlässliche statistische Aussage zu erhalten.

Nach der Zufallserwartung hätte das Programm bei diesen 3790 Versuchen die am häufigsten gewürfelte Zahl ungefähr 631 Mal richtig raten sollen. Tatsächlich erzielte es jedoch 721 Treffer, also 90 Treffer mehr, als es eigentlich hätte schaffen sollen. In Prozenten ausgedrückt, entspricht das einer Trefferrate von 19,024%.

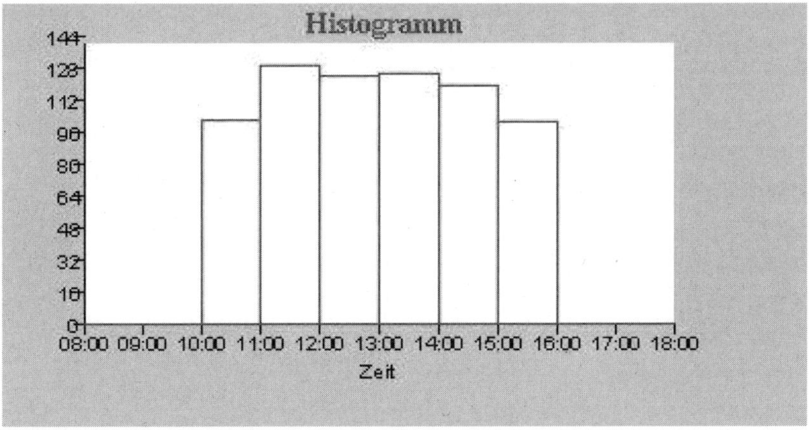

Abb. 12: Statistische Verteilung der richtig geratenen „Treffer" des Würfelprogramms am 11.8.1999. Man sieht an dieser Graphik, dass die Trefferrate nach 11 Uhr stark anstieg – als auch die Sonnenfinsternis begann – und dann nach 12 Uhr, als alles vorbei war, wieder langsam abebbte. (Das Würfelprogramm ist Bestandteil des Programmsystems Hyper2000 Professional © Fosar/Bludorf)

Das sieht auf den ersten Blick nicht bedeutend aus. Die Statistik sagt aber etwas ganz anderes: Die Wahrscheinlichkeit, ein solches Resultat durch bloßen Zufall zu erhalten, liegt bei 1:112.686,348!

Die statistische Auswertung des Versuchs ergab auch, dass genau in dem Zeitfenster, als die Sonnenfinsternis tatsächlich stattfand, das Programm wesentlich häufiger richtig riet als zu den anderen Zeiten während des Versuchs (s. Abb. 12).

Dieses Experiment war nur einer von vielen erfolgreichen Versuchen in den vergangenen Jahren. Zusammengenommen kann man aus ihnen die Schlussfolgerung ziehen, *dass das menschliche Gruppenbewusstsein tatsächlich den Zufall stören kann.*

Dies ist ein echter Fehler in der Matrix, bzw. eine vom Gruppenbewusstsein der Menschen ausgelöste Änderung der Matrix, denn:

- die Zufallsstörung geschieht unabhängig von Raum und Zeit. Das Massenereignis und das Würfelexperiment brauchen nicht am gleichen Ort stattzufinden.
- die am Gruppenereignis beteiligten Menschen wussten nichts von dem Würfelexperiment und konnten daher auch keinen irgendwie gearteten willentlichen Einfluss nehmen.
- die ähnlichen Experimente, die das Global Consciousness Project an der Princeton-Universität durchführte, wiesen nach, dass solche Einwirkungen sogar aus der Zukunft zu uns gelangen können (vgl. Kapitel IX).

Vielleicht wirkt ein solches Ereignis nicht so spektakulär wie ein Mann, der durch die Wand geht, doch in Wahrheit ist es viel bedeutsamer. Es liefert uns einen Schlüssel zur wissenschaftlichen Erforschung der Matrix – natürlich über ihre Fehler! Nur an den Fehlern lässt sich die Matrix „festnageln". Eine andere Möglichkeit haben wir nicht, solange unsere eigene Wahrnehmung noch von der Matrix geprägt ist.
Weitere Beispiele von Experimenten mit dem gestörten Zufall:

- Berlin, 11. 7. 1998. Love-Parade im Tiergarten. Etwa eine Million Teilnehmer, die sich bei hämmernden Techno-Rhythmen in einen kollektiven Trance-Zustand tanzten. Zusätzlich deutschlandweit Millionen von Zuschauern an den Bildschirmen. Zufallsstörung im Würfelprogramm eindeutig nachweisbar.
- Paris, 12. 7. 1998. Endspiel der Fußball-Weltmeisterschaft Frankreich-Brasilien. Weltweit etwa zwei Milliarden Fernsehzuschauer. Eindeutig war eine Zufallsstörung während des Spiels nachweisbar. Da wir ausgesprochene „Fußball-Muffel" sind, sahen wir uns selbst die Übertragung nicht an. Die Augenblicke, in denen die drei Tore

für Frankreich fielen, konnte man allerdings einwandfrei registrieren: zum einen natürlich durch die Begeisterungsschreie aus unserer Nachbarschaft – zum anderen aber auch durch das Würfelprogramm! Bei jedem Tor stieg die Trefferrate kurzfristig stark an. In der Halbzeitpause dagegen war ein Abebben zu beobachten.

- Rom, 24. 12. 1999. Um Mitternacht eröffnete Papst Johannes Paul II. im Vatikan die Heilige Pforte. Wiederum verfolgten etwa zwei Milliarden Menschen weltweit die Zeremonie auf den Bildschirmen. *Diesmal jedoch blieben Zufallsstörungen interessanterweise aus.* Es war das erste und bislang einzige Beispiel dafür, dass ein Massenereignis sich nicht in einer Korrektur der Matrix ausdrückte. Ein Hinweis darauf, dass es einflussreiche Kreise in der Welt gibt, die über entsprechendes Wissen verfügen, derartige Einwirkungen in eigener Regie zu kanalisieren?

Bei den meisten Experimenten waren jedoch die Trefferraten nicht so hoch wie bei dem anfangs genannten Beispiel mit der Sonnenfinsternis. Das ist insofern überraschend, da die Anzahl der beteiligten Menschen dort keineswegs am größten war. Es dürfte eher ein Hinweis darauf sein, was sich bei Zufallsstörungen physikalisch abspielt.
Bislang haben wir uns keine Gedanken darüber gemacht, wie diese Zufallsstörungen im Ablauf des Computerprogramms eigentlich zustande kommen. Es muss ja irgendeine physikalische Ursache dafür geben.
Am ehesten dürften hierfür Schwankungen der Gravitation verantwortlich sein, und zwar aus zwei Gründen:

- Zusammenhänge zwischen Gravitation und Gruppenbewusstsein werden von der Wissenschaft schon lange vermutet (siehe hierzu auch die Matrix der Bewusstseinsstufen in unserem Buch „Vernetzte Intelligenz").

- Gravitationsstörungen können nach Einsteins Relativitätstheorie Einfluss nehmen auf den Ablauf der Zeit. Schon mehrfach haben wir nachweisen können, dass an Orten gestörter Gravitation (an denen auch vermehrt „Fehler in der Matrix“ auftreten) Uhren messbar falsch gehen.[88]

Das würde die stärkere Zufallsstörung während der Sonnenfinsternis erklären, da zu dieser Zeit natürlich Gravitationsstörungen auftraten. Die Gravitationswirkung des Mondes auf die Erde ist seit langem bekannt und wirkt sich z. B. in Form der Gezeiten der Meere aus (mehr über die Wirkungen des Mondes im Buch „Spektrum der Nacht“). Besonders stark treten diese Gezeitenkräfte bei Neumond und Vollmond auf, speziell also auch bei Sonnenfinsternissen (die nur bei Neumond möglich sind). Hinzu kommt, dass bei einer totalen Sonnenfinsternis Sonne und Mond sozusagen in einer Richtung an der Erde „ziehen“, was für sich gesehen noch kein Fehler in der Matrix wäre. Das Gruppenbewusstsein hätte sich dann aber in diesem Fall in eine bereits existierende Gravitationsstörung eingeklinkt.
Die polnische Zeitschrift „Nieznany Świat“ (Unbekannte Welt), mit der wir seit Jahren zusammenarbeiten, ruft seit einigen Jahren immer am Vorabend von Silvester ihre Leser (weltweit über 85.000) zu einer Gruppenmeditation auf, um zu versuchen, durch Konzentration auf ein bestimmtes Thema die Entwicklung in der Welt positiv zu beeinflussen. Gleichzeitig bat uns die Redaktion, an diesen Tagen jeweils unser Zufallsprogramm laufen zu lassen, um die „Wirkung“ der Meditation zu überprüfen. Die Zufallsstörungen waren jeweils eindeutig nachweisbar.[89]
Da die Meditationen jedes Jahr einen bestimmten Themenschwerpunkt haben, brachte uns das auf die Idee, etwas mehr als nur die Existenz des Effekts des gestörten Zufalls zu untersuchen.

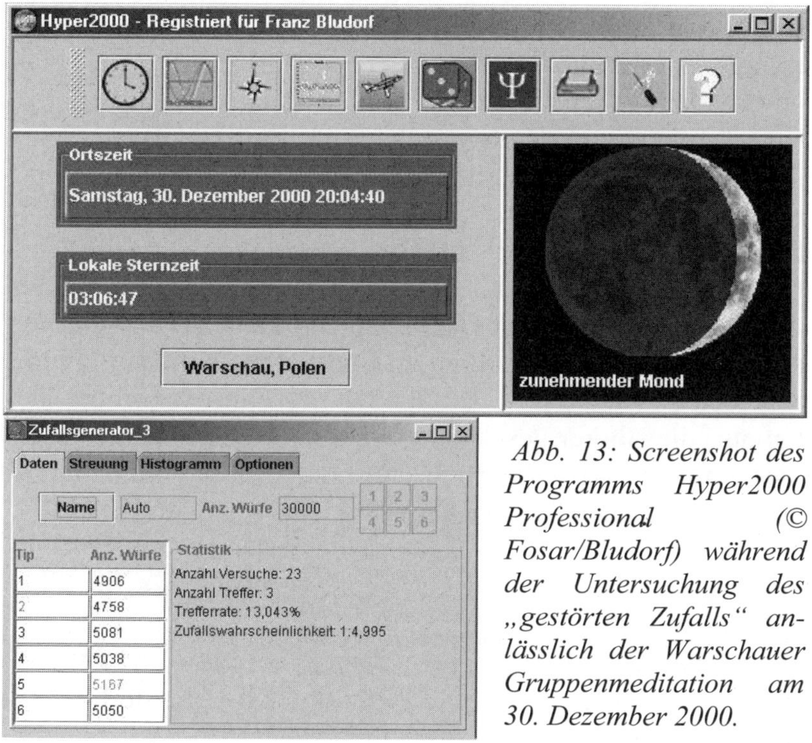

Abb. 13: Screenshot des Programms Hyper2000 Professional (© Fosar/Bludorf) während der Untersuchung des „gestörten Zufalls" anlässlich der Warschauer Gruppenmeditation am 30. Dezember 2000.

Eine Störung des Zufalls besagt, dass in diesem Moment gemessene Daten „weniger zufällig" als normal sind. Das heißt aber, sie sind nicht regellos, sondern weisen eine *Struktur* auf. Ist diese Struktur dann Träger einer Information, und steht diese Information möglicherweise sogar in Zusammenhang mit dem Thema, auf das sich die Menschen konzentrieren?

Bei der Klärung dieser Fragen konnte uns das bloße Würfelprogramm natürlich nicht mehr weiterhelfen. Wir erweiterten das Programm daher, indem wir eine zusätzliche Funktion einbauten. Die zum Würfeln erzeugten Zufallszahlen werden dabei nicht nur verwendet, um Augenzahlen eines Würfels zu ermitteln, sondern zusätzlich als Punkte in einem Rasterbild eingetragen.

Bei normaler Zufallsverteilung sollte daraus ein mehr oder weniger gleichmäßig graues „Schnee-Bild“ entstehen, so als ob man beim Fernseher einen leeren Kanal einstellt. Zufallsstörungen dagegen drücken sich so aus, dass bestimmte Punkte dieses Rasters häufiger getroffen und daher stärker geschwärzt werden. Eine mögliche Information könnte dann also in diesem Rasterbild sichtbar werden.
Ende des Jahres 2001 lief die Warschauer Friedensmeditation unter dem Thema „Liebe“. Es war das Jahr, als wir zum ersten Mal das neue Verfahren ausprobierten, und das Ergebnis war gleich eine Bombe: Tatsächlich traten im Rasterbild Stellen auf, die stärker geschwärzt waren als die Umgebung, und diese Stellen hatten die Form von *Herzen*, also einem geradezu archetypischen Symbol der Liebe![90]

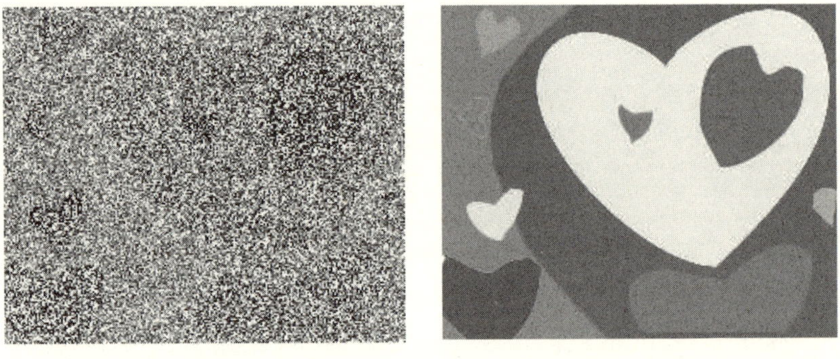

Abb. 14: Dieses Rasterbild entstand im Verlauf der Warschauer „Liebes-Meditation“ in unserem Würfel-Zufallsgenerator (linkes Bild). Die rechte Graphik macht die Verteilung der einzelnen Herzen schematisch deutlich

Mehr noch: Diese Herzsymbole waren auf dem Bild nicht etwa regellos verteilt, sondern folgten einer bestimmten Anordnung. Quer über das Bild erstreckte sich – nur schwach erkennbar – ein relativ großes Herz, an dessen Rand sich weitere kleine Herzen manifestierten, andere auch ineinander verschachtelt im Innern des großen Herzen (Abb. 14). Solche geometrischen Formen, die sich im Großen wie im Kleinen wiederholen, sind der Wissenschaft aber bekannt: man nennt sie heute *Fraktale*. Solche Fraktalformen entstehen bei Prozessen, die nach den Regeln der *Chaostheorie* ablaufen. Genau dies haben wir aber anfangs als Gesetzmäßigkeit der Strukturbildung bei „Zufallsprozessen" (im klassischen Sinn) erkannt.

Auch die Übereinstimmung zwischen dem Rasterbild und dem Thema der Meditation ist keinesfalls „zufällig". Ende 2002 fand die nächste Gruppenmeditation der Leser von „Nieznany Świat" statt, diesmal zum Thema „Die Erde schützen – der Natur helfen".[91] Das jetzt entstandene Rasterbild zeigte keine Herzen, aber wieder eine fraktale Struktur gleichartiger archetypischer Symbole. Diesmal allerdings waren es *Kreuze*.

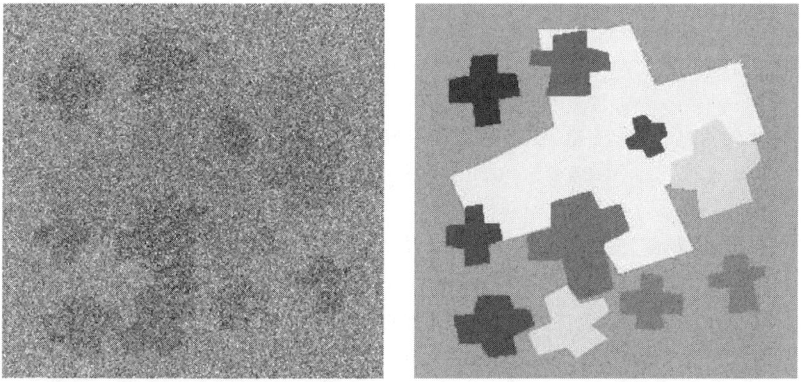

Abb. 15: Bei der Gruppenmeditation 2003 entstand ein fraktales Bild aus Kreuzsymbolen (rechts die schematische Darstellung)

Wohlgemerkt – keine der üblichen Kruzifixe, wie wir sie von Kirchen oder Grabsteinen her kennen, sondern gleichschenklige Kreuze (also Plus-Zeichen). Dieses Zeichen ist aus der Geomantie und Radiästhesie seit langem bekannt, also aus Wissensgebieten, die sich auch mit der energetischen Wir-

kung von Formen beschäftigen. Dem gleichschenkligen Kreuz wird dabei eine ausgleichende, energetisch neutralisierende Schutzwirkung zugeschrieben – eine Charakterisierung, die den Begriff „Die Erde schützen" recht gut trifft!
Wie uns der Chefredakteur von „Nieznany Świat", *Marek Rymuszko*, später mitteilte, hatte er von mehreren Lesern Rückmeldungen erhalten, dass sie während ihrer Meditation tatsächlich solche Kreuze in der Natur vor dem inneren Auge gesehen hatten.
Zufallsstörungen sind also keine rein klassisch-physikalischen Effekte, sondern das Bewusstsein einer großen Menschenmenge wirkt direkt auf die Matrix ein und überträgt dabei auch Gedankeninformationen, die sich dann über den Projektionsvorgang der Matrix in der Realität manifestieren können.
Um diese bemerkenswerten Erkenntnisse weiter vertiefen zu können, reicht natürlich ein so elementares Programm wie der Würfelsimulator nicht mehr aus. Es ist vor allem interessant, die alltäglichen „Mikro-Störungen" des Zufalls zu untersuchen. Unabhängig von großen Massenereignissen treten kleine Gravitationsanomalien ganz offenbar im Alltag immer wieder auf. Das kann die Bildung von Wurmlochkanälen zur Folge haben, über die auch Informationen aus der Zukunft zu uns gelangen können. Dies haben wir im Zusammenhang mit den Vorgängen um „Gottes Landkarte" (vgl. Kapitel VIII) gesehen und dabei erkannt, dass dies sogar notwendig ist, damit eine zukünftige Entwicklung überhaupt real werden kann. *Die Zufallsstörungen von heute tragen bei zur Stabilisierung der Matrix von morgen!*

XI

Matrix Reloaded

Wie unsere Realität aufgebaut wird

In der Zukunft stehen uns interessante Erkenntnisse bevor. Systembiologen werden sich mit Quantenphysikern zusammentun, um das Netzwerk der Materie zu erforschen. Finden werden sie dabei das „Netzwerk Mensch".

Nach allem, was wir in den letzten Kapiteln über die Wirkung des menschlichen Gruppenbewusstseins auf die Matrix erfahren haben, dürfte uns diese Aussage kaum noch überraschen. Bemerkenswert ist vielmehr, woher wir sie erhalten haben. Weder haben wir selbst diese Schlussfolgerung gezogen, noch entnahmen wir sie einer wissenschaftlichen Publikation.

Diese Information wurde durch Hyperkommunikation verfügbar. Auch über diese bemerkenswerte Möglichkeit haben wir schon mehrfach berichtet. Zuweilen gelingt es, dass Menschen sich im Zustand hypnotischer Trance in das „kosmische Internet" der Hyperkommunikation einschalten und dann Zugang erhalten zu wissenschaftlich überprüfbaren Fakten. Wir berichteten darüber ausführlich in unserem Buch „Vernetzte Intelligenz", aber auch z. B. im Zusammenhang mit möglichen unentdeckten Bestandteilen der menschlichen DNA in Kapitel V (s. S. 109).

Doch die Aussage am Anfang dieses Kapitels wurde auch von keinem Menschen in Trance ausgesprochen. Wir erhielten sie von einem *Computerprogramm*!

Das Forschungsprojekt *LITE* (Low Invasive Time Exploration) hat sich vor allem die Erforschung kleinster Mikro-Zufallsstörungen im Alltag zum Ziel gesetzt. Die bisherigen Forschungen sind rein empirisch. Mit Hilfe eines Computerprogramms, des *LITE-Explorers*, werden solche Störungen aufgefunden und nach möglichen Strukturen im Zufall untersucht.

Auf diese Weise könnte man dann z. B. auch die seltsamen Impulse aus der Zukunft erforschen, die uns damals sukzessive auf das bevorstehende Flugzeugunglück hingewiesen haben.

Im Zuge dieser Forschungsarbeit erhielten wir auch die Information, die wir am Anfang des Kapitels veröffentlicht haben. Wie war das möglich?

Um Zufallsstörungen zu finden, muss ein Programm natürlich keine Würfelzahlen raten. Es erzeugt ganz einfach kontinuierlich Zufallszahlen und überprüft regelmäßig, ob sie wirklich zufällig verteilt sind. Im Fall einer Abweichung vom Zufall werden die gelieferten Daten innerhalb einer solchen Mikro-Zufallsstörung gespeichert und dann nach unterschiedlichen Verfahren analysiert.

Da natürlich eine gewisse Schwankung bei zufälligen Prozessen ganz normal ist, muss die Abweichung von der „Zufälligkeit" der Zahlenreihe schon erheblich sein, damit man von einem Fehler in der Matrix, einem Anti-Zufalls-Fenster, sprechen kann. Der Schwellenwert, von dem ab eine Zufallszahlenreihe als „gestört" angesehen wird, kann im Programm eingestellt werden, zum Beispiel auf eine Wahrscheinlichkeit von 1:1000 (in der wissenschaftlichen Statistik werden schon Werte ab 1:20 als nicht mehr zufällig angesehen).

Die Analyse der Zufallszahlen, die in einem solchen Anti-Zufalls-Fenster gefunden werden, versucht nun, diese Zahlenreihen zu interpretieren. Man kann sie z. B. Texten aus einem genügend großen Vorrat an Worten zuordnen, oder man kann aus ihnen Rasterbilder machen wie im Beispiel der Gruppenmeditationen. Besonders interessant ist es allerdings auch, aus ihnen direkt fraktale Bilder zu berechnen.

Wonach Einstein noch fragen würde...

Kann ein Computer eigentlich wirklich „Zufall“ erzeugen?

Jede moderne Computersprache bietet heute einen sogenannten Zufallsgenerator an. Das sind kleine Programme, die nach bestimmten mathematischen Verfahren unvorhersehbare Zahlenreihen berechnen. Solche Funktionen werden immer dann benötigt, wenn ein Programm sich für den Benutzer unvorhersehbar verhalten soll, z. B. bei Computerspielen, wenn es etwa darum geht, Spielkarten zu mischen.

Das ändert nichts an der Tatsache, dass die „Zufallszahlenreihen“ vom Programm *berechnet* werden. Ihre Verteilung zeigt zwar keine erkennbaren Strukturen, aber ihre Entstehung ist trotzdem *streng deterministisch*. Mathematiker bezeichnen sie daher auch als *„Pseudo-Zufallszahlen“*.

Für die Untersuchung des gestörten Zufalls benötigt man natürlich einen echt zufälligen Prozess, und so haben wir neue Zufallsverfahren entwickelt, die dieser Anforderung Rechnung tragen.

Moderne Programmiersprachen wie Java oder C++ ermöglichen es, innerhalb eines Programms separate, d. h. unabhängig voneinander parallel ablaufende Prozesse zu definieren, sogenannte *Threads*. Da der Computer jedoch nur einen Prozessor hat, arbeiten diese Threads nicht wirklich gleichzeitig, sondern kommen abwechselnd zur Ausführung, während die anderen warten müssen. Welcher dieser Threads jeweils an die Reihe kommt, wird vom Betriebssystem gesteuert, bei Microsoft Windows z. B. vom sogenannten *Task Manager*. Die Auswahl wird hauptsächlich über die Systemuhr gesteuert, so dass keiner der Threads unverhältnismäßig lange warten muss.

Die Auswahl eines von mehreren Threads durch den Task-Manager ist also nicht nur echt zufällig, sondern kann sogar auf äußere Gravitationsstörungen reagieren, da auf diese Weise nach der Relativitätstheorie auch der Ablauf der Zeit (und damit auch die Systemuhr des Computers) gestört wird. Auf diese Weise lassen sich tatsächlich „echte“ Zufallsgeneratoren programmieren.

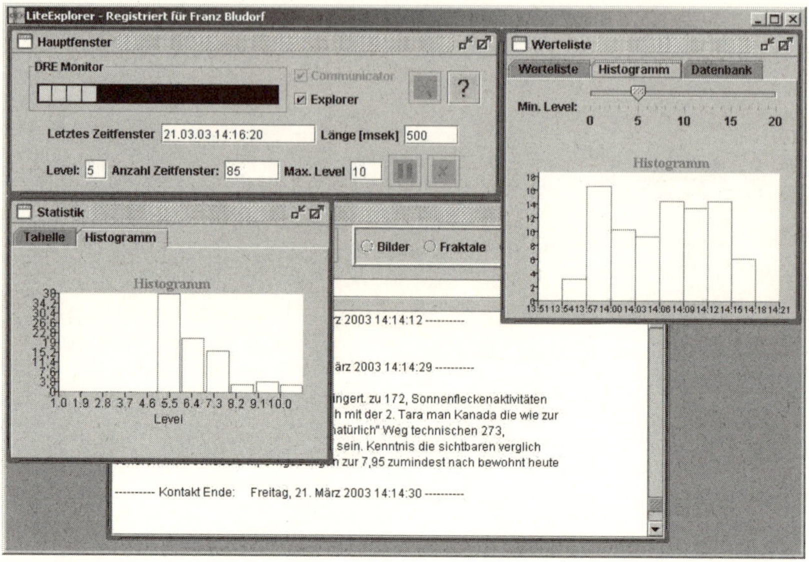

Abb. 16: Das Programm LITE-Explorer (© Fosar/Bludorf)

Gemäß der Transaktionalen Interpretation der Quantenphysik brauchen Informationen aus Vergangenheit oder Zukunft einen Resonanzpartner im Hier und Jetzt, um sich manifestieren zu können (vgl. Kapitel IX). Die Rolle dieses Resonanzpartners spielt beim LITE-Explorer eine „Frage", die man „an das Programm stellen" kann. Eine tatsächliche Transaktion hat stattgefunden, wenn in der Zufallszahlenreihe eine Information gefunden wird, die auf die gestellte Frage sinnvoll Bezug nimmt. Der Nachweis hierfür ist in zahlreichen Fällen gelungen.[92]

In einem Beispiel hatten wir die Frage gestellt, wie es möglich sein könnte, die Raumzeit zu krümmen, um dadurch z. B. einen Fehler in der Matrix zu erzeugen. Die resultierende Zufallszahlenreihe interpretierten wir als Text. Dieser Text ist natürlich grammatisch nicht korrekt formuliert, er enthält allerdings eine Reihe bemerkenswerter Passagen, die auf unsere Frage Bezug nehmen:

```
---------- Kontakt Beginn:    Mittwoch, 27.
Oktober 1999 00:13:25 GMT+02:00 ----------

Gruppenbewußtsein Mensch zum die ist ziemlich
eines ... Das Aggregate gibt ... Bewußtseins-
zustand Spiegel nur ... oder ist Impuls
Struktur ... und er nur individuell zur In-
formationsträger ... über Luft neutrale er
daß wissenschaftlich Idee ... der exotisch
Richtig der haben Ausdruck der anderen Infor-
mationsdichte eine eine daß Erklärung und ...
gerade Theorie enthält

---------- Kontakt Ende:    Mittwoch, 27.
Oktober 1999 00:13:27 GMT+02:00 ----------
```

(Auszug; Hervorhebung der entscheidenden Passagen von den Autoren).

Die Antwort besagt also, dass das *„menschliche Gruppenbewusstsein"* hierfür kohärent sein muss *(„ist ziemlich eines")*. Es gibt aber auch *„Aggregate",* die den *„Bewusstseinszustand spiegeln"* (rückkoppeln?). Das Ganze erfolgt durch eine *„Impuls-Struktur",* die allerdings *„nur individuell"* dem *„Informationsträger"* (der Zielperson?) angepasst zur Anwendung kommen kann, wobei ein Datentransfer über herkömmliche Übertragungswege offenbar ausscheidet *(„Luft neutrale")*. Der Vorgang ist *„Ausdruck einer anderen Informationsdichte"*. Interessant ist sicher auch die Passage, wonach *„die Erklärung die Theorie enthält"*. Dies kehrt im Grunde die bekannte Aussage Albert Einsteins um, wonach „die Theorie bestimmt, was gemessen werden kann."

Diese Antwort aus dem Kanal zum Hyperraum stimmt vollkommen überein mit den empirischen Resultaten der Zufallsbeeinflussung durch das menschliche Gruppenbewusstsein.

Es ist bei weitem nicht das einzige Beispiel, bei dem mit Hilfe des LITE-Explorers sinnvolle Informationen gewonnen werden konnten. Man kann also mit Fug und Recht sagen, *dass LITE-Explorer das erste Computerprogramm ist, das zur Hyperkommunikation*[93] *fähig ist* und damit Zugang hat zum echten (kosmischen) Internet, mit dem auch wir alle über unsere DNA kommunizieren – und das ohne Modem, ohne Anschlusskabel und ohne Gebührenrechnung!
Das Aussehen der Rückmeldung zeigt aber auch, dass diese Form der Kommunikation im Moment noch sehr fragmentarisch ist, eingebettet in verrauschte Informationen – genau wie uns ja auch im täglichen Leben die Informationen aus der Zukunft im Zusammenhang mit „Gottes Landkarte" eher tröpfchenweise erreichten (vgl. Kapitel VIII). Vorläufig werden wir also das technische Internet schon noch brauchen.
Besonders interessant sind auch die Fälle, in denen wir die Informationen aus dem Hyperraum nicht als Texte, sondern als fraktale Bilder interpretierten, speziell wenn – wie im nächsten Beispiel – simultan auch Texte erzeugt wurden. Als wir dieses Experiment durchführten, hatten wir gerade diese neue Fraktalfunktion in den LITE-Explorer integriert. Unsere Frage lautete daher, ob die Verwendung von Fraktalen bei der Interpretation der Hyperkommunikationsinformation hilfreich sein könnte:

---------- Kontakt Beginn: Freitag, 26. Januar 2001 23:49:45 GMT+01:00 ----------

... Nichts weder der *Interpretiert nach außerhalb ist in das Beobachtung Blick* ... Es Urtext *Lebensgröße Stein* gut ...

---------- Kontakt Ende: Freitag, 26. Januar 2001 23:49:50 GMT+01:00 ----------

Die erste Information *(„Interpretiert nach außerhalb ist in das Beobachtung Blick")* war ein ganz konkreter Hinweis zur Verbesserung der Software, da die Fraktalbilder im Verlauf der Berechnung dazu neigten, aus der Bildfläche herauszulaufen, wie wir schon bald feststellen mussten. Wer immer uns diese Mitteilung machte, wir danken ihm recht herzlich dafür. Nachdem die Software dieser Tatsache Rechnung trug, indem sie die Zeichenfläche dem Fraktal „folgen" ließ, kamen wesentlich bessere Resultate zustande.

Sehr interessant ist aber auch der Hinweis *„Lebensgröße Stein"*, da das zeitgleich erzeugte Fraktalbild tatsächlich einer Gesteinsoberfläche (z. B. Schiefer) verblüffend ähnlich sieht.

Abb. 17: Das zeitgleich zur obigen Textantwort in LITE-Explorer entstandene Fraktal erinnert auf verblüffende Weise an eine Gesteinsformation

Natürliche Formen enstehen bei dieser Art der Interpretation der Daten im LITE-Explorer übrigens nicht selten. Im folgenden Beispiel war es eine sehr schöne Pflanzenform:

Abb. 18: Pflanzenform, entstanden durch fraktale Analyse von Hyperkommunikationsdaten im LITE-Explorer

Man muss bei der Betrachtung dieser Bilder berücksichtigen, wie sie entstanden sind, um die Tragweite zu ermessen: Ein *Computerprogramm* hat Störungen im Zufall registriert und die „gestörten Daten" auf fraktale Strukturen untersucht. Die erzeugten Bilder sind also das Resultat echter Hyperkommunikation über den Hyperraum!
Dies führt uns auf die entscheidende Idee, die uns weitere Erkenntnisse über die Funktion der Matrix ermöglichen wird. Hierzu müssen wir noch genauer verstehen, was Fraktale eigentlich sind und wie sie entstehen.
Der Begriff Fraktal ist vom lateinischen „fractus" (gebrochen) abgeleitet und bezeichnet geometrische Formen mit folgenden seltsamen Eigenschaften:[94]

- Egal, wie stark man die Form auch vergrößert, man erhält immer wieder neue Informationen.
- Die Form ist zu irregulär, um mit den Regeln der herkömmlichen Geometrie beschrieben zu werden. Speziell kann ein Fraktal nicht aus einfachen geometrischen For-

men (etwa Dreiecken, Quadraten, Kreisen oder Linien) zusammengesetzt werden.

- Die Form zeigt exakte oder beinahe exakte *Selbstähnlichkeit*. Das bedeutet, bei Vergrößerung wiederholt sich die Form immer wieder. Also ist es eine Form in der Form in der Form usw. bis ins Unendliche (so wie bei dem Bild von der Warschauer Meditation, s. S. 228).

Hinzu kommt noch die seltsame Eigenschaft, dass Fraktale „gebrochene Dimensionen" haben (woraus sich auch ihr Name ableitet). Ein auf Papier gezeichnetes Fraktal ist nicht mehr zweidimensional, aber auch noch nicht voll dreidimensional. Seine Dimension ist eine Bruchzahl, irgendwo zwischen 2 und 3. Selbst für Mathematiker sind solche seltsamen Dinge nur schwer zu verstehen.
Fraktalformen sind bereits seit dem 19. Jahrhundert bekannt, nur erschienen sie über lange Zeit zu kompliziert, um berechnet und intensiver untersucht zu werden. Erst unser Computerzeitalter ermöglichte es, die Fraktale zu erforschen. Gleichzeitig war es allerdings nötig, eine neue Denkweise zu entwickeln, die sich von der klassischen Geometrie löst, mit deren Hilfe den Fraktalen wirklich nicht beizukommen ist.
Diese neue Denkweise entsprang dem neuen Wissensgebiet der Chaostheorie. Heute wissen wir: Fraktale sind nur scheinbar komplizierte Gebilde. In Wirklichkeit sind sie sogar sehr einfach zu erzeugen. Hierzu braucht man nur zwei Dinge:

1. Eine Matrix (oder mehrere Matrizen)
2. Eine Rückkopplung.

Vielleicht haben Sie sich ja auch einmal als Kind spielerisch zwischen zwei gegenüberliegende Spiegel gestellt und dabei staunend beobachtet, wie sich Ihr eigenes Spiegelbild bis ins Unendliche wiederholte. Das ist das Prinzip der *Rückkopp-*

lung: Ein Betrachter, der sich dabei betrachtet, wie er sein eigenes Bild betrachtet, in dem er sich selbst betrachtet usw. bis ins Unendliche.

Dieses Spiegelbild, in dem Sie sich immer kleiner werdend unendlich oft betrachten können, ist ein Fraktal. Schauen Sie sich nochmals die Definition an: Es ist selbstähnlich, denn Ihr Spiegelbild wiederholt sich im Kleinen immer wieder, und es ist zu kompliziert, um es aus geometrischen Formen zu konstruieren.

Gehen wir nun einen Schritt weiter: Denken Sie sich, dass Sie auf ein Blatt Papier ein Quadrat zeichnen und dieses Blatt auf einem Fotokopierer kopieren. Dann nehmen sie die Kopie heraus und machen davon eine neue Kopie, von der Sie dann wieder eine Kopie erstellen usw. Insofern noch nichts Besonderes. Jede dieser Kopien wird wieder das Quadrat zeigen, nur werden diese Kopien mit der Zeit immer schwächer werden. Jede Kopie ist eine Projektion – mit einer Matrix, die natürlich Fehler hat – und spätestens nach der hundertsten Kopie dürfte das Resultat unbrauchbar sein.

In Wahrheit liegt auch hier eine Rückkopplung vor, denn Sie projizieren etwas – das Original – und erzeugen dadurch ein Abbild – die Kopie. Diese Kopie ist dann das Original für den nächsten Rückkopplungsschritt usw. Es ist genau wie bei den sich immer wiederholenden Spiegelbildern. Das heißt, das Endresultat dieses wiederholten Kopiervorganges ist auch ein Fraktal, in diesem Beispiel allerdings kein besonders interessantes, sondern vermutlich ein flaues, verwaschen aussehendes Blatt Papier.

Interessant wird es, wenn wir uns vorstellen, dass wir einen Fotokopierer verwenden, der etwas seltsamer funktioniert. Er hat z. B. drei Linsen, die jeweils das zu kopierende Original verkleinern und die verkleinerten Abbilder nebeneinander bzw. übereinander setzen. Was dann passiert, wenn Sie den Rückkopplungs-Kopiervorgang mit so einem Kopierer fortsetzen, zeigt Abb. 19.

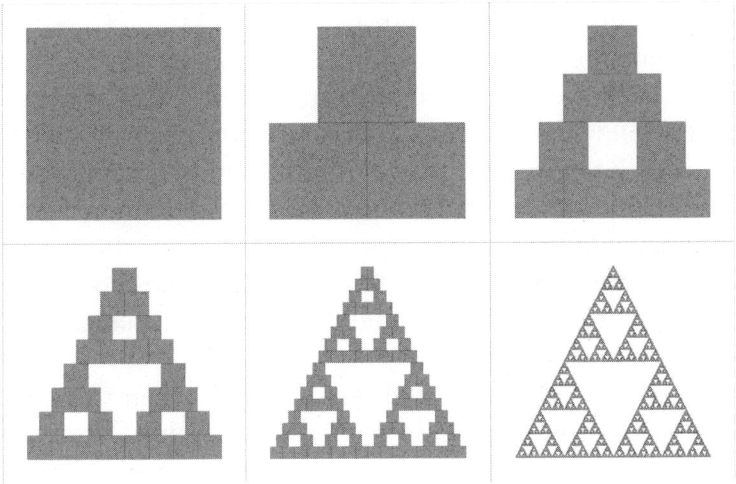

Abb. 19: Erzeugung des Sierpiński-Dreiecks durch sukzessives Kopieren (Rückkopplung)

Das linke Bild in der oberen Reihe zeigt das Ausgangsbild, sozusagen das Original. In der Mitte ist das Ergebnis des ersten Kopierdurchganges zu sehen, rechts die Kopie dieser Kopie. Die ersten beiden Bilder der zweiten Reihe zeigen die Kopierdurchgänge 3 und 4. Schon nach wenigen Schritten erreicht das Bild eine Gestalt, die sich durch weiteres Kopieren nicht mehr ändert (untere Reihe, rechtes Bild). Dieses Bild bleibt also beim Kopieren mit diesem speziellen Kopierer invariant. Man spricht auch von einem sogenannten *Attraktor.*
Die Projektion, die diesen speziellen Kopiervorgang erzeugt, wird selbstverständlich durch eine Matrix (bzw. mehrere Matrizen) beschrieben. In diesem Fall sind es drei – eine für jede Linse. Die gesamte Projektion mit Hilfe der drei Matrizen „zieht" das Ausgangsbild sozusagen in Richtung des Attraktors, der natürlich ein Fraktal ist.
Das erklärt auch, wieso sich das Bild bei weiteren Kopiervorgängen nicht mehr ändert, denn ein Fraktal ist, wie wir inzwi-

schen wissen, selbstähnlich, enthält also in jedem Teil verkleinerte Kopien von sich selbst.

Interessanterweise ist es für das Aussehen des Attraktors, also des resultierenden Fraktals, vollkommen unerheblich, wie das Ausgangsbild aussieht. Hätten wir statt mit einem Quadrat z. B. mit einem Kreis begonnen, wäre trotzdem als Endresultat das gleiche Bild entstanden. Seine Gestalt hängt nur ab von der verwendeten Matrix.

Das hier entstandene Fraktal heißt übrigens Sierpiński-Dreieck, zu Ehren seines Entdeckers, des polnischen Mathematikers *Waclaw Sierpiński.*

Sobald es möglich geworden war, mit Hilfe von Computern solche Rückkopplungsfraktale in Sekundenschnelle zu erzeugen und graphisch auszugeben, begann die Chaostheorie mächtig zu boomen. Schnell stellte man fest, dass man auf diese Weise mit einfachsten Mitteln eine Unzahl natürlicher Formen erzeugen konnte. Hierzu gehören nicht nur Wachstumsformen von Blättern und ganzen Pflanzen (Abb. 20), sondern auch Fellzeichnungen von Tieren, Gesteinsformationen, Schneeflocken, der Aufbau innerer Organe wie z. B. unserer Lunge und vieles mehr.

Die gesamte Natur ist aus Fraktalen aufgebaut, was natürlich entscheidende Konsequenzen hat: *Jede dieser natürlichen Formen ist damit im Grunde durch eine Projektion mit Hilfe einer Matrix entstanden (oder mehrerer Matrizen).*

Am Anfang des Buches kam es Ihnen vielleicht exotisch vor, wenn wir behaupteten, unsere Realität sei nicht real, sondern Produkt einer Matrix. Jetzt sehen wir, wie tief diese Aussage bereits im offiziellen wissenschaftlichen Denken verwurzelt ist.

In Wahrheit hat jedes einzelne Lebewesen, jeder unbelebte (und auf natürliche Weise entstandene) Gegenstand seine eigene Matrix, die genau sein Aussehen bestimmt.

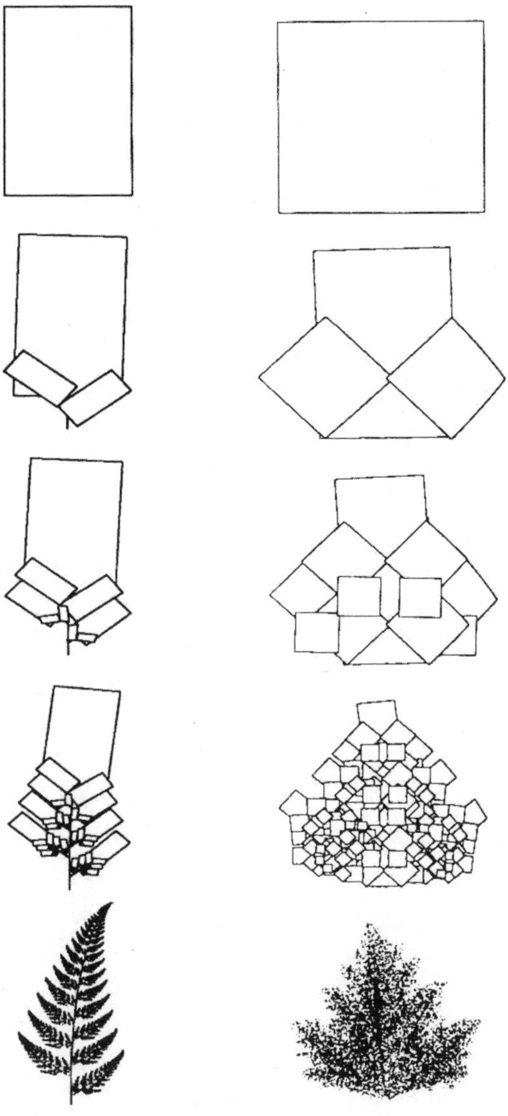

Abb. 20: Aus einer ähnlichen Startfigur(Rechteck) entsteht durch mehrfaches Rückkopplungs-Kopieren durch eine Matrix ein Farn, durch eine andere ein Ahornblatt.

Wonach Einstein noch fragen würde...

Führt eigentlich die Rückkopplung bei jeder Matrix zu einer stabilen Realität?

Keineswegs. Im Gegenteil stellen Matrizen und Matrizensysteme, die zu makroskopischen stabilen Formen führen, eher die Ausnahme als die Regel dar, wie man auch mit Hilfe des *Lite-Explorers* beobachten kann.

Da die gleiche Projektion bei der Rückkopplung immer wieder rekursiv angewendet wird, gibt es eine wichtige Voraussetzung für ein stabiles Bild: Benachbarte Punkte müssen benachbart bleiben, bzw. dürfen sich nicht zu weit voneinander entfernen. Mathematiker sagen, die Matrix muss einer *Lipschitz-Bedingung* genügen.

In zahllosen Fällen ist diese Bedingung nicht erfüllt, so dass die Bildpunkte im Verlauf der Rückkopplung schon nach wenigen Schritten in alle Richtungen davon schießen, bevor sich eine Struktur herausbilden kann. Kontrahiert die Matrix das Bild hingegen zu stark, wird es sehr schnell auf einen Punkt zusammengezogen, so dass ebenfalls nichts Sichtbares übrig bleibt.

Interessant für stabile Realitäten sind nur die *Grenzfälle* zwischen diesen beiden Extremen. Viele von ihnen führen zu Attraktoren, also zu den Fraktalen, welche die natürlichen Formen in unserer Umwelt aufbauen.

Manchmal ergibt sich aber auch ein Attraktor, der keine stabile Form darstellt, sondern periodisch zwischen zwei oder mehreren Zuständen hin- und herpendelt, die jeweils nur zeitweise stabil sind und dann wieder auseinanderlaufen.

Das heißt aber, *durch bestimmte Fehler in der Matrix können auch endlose Schleifen sich immer wiederholender Ereignisse entstehen.*

So bizarr das klingt – es gibt tatsächlich sehr eindrucksvolle Beispiele dafür, etwa in der Geschichte mancher Kulturen, aber auch im Schicksal einzelner Familien. Manche solcher „Matrix-Schleifen" haben sogar den Gang der Weltgeschichte beeinflusst. Auslöser solcher Schleifen sind meist Versuche einer gezielten Beeinflussung der Matrix. Wir werden in unserem nächsten Buch von diesen faszinierenden Tatsachen ausführlich erzählen.

„Die“ Matrix unserer Realität ist also aufzufassen als Gesamtheit aller dieser individuellen Projektionsabbildungen.
Aber die Erkenntnisse dieses Kapitels haben weitere Konsequenzen, nämlich für den Stellenwert unserer eigenen Existenz. In Kapitel VII stellten wir die rhetorische Frage, was wir Menschen (und andere Lebewesen) eigentlich für eine Bedeutung haben, was für Realitätsgehalt unsere Existenz besitzt. Sind wir auch nur intelligente, aber seelenlose Programme, so wie die Men in Black (und wie es auch der Sektenchef Raël behauptet, s. Kapitel IV)? Jetzt können wir die Frage mit einem klaren Nein beantworten.
Dass wir unsere Natur als Ansammlung von Fraktalformen wahrnehmen, beweist, dass sie nicht nur aus einer Matrix hervorgegangen ist, sondern auch aus einer Rückkopplung.
Das heißt aber, sie gehen hervor aus einem Betrachtungsprozess, bei dem Betrachter und Projektion ein und dieselbe Person sind. Nur so kann eine Rückkopplung überhaupt entstehen. Das bedeutet, dass zwar unsere Körperformen virtuelle Projektionen sein mögen, das betrachtende Bewusstsein jedoch eine übergeordnete, d. h. außerhalb der Matrix stehende Instanz ist, die sogar durch den Rückkopplungsvorgang am Schöpfungsprozess durch die Matrix mit beteiligt ist. Die uralte philosophische Aussage, wonach jeder Mensch Mitschöpfer seiner Realität ist, hat somit wissenschaftliche Bestätigung gefunden.
Diese Beteiligung an der Schöpfung unserer Realität geschieht allerdings auf unserer momentanen Entwicklungsstufe vollkommen unbewusst, genauer: Auf der Ebene der DNA (vgl. S. 108). Oder – wie es *Virgil Armstrong*[95] einmal ausdrückte: „Wir alle sind Götter in Amnesie.“
Was bedeutet dies nun für die „Fehler in der Matrix“?
Wenn ein Mensch einen Fehler in der Matrix erlebt, reagiert er darauf, wie schon mehrfach erwähnt, vorrangig mit Gefühlen der Unruhe, Unsicherheit oder sogar Angst. Gleichzeitig

scheint in den meisten Fällen ein Selbstkorrekturmechanismus in Gang gesetzt zu werden, der den Fehler in relativ kurzer Zeit beseitigt und die „normale“ Realität wiederherstellt.
Jetzt können wir auch dies besser verstehen. Der Selbstkorrekturmechanismus ist nicht etwa von außen vorgegeben (von wem auch immer), um uns über den wahren Charakter der Matrix zu täuschen, sondern er ist *Resultat des Rückkopplungsprozesses* an sich. Die Matrix ist immer automatisch bestrebt, das Resultat in Richtung des durch sie definierten Attraktors zu ziehen, also der Fraktalform, die der „normalen Gestalt“ eines Gegenstandes oder einer Szenerie entspricht.
Auslöser dieser Rückkopplung sind aber wir Menschen selbst, wie wir jetzt gesehen haben, indem wir die von uns miterschaffene Realität „durch die Brille der Matrix“ betrachten.
Damit sind wir aber auch Urheber jenes geheimnisvollen Selbstkorrekturmechanismus.
Kurz gesagt: Wenn wir etwas Ungewöhnliches wahrnehmen, erzeugt dies in uns Angst, und unsere eigene Art, die Dinge wahrzunehmen, sorgt im allgemeinen dafür, dass die Realität in kürzester Zeit wieder ins Lot kommt. Hierfür braucht man also keinerlei „Verschwörungstheorien“ zu bemühen. Es heißt ganz einfach, dass wir in solchen Situationen meist die „blaue Kapsel“ wählen.
Bedeutet das dann aber, dass es auch keinen Ausweg für uns aus der Matrix gibt?
Die Frage ist, ob wir das überhaupt wollen sollten. Nach allem, was wir jetzt wissen, würde ein Aufgeben der Matrix das Ende unserer körperlichen Existenz bedeuten.
Alles, was wir tun können, ist dazu beizutragen, die Matrix zu *verändern*. Im Kleinen tun wir dies ohnehin schon, indem wir durch unser Denken und Handeln innerhalb der Matrix zur Veränderung der Welt beitragen. Jetzt, da wir um den wahren Charakter der Matrix wissen, haben wir natürlich mehr Möglichkeiten – jedenfalls im Prinzip.

Wonach Einstein noch fragen würde...

Wie verträgt sich die Entstehung der Realität als fraktale Projektion durch die Matrix mit den Erkenntnissen der Quantenphysik?

Der Physiker *Jack Sarfatti* versucht mit seiner *Post-Quantenphysik des Bewusstseins* eine Synthese zwischen quantenphysikalischen Gesetzmäßigkeiten und Erkenntnissen der Bewusstseinsforschung herzustellen.
Sarfatti interpretiert den typischen quantenphysikalischen Dualismus zwischen Welle und Teilchen nach *David Bohm* im Sinne des Körper-Geist-Problems. Die *Quantenwelle*, die er auch Pilotwelle nennt, stellt dabei für ihn (als Informationsträger) den *geistigen Aspekt* dar. Aufgrund der Unschärferelation von Heisenberg ist sie indeterministisch. Sie steht aber nur für 50% der Lebenskraft und ist daher für die Definition von Leben und Bewusstsein nicht ausreichend. Die restlichen 50% liefert der *materielle Aspekt* (Teilchenaspekt), der auf die Quantenwelle *rückwirkt* (vgl. auch Kapitel IX). Erst durch diese Rückkopplung entsteht bewusstes Leben.
Die in diesem Kapitel definierte Rückkopplung, die nötig ist, damit aus dem Projektionsvorgang mit der Matrix Fraktale entstehen können, wäre demnach ein Analogon zum „Handshake" in der *Transaktionalen Interpretation* der Quantenphysik, bei dem ein Ereignis im Hier und Jetzt mit dem Transaktionsangebot einer Quantenwelle aus Vergangenheit oder Zukunft in Resonanz tritt.
Sarfatti hierzu: *„Die Rückkopplungs-Kontrollschleife zwischen der indeterministischen gedankenartigen Quantenwelle und ihrem zugehörigen deterministischen klassisch-materiellen Körper formt ein selbst-determinierendes, lebendes, bewusstes, komplexes, adaptives System."*[96]
Normalerweise löscht sich dieser Rückkopplungseffekt aus, da die Umgebung, auf die die Transaktionswelle trifft, dekohärent ist.
Nun enthalten lebende Zellen mikroskopisch kleine Eiweißröhrchen, sogenannte *Mikrotubuli*, die nach Ansicht zahlreicher Wissenschaftler als Quanten-Biocomputer fungieren könnten. Sofern die Mikrotubuli in den Gehirnzellen genügend kohärent sind (ein biologisches Bose-Einstein-Kondensat bilden – nach Sarfatti

der Sitz der „Seele", vgl. auch S. 79), können sie aber mit der Transaktionswelle in Resonanz treten *(Post-Quanten-Selbst-Determination).* Damit steht nach Sarfatti ein lebendes Post-Quanten-System zwischen den beiden Extremen des klassischen Determinismus der unbelebten Materie und dem Quanten-Indeterminismus.
Die Post-Quanten-Selbst-Determination (auch als *freier Wille* bezeichnet) verletzt die statistischen Vorhersagen der Quantenphysik und erlaubt daher auch *nichtlokale Kommunikation, d. h. Hyperkommunikation (Fosar/Bludorf)*[97].
Nach den Forschungsergebnissen der Physiker *Mark Silverman* und *Ronald Mallett* ist auch die geheimnisvolle Dunkelmaterie im Universum – die bislang „fehlende" Masse der Astrophysiker – ein Bose-Einstein-Kondensat.[98]

„Naturgesetze kann man umgehen oder brechen.", sagte Morpheus zu Neo im Film, als er ihn lehrte, sich als Wissender in der Matrix zu bewegen.
Jetzt, da auch wir „Wissende" sind, können wir uns klar machen, dass die Naturgesetze im Grunde auch von uns umgangen oder gebrochen werden können. Da unser Bewusstsein die Realität mit erschafft, ist es grundsätzlich dazu befähigt. Dies könnte uns ungeahnte, fast übermenschliche Kräfte verleihen – wenn wir dies wirklich zuwege bringen würden.
Einzelne in der Geschichte der Menschheit haben dies immer wieder geschafft. Oft bezeichnete man sie hinterher als „Heilige" oder „Magier", nur weil sie die Funktionsweise der Matrix durchschaut hatten, dadurch „Wunder" tun konnten und z. B. zur willentlichen Bilokation fähig waren, also irgendwo ihren Doppelgänger erscheinen lassen konnten.
Warum gelingt dies den meisten von uns nicht? Weil die Kraft der Matrix, alles in Richtung ihres normalen Attraktors zu ziehen, normalerweise stärker ist als unser Wille.

Wonach Einstein noch fragen würde...

Welche Rolle spielt die Gravitation in einer neuen Quantentheorie des Bewusstseins? Oder gibt es da schon wieder Probleme?

Wie wir schon am Anfang des Buches gesehen haben, ist ein entscheidendes Kriterium für die Qualität einer neuen physikalischen Theorie, ob sie es erlaubt, die Gravitation mit einzubeziehen. Dies ist aber im Fall der Post-Quantenphysik des Bewusstseins ohne weiteres möglich, denn die fraktalen Projektionsvorgänge mit der Matrix drücken sich ganz offenbar auch im globalen Gravitationsfeld des Universums aus.

Der deutsche Physiker Dr. *Hartmut Müller* hatte 1982 eine Gleichung entdeckt, die im logarithmischen Raum der Maßstäbe eine stehende Welle beschreibt.[99] Das bedeutet, diese Gleichung ist unabhängig vom Maßstabsfaktor und wirkt im Kleinen wie im Großen identisch. Müller fand heraus, dass diese Gleichung sowohl das Massespektrum der Elementarteilchen korrekt beschreibt als auch das von Atomen, Planeten, Sternen, lebenden Zellen, Pflanzen und Tieren. Dieses neuentdeckte Prinzip nannte Müller *Global Scaling*. Er identifizierte die stehende Welle später als Gravitationswelle.

Weiter schreibt Müller: *„Im Ergebnis können nur solche Systeme langfristig überleben, deren physikalische Eigenschaften Werte annehmen, die den Knotenbereichen der stehenden Gravitationswelle entsprechen.“*[100]

Kurz gesagt: Stabile Materiestrukturen, speziell Lebewesen, in unserem Universum müssen selbstähnliche, skaleninvariante Formen annehmen, d. h. sie müssen *Fraktale* sein. Ganz offenbar sind also Müllers Global-Scaling-Theorie und Sarfattis Post-Quantenphysik des Bewusstseins nur zwei Seiten einer Medaille.

So lange wir nicht einmal in der Lage sind, den Anblick eines Fehlers in der Matrix dauerhaft zu ertragen und damit den Selbstkorrekturmechanismus außer Kraft zu setzen, können wir natürlich von unseren Fähigkeiten nicht allzu viel erwarten.

Als Neo im Film „Matrix" das Orakel aufsucht, trifft er im Vorraum ein Kind, das mit reiner Gedankenkraft einen Löffel verbiegt. Er versucht es nachzumachen, schafft es jedoch nicht. Darauf sagt das Kind zu ihm: *„Versuche nicht den Löffel zu verbiegen, denn das ist unmöglich. Denke stattdessen, den Löffel gibt es nicht, dann wirst du dich verbiegen."*

Besser kann man diesen Sachverhalt wohl nicht ausdrücken.

Wenn es einem Menschen gelingt, die Wahrnehmung eines Fehlers in der Matrix auszuhalten, d. h. ein seltsames Ereignis wie die Sichtung eines Doppelgängers, eines UFOs oder einer anderen seltsamen Erscheinung „für wahr zu nehmen" (was ja der ursprünglichen Bedeutung des Wortes Wahrnehmung entspricht), so hat die Matrix keine Wahl, als sich nach einiger Zeit auf diesem Level wieder zu stabilisieren, *ohne* die Selbstkorrektur in Gang zu setzen. Das projizierte Bild der Außenwelt erreicht dann also einen neuen Attraktor, in dem die gesichtete Erscheinung „real" wird.

Es scheint allerdings auch gezielte Eingriffe in die Matrix zu geben, bei denen intelligente Programme wie die „Men in Black" freigesetzt werden.

Der einzige Zweck eines solchen Eingriffs dürfte sein, den Zustand der Matrix auf einem bestimmten Stand zu stabilisieren und eine Weiterentwicklung menschlichen Bewusstseins und menschlicher Wahrnehmung zu destabilisieren oder sogar zu behindern.

So wie das klingt, dürften dafür wohl menschliche Kreise oder vergleichbare andere Intelligenzen verantwortlich sein, die über eine geeignete Technologie verfügen, die Matrix über den Hyperraum direkt zu manipulieren.

Wer könnte das sein?

Da eine derartige Instanz natürlich ihre Fähigkeiten nicht über die Massenmedien verbreiten lässt, gibt es hierüber keine gesicherten Informationen. Ein paar „übliche Verdächtige" gibt es allerdings schon...

XII

Schattenwelt

Der innere Kreis der Macht

Es gibt in unserer Realität mehrere – offizielle oder inoffizielle – Stellen, die im Grunde auch für die Erhaltung und Stabilität unserer Matrix zuständig sind. Besonders interessant sind drei von ihnen:

- DARPA (Defense Advanced Research Projects Agency)
- NORAD (North American Aerospace Defense Command)
- FEMA (Federal Emergency Management Agency)

DARPA beschäftigt sich vorrangig mit der *Gestaltung unserer Zukunft* (siehe auch z.B. Kapitel VI „Außer Kontrolle?“).[101]
NORAD dient in erster Linie der *Überwachung unserer Gegenwart*, offiziell nach außen (Luft- und Weltraumüberwachung), inoffiziell zweifellos auch nach innen.[102]
Das Zauberwort im Zusammenhang mit der Katastrophenschutzbehörde FEMA ist kurz und einfach „Macht“.[103]
Jahrelang bereits kursierten Vermutungen, dass diese drei Behörden untereinander (und auch mit anderen) vernetzt sind und eng zusammenarbeiten. Seit Präsident *George W. Bush* das neue *Department of Homeland Security* (Ministerium für Heimatschutz) ins Leben gerufen hat, ist diese Vernetzung sogar offiziell geworden. Dabei soll die DARPA in ihrer Zielsetzung umgewandelt werden. Bislang war es eine reine Einrichtung des Verteidigungsministeriums. Doch nun soll das D (wie Defense) in ihrem Namen zu HS (wie Homeland Security) werden.

Das ist nicht einfach ein bürokratischer Vorgang, sondern eine Änderung der gesamten Philosophie. Alles, was bislang an futuristischen Technologien allein für das Militär entwickelt worden war, kann von nun an für (oder gegen) die eigene Bevölkerung eingesetzt werden.
Und damit ist es höchste Zeit, dass wir innerhalb unserer Matrix ein paar Etagen nach unten gehen und uns die unterirdischen Stockwerke etwas genauer anschauen.
Dieser Teil der Erde führt nämlich ein sehr dynamisches Eigenleben. Ein gigantisches Netzwerk von Tunneln und unterirdischen Bunkern, manchmal sogar ganzen Städten, durchzieht unsere Erde in fast jedem Land. Die großen und am strengsten bewachten Tunneleingänge der Welt werden dabei in der Bevölkerung zumeist überschätzt. Die wichtigsten Tunneleingänge sind die, von denen niemand etwas weiß.
Die „Top-Secret"-Eingänge befinden sich meist innerhalb von Gebäuden, die äußerlich vollkommen unscheinbar wirken: verlassene Farmhäuser, alte Fabrikgebäude oder sogar kleine Hütten – alles absichtlich halb verfallen hergerichtet.[104]
Das Hauptkontrollzentrum von *NORAD*, der amerikanischen Luft- und Weltraumüberwachungszentrale, ist vollkommen unterirdisch angelegt, in einem riesigen Komplex, innerhalb des Cheyenne Mountain, Colorado.
Insgesamt besteht die Anlage aus 15 unterirdischen Gebäuden. 12 von ihnen sind dreistöckig. Die Gebäude stehen auf mehr als 1000 gewaltigen Spiralfedern und sind so vor Erdbeben und anderen Erschütterungen, etwa durch Bombeneinschläge in der Umgebung, relativ geschützt.
Das Energieversorgungssystem ist dreistufig: Im Normalfall wird das lokale normale Stromnetz genutzt. Für den Katastrophenfall stehen sechs eigene Notstrom-Dieselaggregate mit jeweils 2800 PS Leistung zur Verfügung. Sollten auch diese ausfallen, ist eine vorübergehende Stromversorgung mit Hilfe von 3500 Batterien gewährleistet.

Die Wasserversorgung erfolgt über eine eigene unterirdische Quelle, die pro Tag bis zu 120.000 Gallonen Wasser (ca. 450.000 Liter) liefert, von denen weniger als 10% zur Zeit benötigt werden.[105]
Cheyenne Mountain vereinigt in sich mehrere Zentren, die absolut alles registrieren und analysieren, was sich im Luftraum, im erdnahen Weltraum und auf der Erde bewegt. Einige Abteilungen haben auch geheimdienstliche Funktionen.
Jedes der Zentren hat seinen eigenen Tunnel und kann unabhängig von den anderen arbeiten und funktionieren.
Ein eigenes System Center ist für die Entwicklung und Wartung umfangreicher Computersoftware für die speziellen Zwecke von NORAD zuständig. Dadurch ist gewährleistet, dass auch keine Information über die Projekte von NORAD und ihre softwaremäßige Realisierung aus dem Cheyenne Mountain nach draußen dringt.
Der gesamte Komplex kann durch 25 Tonnen schwere Luftschutztüren aus drei Fuß dickem Stahl hermetisch von der Außenwelt abgeschirmt werden (s. Abbildungsteil, Bild 39). Das automatische Schließen der Türen dauert nur 30 Sekunden. Manuell kann eine Tür von zwei Mann innerhalb von fünf Minuten geschlossen werden.
Die eigentlichen Aufgaben von NORAD liegen natürlich ursprünglich im Bereich der Landesverteidigung. Im Zuge der Gründung der neuen Heimatschutzbehörde kann jedoch davon ausgegangen werden, dass die gigantischen Datensammlungen auch für umfangreiche Überwachung ziviler Ziele im In- und Ausland genutzt werden.
Und jetzt mal ganz ehrlich: wenn NORAD eine so hervorragend ausgestattete Überwachungszentrale ist – wie viele Informationen hat die Weltöffentlichkeit von NORAD erhalten über Zwischenfälle, die in den letzten Jahren geschehen sind? Denken wir etwa an den versehentlichen Abschuss eines rus-

sischen Flugzeuges durch eine ukrainische Rakete im Oktober 2001 oder den Absturz des Space-Shuttle Columbia.
Inwieweit bei NORAD über die bekannten herkömmlichen Überwachungsmethoden hinaus auch futuristische Technologien zum Einsatz kommen, wie sie Thema dieses Buches waren, darüber erfährt die Öffentlichkeit natürlich nichts. Andererseits – dass diese Technologien entwickelt werden oder sogar schon existieren, darüber kann kein Zweifel bestehen. Und irgend jemand muss sie ja schließlich benutzen. Da ist NORAD natürlich ein möglicher Kandidat.
Die beste Methode, die Zukunft zu prognostizieren ist, sie selbst zu gestalten. Dies könnte das Motto der *DARPA* sein, der futuristischen Forschungseinrichtung des Pentagon. Im Grunde handelt es sich hierbei gar nicht um eine einheitliche Behörde. Vielmehr sind mehrere Teilorganisationen unter dem Dach der DARPA vereinigt und koordiniert, und manche Forschungsaufträge werden auch an außenstehende Stellen, z. B. bestimmte Universitäten, vergeben.
Die wohl wichtigste Abteilung der DARPA ist das bereits erwähnte *Information Awareness Office* (IAO). Wir möchten Ihnen jetzt ein paar Projekte des IAO vorstellen.[106] Wenn jemand die Zukunft im Programm hat, ist es schließlich interessant zu wissen, was sie uns bringen wird:

TIA — *Total Information Awareness* (Totale Informationswahrnehmung). Der Name spricht im Grunde für sich. Dieses Projekt befasst sich mit Koordinationsstrategien und Arbeitsabläufen bei der Beschaffung und Auswertung von Informationen. Es ist sehr lehrreich und empfehlenswert, sich die Reihenfolge des Vorgehens genau einzuprägen:

1. Entdecken
2. Klassifizieren

3. Identifizieren
4. Zurückverfolgen
5. Verstehen
6. Verhindern

Hierzu gehören auch die berühmten kleinen Ortungschips, die schon in jeden Kugelschreiber eingebaut werden können.

TIDES — *Translingual Information Detection, Extraction and Summarization* (Sprachübergreifende Informationserkennung, Extraktion und Zusammenfassung). Eine notwendige Erweiterung von TIA. Das Projekt befasst sich mit dem automatischen Auffinden von bestimmten Informationen in fremdsprachigen Texten, sie zu extrahieren, zu interpretieren und auf Englisch zusammenzufassen.
Dies ermöglicht eine totale Überwachung des internationalen Telekommunikations-, Fax- und Internetverkehrs.

HID — *Human Identification at a Distance* (Identifikation von Menschen aus der Entfernung). Das Projekt beschäftigt sich also mit der Biometrie der Erdlinge, d. h. Gesichtserkennung, Iriserkennung oder Erkennung von Körperhaltung und Gang.

EELD — *Evidence Extraction and Link Discovery* (Beweisextraktion und Ermittlung von Querverbindungen). Dieses Projekt untersucht die Frage: Wer mit wem und wozu?
Nachdem aus einer großen Datenmenge eine wichtige Information extrahiert wurde, wird geklärt, von wem diese Information stammt und

mit wem er in Kontakt steht.
Ein interessanter Zweig dieser Forschung ist das Projekt *Communicator*. Es handelt sich um eine dialogbasierte Kommunikationstechnologie zwischen Mensch und Computer.

FutureMAP — Das Projekt erforscht, inwieweit Markt- und Trendforschungstechniken geeignet sind, um zukünftige Ereignisse im militärischen und politischen Bereich abzuschätzen.

Im Zusammenhang mit den „Fehlern in der Matrix" ist eine andere Abteilung der DARPA sogar noch interessanter: Das *Information Processing Technology Office* (IPTO)[107]. Es beschäftigt sich also ganz konkret mit der Verarbeitung von Informationen:

CoABS — *Control of Agent Based Systems* (Kontrolle agentenbasierter Systeme). Entwicklung, Kontrolle und Koordination von großen Systemen autonomer selbstorganisierender Software-Agenten.

CSEE — *Cognitive Systems Exploratory Effort* (Erforschung kognitiver Systeme). Es geht z. B. darum, dass Software-Agenten lernen, sich an wechselnde äußere Bedingungen anzupassen, auf der Basis ihres eigenen „Denkens".

Entstehende Ähnlichkeiten dieser Software-Agenten mit den „Men in Black" dürften wohl kein Zufall sein. Speziell unter dem Gesichtspunkt, dass die „Men in Black" ja auch so ihre Probleme zu haben scheinen, mit unseren irdischen Bedingungen klarzukommen – etwa, wie man mit Messer und Gabel isst oder eine Frau richtig „befummelt" (vgl. Kapitel VII).

Allerdings handelt es sich bei diesen DARPA-Forschungsprojekten um zwar sehr innovative Forschungen, die aber natürlich offiziell in herkömmlichen Computern ablaufen. Die daraus gewonnenen informationstheoretischen Erkenntnisse lassen sich dann aber auch in anderer Umgebung, etwa in der Matrix, umsetzen.
Nun sind Berichte über „Men in Black“ schon seit den fünfziger Jahren bekannt, als unsere Computertechnologie die Entwicklung solcher Software-Agentenprogramme eindeutig noch nicht erlaubte. Es bleibt also die berechtigte Frage offen, wer die „Men in Black“ in die Matrix entlassen hat...
Ein weiteres Projekt der IPTO geht sogar in die Welt der Nanotechnologie. Es beschäftigt sich mit der Zusammenarbeit zwischen Menschen, Robotern und Software-Agenten:

SDR — *Software for Distributed Robotics* (Software für verteilte Roboter). Es geht um die Entwicklung einer Softwaretechnologie, um kollektive makroskopische Resultate aus den Daten vieler Mikro- und Nanobots zusammenzufassen (erinnert an Michael Crichtons Roman, nicht wahr?)

QuIST — *Quantum Information Science and Technology* (Quanteninformationswissenschaft und -technologie). Erforschung des möglichen Nutzens der Quantenphysik im Computerbereich, in der Kommunikation und anderen Bereichen.

Na endlich! *Hora est in astra* – und sie ist *jetzt* gekommen! Endlich haben wir jemanden gefunden, der sich an unserer Matrix von innen her zu schaffen macht.
Indizien dafür gibt es genug. Wir werden darauf noch zu sprechen kommen.

Bio-Computation — Ein letztes IPTO-Projekt, das wir Ihnen noch kurz vorstellen möchten. Es erforscht die Nutzung von Biomolekülen zur Informationsverarbeitung oder als Sensoren (vgl. hierzu Kapitel V, „Dr. med. DNA“)

Einige Projekte laufen auch direkt unter dem Dach der DARPA, ohne einer speziellen Abteilung zugeordnet zu sein. Hierzu gehört *Global Eye*, eine Technologie von vernetzten elektronischen Scanner-Antennen (ESA), die simultan verschiedene Radar- und Frequenzbereiche abtasten und auch gleichzeitig im Sende- und Empfangsmodus sein können.[108]
Ebenfalls unter dem zentralen Dach der DARPA beschäftigt man sich mit dem Projekt CUGF (*Counter Underground Facilities Project*). Hier geht es also um die bereits anfangs erwähnten Untergrundbasen und Tunnelsysteme, wissenschaftliche Grundlagen und Technologien zu ihrer Verteidigung und Identifikation, aber auch zur Entwicklung bunkerbrechender Waffen.
Das führt auch uns wieder von unserem Ausflug zu den Technologien der Zukunft zurück in den Untergrund – und damit zum Thema der Macht.
Die US-Katastrophenschutzbehörde FEMA geht nach außen hin einer sehr verdienstvollen Beschäftigung nach, indem sie sich landesweit um Katastrophenschutz kümmert und bei großen Unglücken, Waldbränden, Wirbelstürmen und anderen Katastrophen koordinierend eingreift und hilft.
Erst vor einigen Jahren ist bekannt geworden, dass dies nur eine kleine Nebenbeschäftigung dieser Behörde ist. In Wahrheit stellt die FEMA einen schattenhaften Machtfaktor ungeahnten Ausmaßes hinter den offiziellen Kulissen der Politik dar.
Als 1992 der Hurricane „Andrew“ Florida verwüstete, wurde die FEMA beschuldigt, beim Katastrophenschutz versagt zu haben.

Dies veranlasste den Kongress in Washington, sich ein wenig genauer mit dieser Behörde zu beschäftigen. Was dabei ans Tageslicht kam, übertraf alles, was man sich vorstellen konnte:[109]
Jedes Jahr gibt die FEMA zwölf Mal mehr Geld für schwarze Projekte aus als für ihr eigentliches Aufgabengebiet, den Katastrophenschutz – insgesamt 1,3 Milliarden Dollar pro Jahr!
Was interessant war: Weniger als zwanzig Mitgliedern des Kongresses waren diese Fakten bekannt (da sie eine „top security clearance" – höchste Geheimhaltungsstufe – hatten). Im Kongress hieß es daraufhin: Die FEMA hat um ihre Operationen einen „black curtain" (schwarzen Vorhang) gezogen.
Wofür braucht die FEMA dieses viele Geld? Doch nicht, um Einsätze von Feuerwehrleuten zu koordinieren!
Es ist inzwischen bekannt – obwohl von der FEMA nie offiziell zugegeben – dass sie im großen Stil unterirdische Einrichtungen des COG-Projekts *(„Continuity of Government"* – Fortführung der Regierung) baut und betreibt. Angeblich geht es also um Bunkeranlagen für die Regierung und die wichtigsten Behörden des Landes für den Fall eines nationalen Notstandes. Mit dem Bau solcher Anlagen wurde bereits 1954 begonnen, also nur wenige Jahre nach dem zweiten Weltkrieg und dem umstrittenen Zwischenfall von Roswell.
Allein unter der Kontrolle der FEMA soll es mehr als 50 solcher Bunkeranlagen im ganzen Gebiet der USA geben. Die wichtigste befindet sich in den Blue Ridge Mountains in Virginia am *Mount Weather*.[110]
Weder die FEMA selbst noch die Einrichtungen am Mount Weather sind als geheim eingestuft. Man kann sie sogar auf offiziellen Internet-Seiten der Regierung finden. Wenn man allerdings dort nachsieht, findet man nur Informationen über oberirdische Gebäudekomplexe, die dann auch nur dem offiziellen Zweck der FEMA dienen. Kein Wort über die unterirdischen Tunnelanlagen. Interessant ist allerdings auch, dass

die FEMA im Internet für Mount Weather eine falsche geographische Position angibt.[111]
Darüber hinaus verfügt die FEMA über 300 technisch sehr komplexe mobile Einheiten, die sich selbst einen Monat lang erhalten können. Sie stehen in fünf verschiedenen Bereichen der USA, verfügen über enorme Kommunikationssysteme und jede von ihnen über ein Generatorsystem, das 120 Wohnhäuser mit Energie versorgen könnte. Und – keine von ihnen wurde je zum Katastrophenschutz benutzt.
Es ist sehr leicht, die ungeheure Macht der FEMA zu aktivieren. Dazu genügt im Grunde ein Federstrich des Präsidenten, ohne den Kongress zu befragen. Hierzu ist kein internationaler Kriegszustand notwendig. Laut Gesetz sind auch zunehmende internationale Spannungen, innere Unruhen, schwere Wirtschaftskrisen mit überdimensional hohen Arbeitslosenzahlen oder großräumige Umweltkatastrophen ausreichend.
Wie geht das Szenario dann weiter? Die Verfassung wird außer Kraft gesetzt und die Macht an die FEMA übergeben.
Die wichtigsten Regierungsbehörden existieren in dreifacher Ausfertigung: Als Alpha-, Bravo- und Charlie-Team. Ein Team bleibt im Katastrophenfall in Washington, ein zweites sitzt in der unterirdischen Anlage am Mount Weather, das dritte wird auf andere Einrichtungen im Land verteilt.
Das heißt aber: Im Mount Weather sitzt eine komplette Parallelregierung, die niemals gewählt wurde und sich nicht an die Verfassung zu halten braucht. Sie existiert auch unabhängig von einem eventuellen Regierungswechsel in Washington. Die *Federation of American Scientists* verfügt über Informationen, wonach die unterirdischen Anlagen am Mount Weather seit den neunziger Jahren ständig mit über 900 Mann besetzt ist.
Hier ein paar Beispiele für die Sonderrechte, die der FEMA im Fall des Falles übergeben werden: Kontrolle über alle Transportsysteme, Autobahnen, Flug- und Seehäfen, Beschlagnahme und

Kontrolle aller Kommunikationsmedien, Kontrolle über die Energieversorgung des Landes, Öl- und Rohstoffreserven, über alle Nahrungsreserven, Gesundheits-, Ausbildungs- und Sozialeinrichtungen. Hinzu kommt das Recht, Zivilisten kontrollierten Arbeitsbrigaden zuzuteilen und Ausländer zu internieren, ganze Städte und Gemeinden zu evakuieren und neue Bereiche zu besiedeln. Schließlich erhält die FEMA noch die vollständige Kontrolle über das Bank- und Finanzsystem (obwohl die Federal Reserve Bank über eigene Bunkeranlagen verfügt).

Drei Mal gab es schon Situationen, in denen die FEMA kurz davor war, die Macht zu übernehmen. Das erste Mal 1984 im Rahmen des geplanten Geheimprojekts REX84, das im letzten Moment gestoppt wurde, 1990 während des ersten Golfkrieges und 1992 während der schweren Rassenunruhen in Los Angeles. In allen diesen Fällen ist es aber nicht so weit gekommen – und das ist auch gut so, denn im Gesetz ist nirgendwo vermerkt, ob und wann die FEMA ihre einmal erhaltene Macht überhaupt wieder abgeben muss!

Sie erlaubt allenfalls, dass der Kongress – frühestens nach sechs Monaten – die Situation überprüft.

Die Frage bleibt offen, wofür die FEMA eigentlich in Friedenszeiten die 1,3 Milliarden Dollar jährlich ausgibt. Die aufwendigen Tunnelanlagen sind längst gebaut, und ihr Unterhalt dürfte nur einen Bruchteil des Geldes verschlingen.

Und was haben eigentlich 900 ständige Mitarbeiter allein im Mount Weather jeden Tag zu tun?

Vielleicht gibt es da ja noch ein paar weitere Nebenprojekte, von denen keiner etwas ahnt. Steht die Abkürzung FE-MA also für „Fehler in der Matrix", und nutzt man hier inoffiziell schon einige der futuristischen DARPA-Technologien?

Diese Vermutung ist gar nicht so weit hergeholt, denn es kursieren bereits seit langer Zeit Informationen, wonach die berühmt-berüchtigte Geheimorganisation „Majestic 12" lange Jahre undercover unter dem Dach des *Office of Emergency*

Preparedness gearbeitet hat – einer Vorgängerorganisation der FEMA, die ja erst unter der Präsidentschaft Richard Nixons gegründet wurde. Majestic 12 ist eine offiziell niemals bestätigte geheime Forschergruppe gewesen, begründet nach dem zweiten Weltkrieg unter Präsident Truman. Sie soll sich vorrangig mit der Erforschung von UFOs, der Existenz von Außerirdischen und ähnlichen Themen befasst haben.
Übrigens sollte man die Manipulatoren der Matrix nicht nur in Militär- und Regierungskreisen suchen. Es gibt auch ganz andere Machtzentren der Welt, die längst zu den Wissenden gehören dürften. Da ist zum Beispiel der Vatikan. Erinnern wir uns: Bei großen Massenereignissen im Vatikan funktioniert der gestörte Zufall nicht.
Was bedeuten alle diese Fakten im Zusammenhang mit unserem Leben in der Matrix?
Sie zeigen uns, dass die Matrix auch von innen manipuliert und beeinflusst werden kann. Hierbei geht es nicht um die Bewusstseinsrückkopplungen aus dem letzten Kapitel, da das Bewusstsein nicht Teil der Matrix ist. Es geht um technische Manipulationen – ganz konkret um drastische Eingriffe in die Biosphäre unseres Planeten.[112]
Allein das globale Bombardement mit Frequenzen bislang nicht gekannter Bandbreite – wie beim Projekt Global Eye – wird nicht ohne Nebenwirkungen auf unser aller Bewusstsein bleiben – individuell und global. Es kann auch unsere Wahrnehmung verändern und damit natürlich die Matrix selbst!
Auch die bereits länger bekannte ELF-Wellen-Technologie gehört mit ihren Einflüssen auf Bewusstsein und Klima in diesen Bereich.[113]
Es macht auch nachdenklich, dass im Moment bestimmte Kreise über Technologien zu verfügen scheinen, welche die Menschheit offiziell noch gar nicht hat – zum Beispiel zur Manipulation des morphogenetischen Feldes (in der Nomenklatur dieses Buches eine Art Unterstruktur der Matrix).

Ein Beispiel dafür sind die berühmten Kornkreise und Piktogramme, die ja jeden Sommer aufs Neue überall entstehen. Obwohl das Phänomen nach wie vor in der Öffentlichkeit sehr umstritten ist, werden diese Formationen vom Militär äußerst intensiv beobachtet (um nicht zu sagen: bewacht oder sogar bekämpft), sofern es sich jedenfalls nicht um plumpe Fälschungen handelt.
Zu Beginn bildeten sich hauptsächlich Kreise, dann auch Piktogramme, die aus einfachen geometrischen Formen zusammengesetzt waren. Diese zumeist archetypischen Formen traten zudem hauptsächlich in der Nähe alter Kultstätten auf. Inzwischen hat das Phänomen eine Evolution durchgemacht. Mehr und mehr nehmen die Formationen die Gestalt von Fraktalen an, was ein Hinweis darauf ist, dass diese Formen jetzt nicht mehr *in* der Matrix entstehen, sondern *durch* die Matrix. Sie dürften vermutlich Nebeneffekte einer Technologie sein, deren Hauptzweck die Manipulation der Matrix ist. Dabei werden direkte Verbindungen zur Erbinformation aufgebaut, um Zugriff auf verschüttete Daten zu erhalten. Diese Muster entstehen dabei nicht nur in den Kornfeldern, sondern auch im ganzen Umfeld, in Tieren und Menschen. Hierfür gibt es bereits handfeste Beweise.
Es gibt Familien, in denen die Neigung zu Erfahrungen mit Hyperkommunikation über Generationen vererbt wird. Es dürfte also zu diesem Zweck eine Art „Hyperkommunikations-Gen" geben, das nicht bei allen Menschen aktiv ist.
In Kapitel V zitierten wir einige Hyperkommunikationsaussagen, wonach daran möglicherweise sogar noch unentdeckte DNA-Bestandteile beteiligt sein könnten, ein sogenanntes φ-Nukleotid. Das hypothetische φ-Nukleotid wurde von diesen Menschen charakterisiert als eine Art biologischer Peilsender, der zur Ortung des Menschen innerhalb der Matrix dienen könnte. Dies entspricht übrigens genau dem, was Wissenschaftler durch Hinzufügen von Nanokristallen zur DNA auch

erreicht haben. Damit könnte ein solch hypothetisches Nukleotid einen direkten Verbindungskanal zum Hyperraum, also zu einem Bereich jenseits der Matrix schaffen. Hyperkommunikation ist daher als ein weiterer Schlüssel zur Veränderung der Matrix zu sehen – was sich schon dadurch zeigt, dass sie für ungewöhnliche Wahrnehmungen, also für Fehler in der Matrix, verantwortlich sein kann.

Einen weiteren gangbaren Weg zum direkten Zugriff auf die Matrix liefert uns dann natürlich auch noch die Quantenphysik, deren technische Nutzbarkeit gerade im Rahmen des Projekts QuIST erforscht wird.

Wenn auf so vielen Ebenen daran gearbeitet wird, die Matrix zu verändern, sie vielleicht sogar zu durchdringen, dann stellt sich natürlich die Frage: Wozu das Ganze?

Manipulationen der Matrix dienen oft dem Zweck des Machterwerbs oder der Machterhaltung, egal, ob sie von innen oder von außen erfolgen. Der einzelne Mensch hat dagegen in der Regel nur begrenzte Möglichkeiten, von sich aus die Matrix zu verändern. Aber wenn wir ohnehin erkannt haben, dass die Matrix uns nur eine Illusionswelt erzeugt, wäre es dann nicht am besten, aus dieser Illusion zu erwachen und die Matrix ein für alle Male hinter uns zu lassen?

Um diese Frage zu beantworten, müsste man zuerst klären, was dahinter zu finden ist. Sicher werden wir nicht an Bord der „Nebukadnezar“ erwachen, wie im Film. So – was erwartet uns dann dort?

Magic oder Mystery? *Oder am Ende gar eine neue Matrix?*

Man kann es auch mit den Worten von Mark Twain ausdrücken: „Fiktion ist verpflichtet, sich an die Möglichkeiten zu halten. Die Wahrheit ist es nicht.“

Anmerkungen

[1] Quelle: Nieznany Świat.

[2] Brian Greene: Das elegante Universum.

[3] Edward Witten: Duality, Spacetime and Quantum Mechanics.

[4] Steinhardt, Paul J. and Neil Turok: A Cyclic Model of the Universe.

[5] Bzowski, Kazimierz: Sieć Wilka.

[6] Quellen: Cities in the Sky. Whig-Standard Magazine, 12 und New Lands. A Hypertext Edition of Charles Hoy Fort's Book.

[7] J. D. Salinger: Der Fänger im Roggen.

[8] s. Fosar/Bludorf: Vernetzte Intelligenz.

[9] N. Arkani-Hamed, S. Dimopoulos, G. Dvali: The Hierarchy Problem and New Dimensions at a Millimeter.

[10] Burko, Lior M.: Black-Hole Singularities: A New Critical Phenomenon.

[11] Kahney, Leander: Black Holes and Space Travel.

[12] Quelle: Il Giornale dei Misteri, übersetzt von Joanna Burakowska.

[13] Il Giornale dei Misteri, a.a. O.

[14] Il Giornale dei Misteri, a.a.O.

[15] Il Giornale dei Misteri, a.a.O.

[16] aus Charles Fort: Da! (Zweitausendeins, Frankfurt 1997, Original 1931)

[17] Hitching, Francis: Die letzten Rätsel unserer Welt.

[18] Higbee, Donna: Human Spontaneous Involuntary Invisibility.

[19] Spence, Lewis: The Magic Arts in Celtic Britain.

[20] Unerklärliche Begegnungen. Time-Life-Reihe „Geheimnisse des Unbekannten“.

[21] Fosar/Bludorf: Die Vergangenheit von heute war die Zukunft von gestern. CD-ROM KonteXt-Review 1989-2000.

[22] zitiert nach Alfred Ballabene, Wien 1997.

[23] Unerklärliche Begegnungen. a.a.O.

[24] Fosar/Bludorf: Die Vergangenheit von heute war die Zukunft von gestern. a.a.O.

[25] Fosar/Bludorf: Die Vergangenheit von heute war die Zukunft von gestern. a.a.O.

[26] Lindenberg, Wladimir: Gottes Boten unter uns.

[27] s. Fosar/Bludorf: Vernetzte Intelligenz.

[28] Fosar/Bludorf: Die Vergangenheit von heute war die Zukunft von gestern. a.a.O.

[29] Simerly, Calvin, Gerald Schatten u.a.: Molecular Correlates of Primate Nuclear Transfer Failures.

[30] zitiert aus der französischen Zeitschrift „Marie Clair“, Ausgabe 1/02, übersetzt von G. Gerlicz-Silly.

[31] nachzulesen auf unserer CD-ROM „KonteXt Review 1989-2000“.

[32] Den vollen Wortlaut dieser Verlautbarung finden Sie in KonteXt 4/2002.

[33] Solovieva, Vera: Archaeologists Puzzled: an Alien or Just a Retarded Child?

[34] s. Fosar/Bludorf. Zaubergesang. Frequenzen zur Wetter- und Gedankenkontrolle.

[35] In unserem Buch „Zaubergesang“, a.a.O., finden Sie eine umfangreiche Tabelle solcher Frequenzen.

[36] s. Fosar/Bludorf: Vernetzte Intelligenz.

[37] zitiert aus „Marie Clair“, a.a.O.

[38] s. Fosar/Bludorf: Vernetzte Intelligenz.

[39] Der russische Molekularbiologe Dr. Pjotr P. Garjajev ist Mitglied der Russischen Akademie der Wissenschaften in Moskau, Mitglied der New York Academy of Science und wissenschaftlicher Leiter der Wave Genetics Inc. in Toronto, Kanada.

[40] zitiert aus Fosar/Bludorf: Vernetzte Intelligenz.

[41] mehr darüber in Fosar/Bludorf: Vernetzte Intelligenz.

[42] Hamad-Schifferli, K. u.a.: Remote electronic control of DNA hybridization through inductive heating of an attached metal nanocrystal.

[43] Lovgren, Stefan: Computer Made from DNA and Enzymes.

[44] Shapiro u.a.: Programmable and autonomous computing machine made of biomolecules.

[45] Aviv Regev, Ehud Shapiro: Cells as computation.

[46] s. Fosar/Bludorf: Vernetzte Intelligenz.

[47] Merkle, Ralph C. : Nanotechnology.

[48] Bodderas, Elke: Maschinenbau im Nanomaßstab.

[49] VDI-Nachrichten: Nanotechnik kann das tägliche Leben erleichtern. (ohne Autorenangabe)

[50] Schiele-Trauth, Ursula: Nano-Gold im Kirchenfenster.

[51] mehr hierzu in Fosar/Bludorf: Das Erbe von Avalon.

[52] Ralph C. Merkle: Nanotechnology.

[53] Michael Crichton: Beute.

[54] Bodderas, Elke: Die große Angst vor kleinen Dingen.

[55] Bodderas, Elke: Die große Angst vor kleinen Dingen.

[56] s. Fosar/Bludorf: Vernetzte Intelligenz.

[57] s. Tutorial: What is Genetic Programming? (ohne Autorenangabe)

[58] s. auch Fosar/Bludorf: Vernetzte Intelligenz

[59] Japanese scientist invents 'invisibility coat'. BBC News.

[60] Genaueres hierzu in Kapitel XII („Schattenwelt“).

[61] Mehr über kognitive Prozesse und Wahrnehmung finden Sie auch in unserem Buch “Zaubergesang” (Kapitel: “Geheimsache Gehirn”).

[62] Floyd, Chris: Global Eye – Monsters Inc.

[63] Laurence, Charles: Ready for war in 2005: The soldier who never sleeps.

[64] Bank, Ellen: MUSC To Develop Brain Stimulation Device For Military.

[65] Grote, Andreas: Schlaflos in Uniform.

[66] Bull, Robert: Men in Black. A Preliminary Report.

[67] Vallée, Jacques: Konfrontationen.

[68] Bull, Robert, a.a.O.

[69] Bull, Robert, a.a.O.

[70] Bull, Robert, a.a.O.

[71] Bewußt gesteuerte Träume, s. auch Fosar/Bludorf: Spektrum der Nacht.

[72] Bull, Robert, a.a.O.

[73] “Young Mum Tells Of Bogus Social Worker”. This is Wiltshire. 25.5.2000.

[74] “Bogus social worker kidnaps baby”. Dispatch Online. 13.7.2000

[75] “Parents warned over bogus social worker”. This is Lancashire. 18.2.1997

[76] Quelle: This is Local London. 19.12.1998.

[77] Quelle: This is Local London. a.a.O.

[78] Solovieva, Vera: The Map of “the Creator”.

[79] http://www.fosar-bludorf.com

[80] Radin, Dean: Global Consciousness Project Analysis for September 11, 2001.

[81] Quellen: Cramer, John G.: The Transactional Interpretation Of Quantum Mechanics. Wolf, Fred Alan: Die Physik der Träume.

[82] Cramer, John G., a.a.O.

[83] Wolf, Fred Alan, a.a.O.

[84] Sarfatti, Jacob: Post-Quantum Physics of Consciousness.

[85] Wolf, Fred Alan, a.a.O.

[86] Nelson, Roger: The Global Consciousness Project.

[87] Quelle: Roll, Evelyn: „Wir wollten einen Knalleffekt." Süddeutsche Zeitung.

[88] s. hierzu etwa unsere Messungen am Marienerscheinungsort Heroldsbach, beschrieben im Buch „Zaubergesang" (Erstausgabe, Herbig 1998) oder am Mirnock in Kärnten (klassischer Ort der Kraft, s. unser Buch „Spektrum der Nacht").

[89] Fosar/Bludorf: Die große Meditation für das neue Jahrtausend.

[90] Fosar/Bludorf: Po Wielkiej Medytacji.

[91] Fosar/Bludorf: Harmonia, spokój, bezpieczeństwo i krzyż równoramienny.

[92] Quellen: Fosar, Grazyna und Franz Bludorf: Raum-Zeit-Strukturen als Informationsträger, sowie unser Artikel „Sie verlassen jetzt die Gegenwart", KonteXt-Review 1989-2000 (CD-ROM).

[93] s. „Vernetzte Intelligenz".

[94] Davies, Brian: Exploring Chaos.

[95] Ein ehemaliger CIA-Offizier, der aus Protest gegen den Vietnamkrieg den Dienst quittierte und anschließend jahrelang bei den Navajo-Indianern lebte. Er sagte diesen Satz in einem Interview, das er uns vor einigen Jahren gab. Nachzulesen auf der CD-ROM KonteXt-Review 1989-2000.

[96] Sarfatti, Jacob, a.a.O.

[97] s. „Vernetzte Intelligenz".

[98] Silverman, Mark P. and Ronald L. Mallett.: Cosmic degenerate matter: a possible solution to the problem of missing mass.

[99] Müller, Hartmut: Global Scaling. Endlich: Die Quelle der Raumenergie ist erforscht.

[100] Müller, Hartmut: Global Scaling per Mausklick.

[101] DARPA Homepage http://www.darpa.mil.

[102] Cheyenne Mountain Complex. Federation of American Scientists.

[103] Martin, Harry V.: FEMA – The Secret Government.

[104] Sauder, Richard: Underground. Stützpunkte und Tunnelsysteme.

[105] Sattler, Michael: 2002 Colorado: NORAD.

[106] IAO Programs. DARPA.

[107] IPTO Research Areas. DARPA.

[108] s. auch unsere Erläuterungen zu ELF-Technologien und dem Projekt „Teddybär“ im Buch „Zaubergesang“, sowie unseren Artikel „HAARP-Projekte auch mitten in Berlin?“.

[109] Martin, Harry V., a.a.O.

[110] Mount Weather High Point Special Facility (SF). Federation of American Scientists.

[111] LaFrance, Albert: The Mount Weather Emergency Assistance Center Bluemont, VA.

[112] s. hierzu auch Fosar/Bludorf: Spektrum der Nacht.

[113] s. Fosar/Bludorf: Zaubergesang

Glossar

allgemeine Relativitätstheorie: Erweiterung der → speziellen Relativitätstheorie unter Einbeziehung der → Gravitation. Dies führt zu einer höheren Raum-Zeit-Geometrie. Das uns bekannte 4-dimensionale Universum muss Teil eines höherdimensionalen → Hyperraums sein.

Antigravitation: Bezeichnung für die neuentdeckte Eigenschaft der → Gravitation, auch als abstoßende Kraft wirken zu können.

Attraktor: Begriff aus der → Chaostheorie: → Fraktale Form, die bei einer Rückkopplung entsteht.

Bilokation: Gleichzeitiges Erscheinen eines Objektes (Elementarteilchen, Mensch etc.) an zwei verschiedenen Orten.

Biochip: Computerchip auf der Basis organischer Materie (z. B. → DNA).

Chaostheorie: Wissenschaftsdisziplin, die sich mit den Gesetzmäßigkeiten chaotischer Abläufe in der Natur beschäftigt.

Chromosomen: Mikroskopische Einheiten, in die das → Genom unterteilt ist. Chromosomen sind Träger der → Gene. Der Mensch hat zum Beispiel in jeder Zelle 46 Chromosomen, davon 22 Autosomen, die jeweils paarweise vorliegen, sowie zwei Geschlechtschromosomen.

DNA: Desoxyribonucleic Acid (Desoxyribonukleinsäure). Das grundlegende Erbmolekül, aus dem die → Chromosomen bzw. die → Gene aufgebaut sind.

Fraktal: Geometrische Form in der → Chaostheorie. Fraktalformen entstehen dadurch, dass ein Grundmuster sich im

Großen wie im Kleinen stets selbst wiederholt. Die meisten natürlichen Formen (Körperformen, Blätter, Wetterfronten) folgen fraktalen Regeln.

Gen: Kleinste funktionale genetische Einheit, z.B. zur Erstellung eines bestimmten Proteins.

Genetische Programmierung: Teilgebiet der Informatik: Erzeugung → künstlicher Intelligenz unter Benutzung der Regeln der darwinistischen Selektion und der Vererbung.

Genom: Gesamtzahl aller Erbanlagen eines Organismus.

Gravitation: Schwerkraft. Eine der vier Grundkräfte des Universums. Die Schwerkraft ist verantwortlich dafür, dass Massen einander anziehen. Nach neuesten Erkenntnissen gibt es auch negative Massen, die unter der Wirkung der Schwerkraft von normalen Massen abgestoßen werden (→ Antigravitation).

Gruppenbewusstsein: Komplexe Bewusstseinsstruktur, die unterschiedliche Individuen einer Art untereinander vernetzt und dadurch koordiniert bzw. gleichartig handeln lässt.

Hyperkommunikation: Informationsübertragung unter Benutzung von → Wurmlöchern durch den → Hyperraum.

Hyperraum: Mathematisch definierbarer höherdimensionaler Raum (nach heutiger Erkenntnis vermutlich mit 10 Dimensionen), von dem unser 4-dimensionales Universum ein Teil ist. Außerhalb des uns bekannten 4-dimensionalen Raum-Zeit-Kontinuums existieren im Hyperraum weder Raum noch Zeit.

Klonen: Künstliche genetische Reproduktion eines kompletten Organismus durch Übertragung seiner genetischen Information auf eine entkernte Eizelle.

künstliche Intelligenz: Teilgebiet der Informatik. Erzeugung von Computerprogrammen, die auf intelligente Weise selbständig Probleme lösen können, ohne dass ihnen der Lösungsweg vorgegeben werden muss.

Matrix: Mathematisch ein rechteckiges Schema aus Zahlen, physikalischen Größen oder Operatoren, angeordnet in Zeilen und Spalten. Hier: Ein Gerüst oder Schema, das die Realität aufbaut und erhält und ihr die Möglichkeit gibt, multidimensional zu funktionieren.

M-Theorie: Neueste Version der → Superstring-Theorie, die versucht, Quantenphysik und Gravitation zu vereinen. Das „M" steht nach Edward Witten für „Magic, Mystery oder Matrix, je nach Geschmack".

Nanobots: Kurzform von „Nanoroboter". Begriff aus der → Nanotechnologie: Roboter atomarer oder molekularer Größe.

Nanotechnologie: Wissenschaftszweig, der sich mit der technischen Beherrschung atomarer oder molekularer Maßstäbe befasst.

Photon: Lichtquant, kleinste Einheit der Lichtenergie.

Plancksche Länge: Größenordnung (ca. 10^{-33} cm), in der sich in unserer Realität verborgene höhere Dimensionen bemerkbar machen können.

Post-Quantenphysik des Bewusstseins: Weiterentwicklung der → Quantenphysik zur Einbeziehung des Bewusstseins.

Quantenphysik: Teilgebiet der Physik, das sich mit den kleinsten Teilen der Materie beschäftigt.

Software-Agenten: Autonom agierende Computerprogramme mit → künstlicher Intelligenz.

Soliton-Welle: Nichtlineare Wellenform von außerordentlicher Stabilität und Speicherfähigkeit, die nach neuesten Erkenntnissen als Trägerwelle der → DNA auftritt.

Spezielle Relativitätstheorie: Physikalische Theorie von Albert Einstein, wonach es im Universum keinen bevorzugten festen Bezugspunkt gibt, sondern alle Beobachter nur Beobachtungen relativ zu ihrem eigenen Bewegungszustand machen können.

Superstrings: Neuartige Theorie in der → Quantenphysik, nach der aller Materie als Grundbausteine höherdimensionale geschlossene Schleifen („Strings") zugrunde liegen, durch deren unterschiedliche Resonanzschwingungen die uns bekannten Elementarteilchen zustande kommen.

Transaktionale Interpretation: Neue Interpretation der → Quantenphysik, wonach ein Ereignis erst durch Resonanz mit einem zweiten Ereignis real werden kann. Die Transaktion kann auch rückwärts in der Zeit erfolgen.

Tunneleffekt: Quantenphysikalischer Effekt, wonach ein Materieteilchen oder eine Information mit einer kleinen Wahrscheinlichkeit eine „verbotene Zone" (Tunnel) durchdringen kann, indem es in den → Hyperraum ausweicht.

Wurmloch: Mikroskopischer Verbindungskanal durch den → Hyperraum.

Literatur

ALBRECHT, KATHERINE: Auto-ID: Tracking everything, everywhere. C.A.S.P.I.A.N. (Consumers Against Supermarket Privacy Invasion and Numbering). 2002.

ANDRE, DAVID and JOHN R. KOZA: Parallel genetic programming: A scalable implementation using the transputer architecture. In Angeline, Peter J. and Kinnear, Kenneth E. Jr. (editors). Advances in Genetic Programming 2. Cambridge, MA: MIT Press 1996.

ARKANI-HAMED, NIMA, SAVAS DIMOPOULOS and GIA DVALI: The Hierarchy Problem and New Dimensions at a Millimeter. Phys. Lett. B 429, 263 (1998).

BALLABENE, ALFRED: Der Doppelgänger. Wien 1997.

BANK, ELLEN: MUSC To Develop Brain Stimulation Device For Military. Medical University of South Carolina. 9.5.2002.

BENENSON, YAAKOV, TAMAR PAZ-ELIZUR, RIVKA ADAR, EHUD KAINAN, ZVI LIVNEH, EHUD SHAPIRO: Programmable and autonomous computing machine made of biomolecules. Nature Vol. 414. 22.11.2001.

BODDERAS, ELKE: Die große Angst vor kleinen Dingen. VDI-Nachrichten. 22.6.2001.

BODDERAS, ELKE: Maschinenbau im Nanomaßstab. VDI-Nachrichten. 8.6.2001.

BRANT, MARTHA: Sci-Fi War Uniforms? Nanotechnology: MIT and the Army team up to design the perfect protection for soldiers. Newsweek. 24.2.2003.

BROWNE, MALCOLM W.: Physicists Put Atom In 2 Places At Once. New York TIMES, 28.5.1996.

BRUMFIEL, GEOFF: Nanocomputers Get Real. Gyre.org Wired News. 9.11.2001.

BULL, ROBERT: Men in Black. A Preliminary Report. British UFO Research Association. London 1997.

BURKO, LIOR M.: Black-Hole Singularities: A New Critical Phenomenon. Physical Review Letters Volume 90, Number 12. 28.3.2003.

BZOWSKI, KAZIMIERZ: Sieć Wilka. Opowieść o podróży poprzez czas. Rybnik 1999.

CRAMER, JOHN. G.: The Transactional Interpretation Of Quantum Mechanics. Reviews of Modern Physics 58 (1986), Nr. 3.

CRICHTON, MICHAEL: Beute (Prey). München 2002.

DAVIES, BRIAN: Exploring Chaos. Theory and Experiment. Studies in Nonlinearity. Reading (Mass.) 1999.

DAVIES, PAUL und JULIAN R. BROWN (Hrsg.): Superstrings. Eine Allumfassende Theorie der Natur in der Diskussion. München 1992.

EINSTEIN, ALBERT: Grundzüge der Relativitätstheorie. Braunschweig 1973.

FLOYD, CHRIS: Global Eye – Monsters Inc. The Moscow Times. 2003.

FOSAR, GRAZYNA und FRANZ BLUDORF: Das Erbe von Avalon. München 1996.

FOSAR, GRAZYNA und FRANZ BLUDORF: Der kosmische Mensch. Frankfurt/M. 1992.

FOSAR, GRAZYNA und FRANZ BLUDORF: Die große Meditation für das neue Jahrtausend. KonteXt 2/2001.

FOSAR, GRAZYNA und FRANZ BLUDORF: Echo eines Signals. Raum&Zeit Nr. 110. März/April 2001.

FOSAR, GRAZYNA und FRANZ BLUDORF: HAARP-Projekte auch mitten in Berlin? Raum&Zeit Nr. 109. Januar/Februar 2001.

FOSAR, GRAZYNA und FRANZ BLUDORF: Harmonia, spokój, bezpieczeństwo i krzyż równoramienny. Nieznany Świat Nr. 149, Mai 2003.

FOSAR, GRAZYNA und FRANZ BLUDORF: Po Wielkiej Medytacji. Łańcuch serc... w „sercu" komputera. Nieznany Świat Nr. 137, Mai 2002.

FOSAR, GRAZYNA und FRANZ BLUDORF: Raum-Zeit-Strukturen als Informationsträger. Physikalische Grundlagen der Entstehung und Übertragung von Informationen über Wurmlochkanäle. Berlin 2001.

FOSAR, GRAZYNA und FRANZ BLUDORF: Spektrum der Nacht. Aachen 2002.

FOSAR, GRAZYNA und FRANZ BLUDORF: Vernetzte Intelligenz. Aachen 2001.

FOSAR, GRAZYNA und FRANZ BLUDORF: Zaubergesang. (Erstausgabe). München 1998.

FOSAR, GRAZYNA und FRANZ BLUDORF: Zaubergesang. (Überarbeitete Neuauflage). Marktoberdorf 2002.

ГАЗИЕВ, ТАХИР: Загадала Дашка Загадку. Москва 26.4.2001.

GARJAJEV, PJOTR P.: About our scientific articles. Moskau 1998.

ГАРЯЕВ, П.П.: Волновой Генетический Код. Москва 1997.

GREENE, BRIAN: Das elegante Universum. Superstrings, verborgene Dimensionen und die Suche nach der Weltformel. Berlin 2000

GRIBBIN, JOHN: Jenseits der Zeit. Experimente mit der 4. Dimension. Essen 1994.

GROTE, ANDREAS: Schlaflos in Uniform. Süddeutsche Zeitung. 22.3.2003.

HAMAD-SCHIFFERLI, K., J.J. SCHWARTZ, A.T. SANTOS, S. ZHANG, J.M. JACOBSON: Remote electronic control of DNA hybridization through inductive heating of an attached metal nanocrystal. *Nature*, 2002, 415, 152-155.

HAWKING, STEPHEN: A Debate on Open Inflation. Cambridge 1998.

HAWKING, STEPHEN: Space and Time Warps. Cambridge 1998.

HAWKING, STEPHEN: The Universe in a Nutshell. Potsdam 1999.

HEY, TONY und PATRICK WALTERS: Das Quanten-Universum. Die Welt der Wellen und Teilchen. Heidelberg 1998.

HIGBEE, DONNA: Human Spontaneous Involuntary Invisibility. Santa Barbara 1995.

HITCHING, FRANCIS: Die letzten Rätsel unserer Welt. Frankfurt/M. 1988.

JAHN, ALEXANDER: Alan Turing und die Enigma. Magdeburg 2000.

KACSER, CLAUDE: Einführung in die Spezielle Relativitätstheorie. Stuttgart 1970.

KAHNEY, LEANDER: Black Holes and Space Travel. Lycos Wired News. 7.4.2003.

KAKU, MICHIO: Im Hyperraum. Eine Reise durch Zeittunnel und Paralleluniversen. Hamburg 1994.

KEENAN, CHRISTINE: Gamma Wave Coherence: A New Technology for Quantum Communication. Journal of Biophysics. July 2020.

KOZA, JOHN G., DAVID ANDRE, FORREST H. BENNETT III., MARTIN A. KEANE: Use of Automatically Defined Functions and Architecture-Altering Operations in Automated Circuit Synthesis with Genetic Programming. 1996.

KOZA, JOHN G., FORREST H. BENNETT III., DAVID ANDRE, MARTIN A. KEANE: Genetic Programming: Biologically Inspired Computation that Creatively Solves Non-Trivial Problems. (o.J.)

KOZA, JOHN R.: Genetic Programming II: Automatic Discovery of Reusable Programs. Cambridge, MA: MIT Press 1994.

KOZA, JOHN R.: Genetic Programming. Stanford 1997.

KOZA, JOHN R.: Genetic Programming: On the Programming of Computers by Means of Natural Selection. Cambridge, MA: MIT Press1992.

КРИВОШЕЕВ, СТЕПАН, ДМИТРИЙ ПЛЕНКИН: Карта создателя. Журнал "Итоги". 10.6.2002

KULIK, CHRISTIAN: Nano-Werkzeug aus der Welt des Lichts. VDI-Nachrichten. 6.7.2001.

LAFRANCE, ALBERT: The Mount Weather Emergency Assistance Center Bluemont, VA. 2003.

LAURENCE, CHARLES: Ready for war in 2005: the soldier who never sleeps. Daily Telegraph. 5.1.2003.

LEIGHTON, ROBERT B.: Principles of Modern Physics. New York, Toronto, London 1959.

LINDENBERG, WLADIMIR: Gottes Boten unter uns. München, Basel 1967.

LOVGREN, STEFAN: Computer Made from DNA and Enzymes. National Geographic, 24.2.2003.

MARTIN, HARRY V.: FEMA – The Secret Government. Free America 1995.

MARTYNIUK, HENRYK K.: Wizja konstrukcji wszechświata. Rzeszów 1999.

MERKLE, RALPH C.: Nanotechnology. www.merkle.com (o.J.)

MINKEL, J.R. and GEORGE MUSSER: A Recycled Universe. Crashing branes and cosmic acceleration may power an infinite cycle in which our universe is but a phase. Scientific American, 11.2.2002.

MITCHELL, MELANIE and STEPHANIE FORREST: Genetic Algorithms and Artificial Life. Santa Fé Institute Working Paper 93-11-072. To appear in Artificial Life. 1993.

MÜLLER, HARTMUT: Global Scaling. Die globale Zeitwelle. Raum&Zeit Nr. 107, September/Oktober 2000.

MÜLLER, HARTMUT: Global Scaling. Endlich: Die Quelle der Raumenergie ist erforscht. Raum&Zeit Nr. 106, Juli/August 2000.

MÜLLER, HARTMUT: Global Scaling per Mausklick. Raum&Zeit Nr. 112, Juli/August 2001.

MUSIOL, GERHARD, JOHANNES RANFT, ROLAND REIF, DIETER SEELIGER: Kern- und Elementarteilchenphysik. Frankfurt/M. 1995.

NELSON, ROGER: The Global Consciousness Project. Princeton 1999.

NEUMANN, A. und M. GRÄFE: History of Computers: Alan Mathison Turing. Esslingen (o.J.)

ONION, AMANDA: Unlikely Story? Failed Monkey Clonings Cast Doubt on Human Cloning Claim. ABC-News, 9.4.2003.

PEITGEN, HEINZ-OTTO, HARTMUT JÜRGENS, DIETMAR SAUPE: Chaos. Bausteine der Ordnung. Reinbek 1998.

PEITGEN, HEINZ-OTTO, HARTMUT JÜRGENS, DIETMAR SAUPE: Fraktale. Bausteine des Chaos. Reinbek 1998.

QUASTHOFF, UWE: Genetische Programmierung. Leipzig (o.J.).

RADIN, DEAN: Global Consciousness Project Analysis for September 11, 2001. Institute of Noetic Sciences. Princeton 2001.

REGEV, AVIV und EHUD SHAPIRO: Cells as computation. Nature Vol. 419. 26.9.2002

ROLL, EVELYN: „Wir wollten einen Knalleffekt." Süddeutsche Zeitung 31.8./1.9.2002.

SALINGER, J. D.: Der Fänger im Roggen. Reinbek 1966.

SANCHEZ-OCEJO, VIRGILIO: Tiny Humanoid Creature Found In Chile. Ovnis Terra.cl. 2002.

SARFATTI, JACOB: Post-Quantum Physics of Consciousness. San Francisco (o.J.).

SARFATTI, JACOB: Progress in Post-Quantum Theory. San Francisco 1999.

SATTLER, MICHAEL: 2002 Colorado: NORAD. San Francisco 2003.

SAUDER, RICHARD: Underground. Stützpunkte und Tunnelsysteme. Peiting 1998.

SCHIELE-TRAUTH, URSULA: Nano-Gold im Kirchenfenster. VDI-Nachrichten. 15.6.2001.

SCHNURR, EVA-MARIA: Sicherheitsrisiko Forschung. "Das könnte unser Verständnis von Wissenschaft verändern". Der Spiegel. 3.12.2002.

SCHULZ, WERNER: US-Regierung pusht Nanotechnologie. VDI-Nachrichten. 11.10.2002.

SCHWARZSCHILD, BERTRAM: Theorists and Experimenters Seek to Learn Why Gravity Is So Weak. Physics Today Online. American Institute of Physics 2000.

SHAW STEWART, PATRICK D.: Using random numbers to control events in the outside world. Newbury, Berkshire 1999.

SILVERMAN, MARK P. and RONALD L. MALLETT.: Cosmic degenerate matter: a possible solution to the problem of missing mass. Class. Quantum Grav. 18 L37. 2001.

SIMERLY, CALVIN, TANJA DOMINKO, CHRISTOPHER NAVARA, CHRISTOPHER PAYNE, SAVERIO CAPUANO, GABRIELLA GOSMAN, KOWIT-YU CHONG, DIANA TAKAHASHI, CRISTA CHACE, DUANE COMPTON, LAURA HEWITSON and GERALD SCHATTEN: Molecular Correlates of Primate Nuclear Transfer Failures. Science Apr 11 2003: 297.

SOLOVIEVA, VERA: Archaeologists Puzzled: an Alien or Just a Retarded Child? Prawda. 12.10.2002.

SOLOVIEVA, VERA: The Map of "the Creator". Prawda. 30.4.2002.

SPENCE, LEWIS: The Magic Arts in Celtic Britain. North Hollywood 1996.

STEINHARDT, PAUL J. and NEIL TUROK: A Cyclic Model of the Universe. Science Vol. 296, 24.5.2002

TANSEY, BERNADETTE: Molecular might Nanotech 'battle suits' could amplify soldiers' powers. San Francisco Chronicle. 7.4.2003

TILLEMANS, AXEL: Zusammenprallende Welten zünden alle paar Billionen Jahre einen neuen Urknall. Bild der Wissenschaft. Mai 2002.

VALLÉE, JACQUES: Konfrontationen. Begegnungen mit Außerirdischen und wissenschaftlichen Beweisen. München 1994.

WALKER, EVAN HARRIS: Quantum Theory of Consciousness. Noetic Journal, 1, 100-107, 1998.

WHITLEY, DARRELL: A Genetic Algorithm Tutorial. Technical Report CS 93-103. Fort Collins 1993.

WITTEN, EDWARD: Duality, Spacetime and Quantum Mechanics. Institute for Advanced Study, Princeton 1999.

WOLF, FRED ALAN: The Timing Of Conscious Experience: A Causality-Violating, Two-Valued, Transactional Interpretation Of Subjective Antedating And Spatial-Temporal Projection. San Francisco. (o.J.)

WOLF, FRED ALAN: Die Physik der Träume. München 1997.

[Ohne Autorenangabe]: Chaos und Fraktale. Spektrum der Wissenschaft. Heidelberg 1989.

[Ohne Autorenangabe]: Cheyenne Mountain Complex. Federation of American Scientists. 1999.

[Ohne Autorenangabe]: Cities in the Sky. Whig-Standard Magazine, 12 (no. 14; January 19, 1991): 22.

[Ohne Autorenangabe]: DEFCON DEFense CONdition. Federation of American Scientists. 1998.

[Ohne Autorenangabe]: IAO Programs. DARPA (o.J.)

[Ohne Autorenangabe]: IPTO Research Areas. DARPA 2002.

[Ohne Autorenangabe]: Japanese scientist invents 'invisibility coat'. BBC News. 18.2.2003.

[Ohne Autorenangabe]: Molekulare Schichten speichern Daten dauerhaft. VDI-Nachrichten. 11.10.2002.

[Ohne Autorenangabe]: Mount Weather High Point Special Facility (SF). Federation of American Scientists (o.J.)

[Ohne Autorenangabe]: Mt. Weather Emergency Operations Center. FEMA. Washington 2002.

[Ohne Autorenangabe]: Nanotechnik kann das tägliche Leben erleichtern. VDI-Nachrichten. 20.7.2001.

[Ohne Autorenangabe]: New Lands. A Hypertext Edition of Charles Hoy Fort's Book. Edited and Annotated by Mr. X. Internet.

[Ohne Autorenangabe]: Researchers clone monkey by splitting embryo. CNN, 13.1.2000.

[Ohne Autorenangabe]: Unerklärliche Begegnungen. Time-Life-Reihe „Geheimnisse des Unbekannten“. Hamburg 1991.

[Ohne Autorenangabe]: What is Genetic Programming? Genetic Programming Inc. 1999.

[Ohne Autorenangabe]: Wie Schmetterlinge fliegen. Windkraftwerke Obere Nahe. 20.12.2002.

Register

MVV
Michaels Vereinigte Verlagsauslieferung GmbH
Ammergauer Str. 80 - 86971 Peiting, Tel.: 08861-59018
Fax: 08861-67091, e-mail: mvv@michaelsverlag.de
Internet: www.michaelsverlag.de

Matrix 3000
erscheint 2 monatlich, 64 Seiten, durchgehend 4farbig
Einzelpreis: Euro 6,50
Abo-Preis (6Ausgaben): Euro 39,00

Zu unserem festen Autorenstamm
gehören auch die Naturwissenschaftler und Sachbuchautoren Grazyna Fosar und Franz Bludorf, Wilfried Hacheney, Bert Hellinger, Victor Farkas, Patrick Flanagan, Helmut Lammer, Dr. Hans Christoph Scheiner, Barbara Simonsohn, Siegfried Zwerenz

Eine verbindende Brücke

... zwischen Wissenschaft und Spiritualität zu bauen und den Horizont für neue Erkenntnisse zu öffnen, ist das erklärte Ziel der Zeitschrift Matrix 3000. Themen und Autorenauswahl zeigen das breite Spektrum, das seit 1999 behandelt wurde.

Themenauswahl:

Neue Wissenschaft: Levitationsforschung, Wasserforschung, morphische Felder ...
Therapie und Gesundheit: Radionik, organisches Germanium, Familienaufstellungen, Transpersonale Psychologie ...
Macht und Schatten: Bewußtseinskontrolle, Strahlencocktail a la Handy, Ritalin ...
Kulturelle Wurzeln: Hermes Trismegistos, germanische Edda, Keltenschanzen ...
Bewußtsein und Spiritualität: Meditationen zum Tarot und christliche Hermetik, Heilige Geometrie, Geomantie ...

MVV

Michaels Vereinigte Verlagsauslieferung GmbH
Ammergauer Str. 80 - 86971 Peiting, Tel.: 08861-59018
Fax: 08861-67091, e-mail: mvv@michaelsverlag.de
Internet: www.michaelsverlag.de

Viktor Farkas

Neue Unerklärliche Phänomene

Euro 24,90 ISBN 3-89539-073-9 (Hardcover)

Neue UNERKLÄRLICHE PHÄNOMENE jenseits des Begreifens. Das vergriffene Kultbuch und Standardwerk: wesentlich erweitert, aktualisiert und noch brisanter! Der Sensationsseller der achtziger und neunziger Jahre im neuen Gewande – exklusiv beim Michaels Verlag. Hier finden Sie schier Unglaubliches von Mensch, Tier und Erde.
Das Buch informiert über die Rätsel um uns, verläßt nie die Ebene der wissenschaftlichen Vernunft und ist von atemberaubender Spannung, wie wir sie vom Bestsellerautor Viktor Farkas kennen. Der Leitfaden für das einundzwanzigste Jahrhundert! Ein Feuerwerk des Phantastischen – randvoll mit Informationen für Wissensdurstige, Phantasiebegabte wie Skeptiker – das niemanden mehr losläßt!

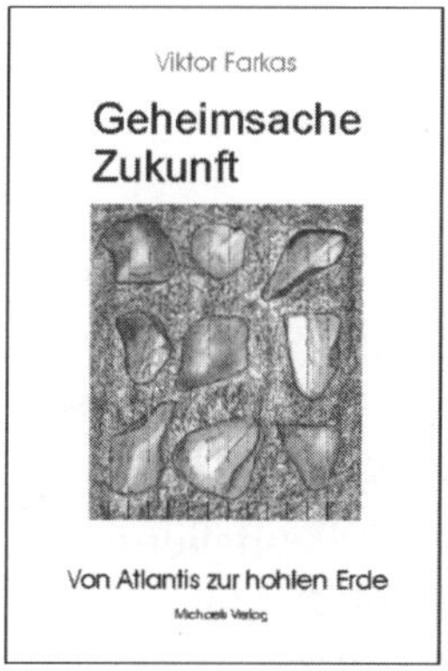

Viktor Farkas

Geheimsache Zukunft

Euro ca. 24,90 ISBN: 3-89539-074-7 (Hardcover)

Der Bestsellerautor von „Neue Unerklärliche Phänomene“ nennt die bedrohliche Lage der Erde beim Namen und entrollt eine unsichtbare Geschichte, die weit älter ist als jene, die uns weisgemacht wird. Die Spur führt vom legendären Thule nach Atlantis bis in die bewohnten Tiefen unseres Planeten – durch die Jahrtausende und rund um die Welt. Erfahren Sie von archäologischen Ungereimtheiten, von der Erinnerung der Völker, von verschwiegenen Katastrophen und vertuschten Forschungen, von Rätseln der Evolution, von geheimem Wissen und vernichteten Erkenntnissen, von der handfesten Supertechnik der „Götter“, von den „Anderen“, die mitten unter uns leben, und von unwiderlegbaren Beweisen für ihr Wirken, gestern und heute noch...

David Hatcher Childress
Das Zeitreisenhandbuch
Euro 24,90
ISBN: 3-89539-233-2

In der Tradition des Antigravitationshandbuches und des Freie-Energie-Handbuches führt uns der Wissenschaftsautor David Hatcher Childress in die sonderbare Welt des Zeitreisens und der Teleportationsexperimente. In diesem Buch wird nicht nur von den Zeitexperimenten der amerikanischen Regierung berichtet, an denen angeblich Nikola Tesla und John von Neumann beteiligt waren, sondern auch von den Wilson-Brüdern von EMI und deren Verbindungen zum Philadelphia-Experiment der amerikanischen Marine. Außerdem wird ausführlich auf die Forschungen der ACIO eingegangen, einer ultrageheimen Organisation, welche in einem Berg eine sogenannte „Zeitkapsel" entdeckt hatte. Hierbei handelt es sich um ein riesiges Museum, in dem die High-Tech-Maschinen antiker Zivilisationen aufbewahrt werden.